DESPERTAR

DESPERTAR

Ramānī Durvāsulā

Como superar um relacionamento com uma pessoa narcisista

Tradução
Sandra Pina

Rio de Janeiro, 2024

Copyright © 2015 por Ramānī Durvāsulā. Todos os direitos reservados.
Copyright da tradução © 2024 por Casa dos Livros Editora LTDA.
Todos os direitos reservados.

Título original: *Should I Stay or Should I Go? Surviving a Relationship with a Narcissist*

Todos os direitos desta publicação são reservados à Casa dos Livros Editora LTDA. Nenhuma parte desta obra pode ser apropriada e estocada em sistema de banco de dados ou processo similar, em qualquer forma ou meio, seja eletrônico, de fotocópia, gravação etc., sem a permissão do detentor do copyright.

COPIDESQUE	*Beatriz Lopes Monteiro*
REVISÃO	*Juliana da Costa e*
	Vivian Miwa Matsushita
DESIGN DE CAPA	*Estúdio Insólito*
DIAGRAMAÇÃO	*Abreu's System*

Dados Internacionais de Catalogação na Publicação (CIP)
(Câmara Brasileira do Livro, SP, Brasil)

Durvāsulā, Ramānī
    Despertar: como superar um relacionamento com uma pessoa narcisista / Ramānī Durvāsulā; tradução Sandra Pina. – Rio de Janeiro: HarperCollins Brasil, 2024.

    Título original: Should I Stay or Should I Go? Surviving a Relationship with a Narcissist.
    ISBN 978-65-5511-620-5

    1. Autoajuda (Psicologia) 2. Narcisismo 3. Relacionamentos 4. Superação I. Título.

24-231739   CDD-158.1

Índice para catálogo sistemático:
1. Superação: Autoajuda: Psicologia aplicada   158.1
Bibliotecária responsável: Eliane de Freitas Leite – CRB 8/8415

HarperCollins Brasil é uma marca licenciada à Casa dos Livros Editora LTDA.
Todos os direitos reservados à Casa dos Livros Editora LTDA.

Rua da Quitanda, 86, sala 601A – Centro
Rio de Janeiro/RJ – CEP 20091-005
Tel.: (21) 3175-1030
www.harpercollins.com.br

Para as "Musas" da minha vida:
Minhas filhas, Maya e Shanti Hinkin
Minha irmã, Padma Salisbury
Minha mãe, Sai Durvāsulā
E em memória de minha avó,
Ratnamala Gunupudi (1924-2014).

O amor é um exemplo notável de quão pouco a realidade significa para nós.

PROUST

Quem ama torna-se humilde. Aqueles que amam, por assim dizer, penhoraram uma parte de seu narcisismo.

FREUD

SUMÁRIO

PRÓLOGO
O escorpião e o cisne   11

INTRODUÇÃO
É você?   13

CAPÍTULO 1
Um guia de sobrevivência   27

CAPÍTULO 2
Narcisismo é a bola da vez   37

CAPÍTULO 3
Você está em um relacionamento com um narcisista?   59

CAPÍTULO 4
Como você foi sugado para isso?   139

CAPÍTULO 5
Como ele faz você se sentir?   183

CAPÍTULO 6
É hora de abandonar a fantasia do resgate   217

CAPÍTULO 7
Devo ficar?   225

CAPÍTULO 8
Devo ir embora?   277

CAPÍTULO 9
O próximo capítulo   311

Bibliografia   339

Agradecimentos   345

PRÓLOGO

O ESCORPIÃO E O CISNE

Certo dia, um escorpião estava sentado à beira de um rio precisando chegar à outra margem. Mas o rio era largo demais e não havia pedras suficientes para atravessar. Ele implorou por carona a diversas aves aquáticas — patos selvagens, gansos e garças —, mas, pragmaticamente, todas recusaram, conhecendo muito bem a astúcia e o ferrão do escorpião. Ele avistou, então, um lindo cisne fêmea descendo o rio e, encantadoramente, apelou a seus atributos.

— Por favor, belo cisne, me leve para o outro lado do rio. Eu não poderia pensar em prejudicar algo tão belo como você, e não tenho interesse em fazer isso. Quero apenas chegar à outra margem.

O cisne hesitou, mas o escorpião era muito encantador e convincente. E, embora estivesse próximo o suficiente para ferroá-lo naquele momento, não o fizera. O que poderia dar errado? A travessia levaria apenas alguns minutos.

A ave concordou em ajudá-lo. Enquanto atravessavam o rio, o escorpião expressava sua gratidão e continuava a elogiar a beleza e gentileza do cisne, comparando-o a todas as outras aves negligentes do rio. Quando chegaram à outra margem, o escorpião se preparou para saltar. E, bem antes de pular das costas da ave, levantou sua cauda e a picou.

Chorando e ferido, o cisne não conseguia entender por que o escorpião tinha feito aquilo depois de todas as promessas, todos os elogios e explicações lógicas.

— Por que você me picou? — perguntou.

O escorpião olhou para o cisne e respondeu:

— Sou um escorpião. Eu sou assim.

◆ ◆ ◆

Em meu trabalho clínico com pacientes que se encontram na teia diabólica e tóxica de um relacionamento com uma pessoa patologicamente narcisista ou exploradora, essa fábula é uma ferramenta de ensino dolorosa e poderosa. Eles são picados repetidamente e, mesmo quando *sabem* que o mal está por vir, ainda assim acreditam que será diferente dessa vez. Invariavelmente, o resultado é sempre o mesmo: mais comportamentos ruins e negligência de seus parceiros, mais autoculpabilização pelos problemas no relacionamento, nenhuma mudança no comportamento do "escorpião".

Nessa assustadora parábola, o escorpião tem mais discernimento do que o narcisista comum, pelo menos admitindo o fato de que ele é o que é. Aqueles que se envolvem com narcisistas humanos deveriam ter a sorte de ter parceiros narcisistas autoconscientes, que reconhecem seu mau comportamento apenas como parte de quem são. Infelizmente, ao contrário do escorpião, narcisistas são mestres em culpar outras pessoas por seu descontentamento. Em essência, o escorpião culparia o cisne por concordar em lhe dar uma carona para atravessar o rio. Afinal, o cisne poderia ter dito não...

INTRODUÇÃO
É VOCÊ?

Eles se conheceram por meio de amigos em comum anos após terminarem a faculdade. Com seus recém-conquistados diplomas e carreiras, happy hours, viagens com amigos e feriados prolongados, o mundo era repleto de possibilidades. Rachel era alta e magra, bem-sucedida no emprego na área de marketing e desfrutava de toda a atenção que recebia. John era um médico em começo de carreira, inteligente, atraente, jovem e sexy com seu jaleco e sua perspicácia afiada. Ele começou a cortejá-la e não poupava esforços. Tinha um belo carro (OK), um bom emprego e muitas possibilidades profissionais (OK, OK), ele a procurava arduamente (OK), eles iam a ótimos restaurantes ou cozinhavam um para o outro (OK), viajavam em feriados prolongados quando ele conseguia (OK) e ele era extremamente charmoso (OK).

John era muito seguro de si mesmo e, dentro de poucos meses, passou a ser negligente com Rachel. Não aparecia na hora, quando aparecia (era um médico ocupado), raramente prestava atenção quando ela falava sobre seu trabalho (os plantões dos médicos são tão longos). Depois de um tempo, passou a demonstrar pouco interesse pelos amigos e familiares dela, apesar de encantá-los no início (ele me ama e está ocupado, então, quando temos um tempo, quer ficar só comigo), e bocejava e mexia no celular quando ela precisava conversar sobre alguma mudança em seu trabalho (ele pode estar recebendo ligações importantes; ele é um cirurgião ocupado). Mas eles ainda iam aos lugares certos, se divertiam, o sexo era bom, e não demorou para que ele lhe sugerisse que morassem juntos em sua casa confortável. O contrato de aluguel dela estava terminando e, aos 29 anos, já era hora.

John deixou claro que não queria que ela fizesse grandes mudanças na casa — estava acostumado às coisas do jeito que estavam —, mas adoraria um toque feminino (o que ela logo percebeu que significava fazer a limpeza nos dias em que a faxineira não ia). Ela se apressou para garantir que a casa estivesse do jeito que ele queria. Antes de conhecê-lo, e no começo do relacionamento, Rachel era calma e relaxada, chegava do trabalho e tirava os sapatos no meio da sala, ou largava o casaco no chão ao final de um dia longo. Agora, vivia ligada, tensa, garantindo que tudo estivesse no lugar. Mas os dois entraram em um ritmo próprio. Lentamente, ela foi deixando a casa mais aconchegante, preparava jantares maravilhosos para ele e desfrutavam o tempo a mais que morar juntos lhes proporcionava. A frieza ocasional dele, a distração, a necessidade de "tempo para si" e as exigências de que a vida deles tivesse uma determinada aparência pareciam justificáveis, uma vez que ele era um médico ocupado e oferecia a eles um estilo de vida aconchegante. Então, ela se concentrou nas partes boas do relacionamento.

Rachel gostava de seu trabalho, e John nunca se incomodava com sua longa jornada, porque a dele era ainda maior. Com o salário dos dois, viviam de maneira muito confortável, e ela podia comprar o que quisesse e sair com amigos sem precisar pensar duas vezes. Quando a agenda permitia, eles recebiam amigos e exibiam seu lindo lar e vida.

A mãe e as amigas de Rachel a elogiavam e até se ressentiam dela. Sua casa com John era confortável, e o estilo de vida deles, invejável. A mãe repetia toda hora: "Segure esse homem... ele lhe dará uma boa vida, tem um emprego estável, é divertido e bonito...". Aos poucos, as amigas estavam se casando e o compromisso estava no ar. De vez em quando, ela via uma delas entrar no modo pânico, com medo de perder o noivo ou namorado, apavorada com o fato de o tempo estar passando e ter que "voltar à estaca zero". Isso só reforçava sua tendência a ignorar os sinais de alerta e se concentrar no que era bom.

No verão em que completaram um ano juntos, John levou Rachel para a Cidade do Cabo, na África do Sul, onde tinha uma reunião de negócios, e a pediu em casamento. O anel parecia saído de um filme, e os dois fizeram um safári glamoroso. A viagem foi uma grande aventura, com boas refeições, ótimos vinhos, sexo maravilhoso e o sentimento de que ela estava vivendo um conto de fadas (embora com um príncipe raivoso). Ela fazia vista grossa para o comportamento mimado dele em hotéis, em passeios e no aeroporto. Quando ele era negligente, desdenhoso ou desagradável, ela olhava para os dois quilates em seu dedo e se convencia de que ele não assumiria esse tipo de compromisso se não a amasse de verdade. Não se pode esperar que alguém seja o sr. Maravilha todos os dias, certo? Eles ligaram para as famílias, contaram aos amigos e os dois — e o anel — cumpriram os compromissos pós--noivado. Voltaram ao ritmo em casa e começaram a conversar sobre datas para o casamento. As amigas e a mãe dela a lembravam de quanto era uma garota de sorte por ter tudo: o romance, o Romeu, o anel.

John começou a chegar tarde em casa (horário de médico), embora às vezes ficasse claro que tinha bebido. Certa noite, no banheiro, Rachel percebeu que havia marcas nas costas dele, como se tivesse sido arranhado. Ele se tornou possessivo e misterioso com seus aparelhos eletrônicos (iPad, celular), levava-os até para o banheiro e raramente os deixava pela casa, sempre desligava o computador quando ela se aproximava, sorrindo e dizendo: "Oi, amor. Obrigado por vir e me distrair do trabalho".

Em um sábado, enquanto fazia tarefas domésticas, Rachel pegou um dos casacos de John para lavar e encontrou um recibo cuja data coincidia com uma noite em que ele disse estar de plantão. Era de um bar local. O horário era o mesmo em que ela havia enviado uma mensagem e ele respondera que estava atendendo um paciente, mas ele estava, na verdade, pagando a conta.

Quando ela o confrontou, ele ficou furioso. "Como você ousa me acusar? Sabe quão duro eu trabalho? Pelo amor de Deus, eu peguei uma pilha de papéis perto das coisas de Joe Morgan, quando ele passou no hospital, e esse recibo e outras coisas vieram por engano. Olha (abre a agenda), aqui está a escala de plantão. O que há de errado com você? Vai estragar tudo por causa da sua insegurança?"

Ela caiu de joelhos e começou a chorar, implorando por perdão, não queria perder o que construíram juntos, lembrava de sua mãe dizendo que ela não encontraria outro homem como ele, sentia que não tinha o direito de acusá-lo, e, mesmo se ele tivesse saído para beber com amigos e não tivesse contado, ele merecia se distrair. Dúvidas continuaram surgindo, sobre tudo. Antes confiante, agora ela desconfiava de si mesma; seus instintos a incomodavam, mas John sempre a fazia se sentir louca quando questionava qualquer coisa relacionada a seu comportamento. Às vezes, até a acusava de trai-lo.

Rachel começou a perceber que ele não era gentil com as pessoas. Exigia o melhor serviço, ser o primeiro na fila, reclamava sobre a mesa em um restaurante lotado — John era impaciente e exigente com o pessoal de serviço. Era constrangedor e, ao mesmo tempo, ele a puxava para mais perto e dizia quanto ela era bonita. Era confuso e inquietante.

Ao longo do tempo, as noitadas de John aumentaram, e Rachel se sentia cada vez mais isolada. Quando chegava na hora habitual, John queria que ela estivesse pronta para sair ou que preparasse algo para o jantar. Porém, quando combinava um horário, as chances de ele aparecer eram de 50%, e ela fazia muitas refeições sozinha. Uma vez por mês, aproximadamente, ela chamava a atenção dele por causa de seu comportamento, e John ficava furioso, dizia que ela era egoísta, que "ela tinha tudo fácil e que ele trabalhava demais; se ela queria colocar um GPS nele". E ele também se voltava contra ela e perguntava: "Por que está fazendo tantas perguntas? Está tentando esconder alguma coisa?".

Outras coisas aconteciam na vida de Rachel: uma reorganização na empresa estava sendo um desafio para sua vida profissional, e sua irmã estava tratando um câncer de mama. O estresse a afetava, e raramente John perguntava sobre isso. Quando ela tocava no assunto, ele mal ouvia ou, às vezes, até a culpava pelas dificuldades no trabalho; e minimizava o problema da irmã, citando estatísticas médicas sobre prognósticos, em vez de simplesmente confortá-la nesse momento de medo e preocupação.

Ao longo desses meses, Rachel estava planejando o casamento, e seria épico: um resort luxuoso em Santa Barbara sem poupar despesas, vestido Vera Wang, comida gourmet sofisticada de uma amiga que tinha um *catering* em Montecito, vinho que tinham escolhido a dedo em vinícolas da região, uma banda à qual tinham assistido certa noite tocando em um bar local e amigos vindo de todas as partes do país para passar um fim de semana "celebrando o amor deles". Eram muitas decisões a serem tomadas, ora John se envolvia e participava, ora não dava a mínima — era totalmente imprevisível. Quando ele não comparecia às reuniões, Rachel tomava uma série de decisões e, então, desfazia todas quando ele aparecia. E normalmente John a repreendia por suas escolhas (mesmo se tivesse concordado antes ou se omitisse). Dúvida. Questionamento.

Mas ela estava noiva e tinha o anel, a casa, o vestido, o casamento iminente, o emprego gratificante e o noivo bem-sucedido — estava vivendo o sonho. Certa noite, Rachel se abriu com John um pouco mais sobre alguns de seus sonhos no campo das artes e falou sobre um programa de verão na Toscana. Seis semanas: eles poderiam alugar uma casa, ela poderia pintar e escrever, e ele poderia descansar e acompanhá-la em parte do tempo. Ele riu e zombou das ambições dela, chamou-a de preguiçosa por querer tirar uma licença do trabalho, dizendo que achava que era uma brincadeira ela se imaginar como uma artista, e que seu trabalho era importante demais para ele sair para algum enclave artístico ridículo no meio do nada. Embora ela reconhecesse que, talvez, não fosse prático, John falava com ela como se ela fosse uma idiota e ridícula. Para ela, foi como um clique audível: seus sonhos sendo ceifados bem na sua frente. E Rachel começou a acreditar mais nele e duvidar mais de si mesma.

Cerca de três meses antes do casamento, um colega de trabalho de Rachel, que conhecera o noivo dela em um evento profissional, o viu em um estabelecimento do tipo "clube de cavalheiros". O noivo claramente era um cliente regular e foi conduzido discretamente por uma das mulheres para um ambiente nos fundos. Mais tarde, foi visto beijando a mesma mulher ao lado de seu carro. O colega decidiu não interferir e ficar calado.

Em um dos fins de semana seguintes, Rachel e John estavam em um evento do trabalho dela, e o colega que sabia sobre as travessuras no clube de *strip* também estava lá. John estava grosseiro naquela noite, desprezando Rachel e, às vezes, se comportando de maneira inapropriada na frente de muitos observadores (flertando com uma estagiária jovem e atraente). Naquele momento, o colega puxou Rachel para o canto e falou sobre suas preocupações com relação ao noivo e sugeriu que conversassem novamente durante a semana. Na terça-feira, eles saíram para tomar um café após o trabalho, e ele contou o que vira e falou de suas inquietações em relação a John, principalmente após seu comportamento na festa.

Rachel seguiu seu roteiro usual: defendeu o noivo. *Não podia ser ele; aposto que estava comigo em casa; ele é médico; não faria isso.* Ficou zangada com o colega, que era seu amigo há muito tempo — assim como a esposa —, e perguntou por que ele sentira necessidade de fazer isso. Mas saiu do café com a pulga atrás da orelha. Ao chegar em casa, John ainda não estava lá. Quando ele chegou, ela já estava na cama.

No dia seguinte, ela fez algumas perguntas no hospital, e seu trabalho investigativo revelou que John não tinha ido lá na noite em questão. A história do colega de trabalho ficou em sua cabeça. Ela perguntou a ele qual era o clube e, certo dia, quando John alegou estar de plantão e não voltou para casa, ela foi até lá. O carro dele, um Tesla novinho em folha, estava no estacionamento.

Rachel foi para casa e esperou ele voltar. No minuto em que John entrou, perto das 2h30, ela o chamou. Ele claramente estava cheirando a outra mulher, e ela ficou furiosa. Inicialmente, ele expressou raiva diante da acusação e, quando ela contou que tinha visto o carro, ele a acusou de ser uma "vadia perseguidora", mas John não tinha muita margem de manobra. Então, no dia seguinte, sentou-se com ela e disse que talvez estivessem precisando de férias. Ele estava gentil e carinhoso. Pediu desculpas, dizendo que tinha ido ao clube com um colega de trabalho que gostava daquele tipo de lugar e que entendia como era estranho para ela ter visto aquilo. Sugeriu uma viagem para uma ilha em um fim de semana prolongado, primeira classe, só os dois. Uma última pausa antes do casamento.

A brisa tropical, a vista da cama, as longas manhãs sensuais... Antes que ela percebesse, o clube de *strip* e a desatenção dele lentamente se tornaram uma memória distante. Durante a viagem, ela o fez prometer — "Por favor, nunca mais" — nada mais de clubes de *strip* ou coisa parecida. Ele concordou. Faltava menos de dois meses para o casamento, as noitadas tinham diminuído, e ela simplesmente atribuiu o comportamento dele a algum tipo de despedida de solteiro. Estavam de volta aos trilhos.

O casamento foi um sucesso — um fim de semana inesquecível, clima maravilhoso, tudo e todos estavam fabulosos, e as fotografias eram um testemunho daquele dia perfeito. A lua de mel foi alegre, o sexo arrebatador, um início perfeito para uma vida perfeita. Qualquer dúvida tinha desaparecido.

Eles voltaram à vida normal. John e Rachel retornaram ao trabalho, guardaram os presentes de casamento e retomaram o ritmo habitual. Mas agora ela estava casada, e isso deveria significar alguma coisa, certo? Eles desempenharam muito bem o papel de jovem casal bem-sucedido e, então, dois anos mais tarde, ela estava grávida.

Foi uma notícia maravilhosa, pois ela ansiava por uma família. Porém, quanto mais avançada ficava a gestação, mais John se distanciava. Rachel ficou um pouco ansiosa durante a gravidez, muitas vezes pedindo garantias ao marido, e ele se manteve em sua história de jornadas noturnas, não ouvindo a esposa e dizendo que tudo ia acabar logo e que eles seriam uma família. Ela tinha fantasias com ele massageando seus pés, escolhendo nomes para o bebê, arrumando a mobília. Mas o comportamento dele era o de sempre: pouca empatia por seu desconforto, pouco interesse pelo processo, muitas preocupações sobre como ela dividiria a atenção entre um bebê e ele.

O bebê chegou: um belo menino. E o ritmo deles mudou. John insistiu que Rachel largasse o emprego; seu consultório estava crescendo e o dinheiro era bom. Eles se mudaram para uma casa maior em um bairro melhor, e então tiveram uma filha. A gravidez e as crianças se tornaram um ritmo só, e, em pouco tempo, Rachel estava mergulhada na cadência da maternidade, da casa e da vida. Os horários de John causavam cada vez menos impacto, porque Rachel adormecia, exausta, assim que os filhos iam para a cama. Ele cuidava do sustento da família; ela criava as crianças. Rachel detestava ter que "pedir" dinheiro a ele (algo que nunca fizera enquanto adulta), e ele frequentemente a questionava e reclamava de sua "vida tranquila" em casa com os filhos, enquanto ele trabalhava duro. Mas, após sete anos fora do mercado de trabalho, ela acreditava que não seria mais útil com suas habilidades obsoletas.

Nos nove anos de casamento, os padrões permaneceram os mesmos: madrugadas, muitos segredos, sem escuta e pouco apoio. Mas eles eram muito bons em manter as aparências. Uma olhada em seus cartões de Natal revelava grandes sorrisos, férias maravilhosas, bronzeados, uma fachada perfeita. Rachel sentia como se não pudesse reclamar, apesar de suas preocupações, sua solidão e das milhares de maneiras sutis pelas quais se sentia ignorada e desconectada. As crianças frequentavam as melhores escolas, a casa era linda e, para o mundo, eles tinham tudo.

À medida que as crianças cresciam e tinham a própria rotina, Rachel passou a ficar acordada até tarde, mas John ainda não tinha horário para estar em casa. O sexo era eventual, e, às vezes, ela reiterava o pedido para que ele nunca mais voltasse aos clubes de *strip*. John ria da ideia. Ele continuava reservado em relação ao celular e ao computador, e sempre dava a resposta certa para que as brigas cessassem. Rachel aguentava. A insegurança era seu lugar comum. Sentia como se tivesse passado de uma executiva segura e confiante para uma pessoa nervosa, obsessiva sobre pequenos detalhes da casa e tensa em relação aos filhos. Continuava linda e, quando outros homens prestavam atenção nela, sentia-se estranha, pois seu marido há muito tempo tinha parado de notá-la.

Numa consulta de rotina, o médico informou a Rachel que seu exame ginecológico tinha apontado algo anormal, e, posteriormente, ela descobriu que tinha HPV. Como não fazia sexo com ninguém além do marido, sabia que tinha um problema muito maior do que as idas aos clubes de *strip*. Ela mandou os filhos para a casa da mãe e confrontou John quando ele chegou em casa. Seguiu-se uma enorme discussão, com gritos e acusações, e ela ficou sabendo da dimensão do que ele vinha fazendo quando, finalmente, pediu para ver as contas de telefone e outros documentos. Ele tivera diversos casos ao longo dos anos, em geral, com dançarinas, garçonetes e estrelas de reality shows em ascensão. Tinha até comprado um apartamento para a amante da vez. Recibos revelavam que tinha gastado quase 100 mil dólares em clubes, passagens de avião, férias, aluguéis e presentes para aquelas mulheres. Ela pediu para ele ir embora, e, nos meses subsequentes, John implorou para voltar. A mãe perguntou se ela sabia o que estava fazendo ao expulsá-lo de casa. Homens cometem erros, suas desculpas pareciam tão sinceras, ela realmente estava pronta para seguir em frente como mãe solo com dois filhos? Mais insegurança. Parecia que todos estavam envolvidos nisso. Por fim, Rachel contou à mãe sobre o HPV e todo o resto. E, finalmente, ela entendeu.

Foram meses de idas e vindas e pedidos de desculpas. E, mesmo enquanto estava se desculpando, John voltava para o apartamento que dividia com a amante de 24 anos que conhecera em um bar. O divórcio foi longo e árduo, pois ele escondia bens com frequência, e, após incontáveis dezenas de milhares de dólares em honorários advocatícios, estavam divorciados.

Nos anos seguintes, o estilo de vida dele (que vivia postando nas redes sociais) consistia em namoradas cada vez mais jovens, novos cortes de cabelo, carros cada vez mais rápidos, fins de semana em Las Vegas e uma relutância em pagar a pensão dos filhos e outras despesas. Seus espertos advogados deixaram Rachel numa posição de incerteza financeira. A família dele acreditou nas coisas terríveis que ele contara sobre ela e oferecia pouco apoio. No entanto, Rachel diz que agora está em paz, mas que lhe corta o coração ter que administrar a inconsistência dele com os filhos e a ausência por semanas, pois os dois ainda amam o pai.

No fim de tudo, resta uma pergunta: "Você previu isso?". As autópsias são sempre muito claras, pois falar depois é fácil, e todos nós somos videntes após o fato ter ocorrido.

A traição, a mentira e a maldade estavam lá desde o início. O que antes poderia ser descrito como alguém confiante, seguro de si, trabalhador e bem-sucedido se revelou como realmente era: as vozes de outros dizendo a ela como tinha sorte em ter encontrado um cara tão bem-sucedido; sua mãe transferindo as próprias expectativas para a filha. Por fim, ela achava que seu amor o transformaria. Ela acreditava na fantasia do resgate.

Para fazer o casamento durar por dez anos, Rachel silenciou seus instintos, foi tomada pela dúvida, se isolou do mundo por vergonha e renunciou a si mesma. Quando questionada se achava que poderia continuar, ela pediu apenas uma coisa: que ele não fosse mais aos clubes de *strip*. E ele foi incapaz de honrar esse único pedido. Curiosamente, foi essa frequência aos clubes que a fez explodir — sem contar os dez anos de desrespeito, grosseria, maldade, negligência e de simplesmente ser ignorada. Ela ainda estava surpresa com quão fácil fora ser enganada pelo estilo de vida e expectativa dos outros.

Esta é a história de alguém que ficou, mas, por fim, foi embora. Por questões de privacidade, é, na verdade, a fusão de muitas histórias, entrelaçadas em um conto de fadas e um conto de advertência.

Este livro é um guia. Sobre como ficar. Ou como ir embora.

Rachel disse: "Se eu tivesse prestado atenção àqueles sinais de alerta iniciais, talvez nunca tivesse embarcado nisso ou, se soubesse que ele jamais mudaria, teria saído e buscado uma vida nova mais cedo. Como fiquei, desejaria ter tido estratégias melhores, porque ainda estou lidando com o legado da insegurança e a sensação de que 'não sou boa o suficiente'".

Nossas experiências fazem de nós quem somos, mas descobrir uma maneira de diminuir os prejuízos pode nos permitir viver experiências melhores e mais respeitáveis, e passar mais tempo em lugares mais verdadeiros.

Qual é sua história?

Deve ficar?

Deve ir embora?

Continue lendo...

CAPÍTULO 1

UM GUIA DE SOBREVIVÊNCIA

*Obcecados por um conto de fadas, passamos nossa vida
procurando uma porta mágica e um reino perdido de paz.*

EUGENE O'NEILL

Você pode testemunhar alguma coisa muitas vezes antes de querer tomar uma atitude, dizer algo sobre isso e compartilhar o que aprendeu. Como psicóloga, professora e testemunha.

Ao observar de perto a vida de tantas pessoas sendo destruída, com o bem-estar estilhaçado e a saúde psicológica arruinada por estarem em relacionamentos com narcisistas, senti que era necessário haver um manual de sobrevivência honesto. Um que não se baseie em conselhos esperançosos, ou na ideia de que todos podem mudar, ou que pregue sobre o perdão, ou que diga que o sapo pode virar príncipe. Pelo contrário, um guia que esteja fundamentado no terreno real desse diagnóstico; que forneça um mapa realista de expectativas e gerenciamento.

Fui professora de psicologia na Universidade do Estado da Califórnia, em Los Angeles, por dezesseis anos e, enquanto estava lá, recebi, por dez anos, um fomento do National Institutes of Health (NIH) para pesquisar transtornos de personalidade de uma forma muito específica, em como se relacionam com saúde e doença. Esse trabalho me forçou a examinar de perto a natureza sutil dos transtornos de personalidade, incluindo o narcisista. Em nosso trabalho, estudando centenas de pacientes, testemunhei o caos criado por esses padrões de personalidade não apenas nos pacientes, mas também nas pessoas ao redor. Simplificando: transtornos de personalidade fazem mal à saúde dos outros. Tenho licença para atuar como psicóloga clínica há mais de dezoito anos e, ao longo desse tempo, observei cuidadosamente a persistência desses transtornos. As pessoas que os têm simplesmente não mudam. Um fato que observei em muitos casos é que, às vezes, podemos mudar *comportamentos* em pessoas com transtorno de personalidade narcisista, mas isso normalmente não perdura por muito tempo. E, ainda mais relevante, observei que as mudanças sutis de comportamento que podemos criar pouco melhoram as atitudes nos *relacionamentos*. E é aí que pessoas com personalidade narcisista causam os maiores danos. Você pode ser capaz de ensinar uma pessoa narcisista a ser pontual, mas não pode "ensinar" empatia de verdade.

Por fim, minha carreira evoluiu naquele que pode ter sido o período mais fascinante da história da psicologia humana. Quando comecei como professora, não existiam laptops, o conceito de smartphone parecia futurista, a internet estava dando os primeiros passos e a televisão envolvia atores e roteiros. Assisti a uma mudança cultural de "caia com orgulho" para "se conseguiu, exiba" no decorrer de uma década. A raça humana se descentralizou e assumiu a posição de cada um por si. Profundidade foi trocada por superficialidade, e essa tem sido uma transição psicológica onerosa. Ao fazer terapia, ensinar sobre transtornos de personalidade e conduzir pesquisas sobre isso por tanto tempo, tudo se encaixou.

Não apenas por conhecer os diagnósticos e padrões, mas também por ter aprendido alguns fatos concretos. Esses fatos e observações estão descritos aqui.

Fitzgerald pode ter captado isso melhor quando chamou de *descuidados* narcisistas como Tom e Daisy Buchanan*: "Eles eram pessoas descuidadas, Tom e Daisy — destruíam coisas e criaturas e depois recuavam para o dinheiro ou o grande descuido, ou seja lá o que fosse que os mantinha juntos, e deixavam que outras pessoas limpassem a confusão que tinham feito". Narcisistas são exatamente isto: descuidados. Percorrem a vida usando relacionamentos e pessoas como objetos, ferramentas e desvarios. Embora, muitas vezes, sejam vistos como cruéis e grosseiros, classificá-los assim é dar-lhes crédito demais. Eles são apenas descuidados. E, de fato, esperam que outras pessoas limpem sua bagunça.

No entanto, o descuido é cruel. Sinceramente, não importa a motivação para o comportamento deles; o que importa é o resultado. E isso é danoso para o bem-estar, as esperanças e aspirações e para a vida de outras pessoas. O descuido sintetiza isso, mas não é uma desculpa. Ou como Anaïs Nin observou tão lindamente: "O amor nunca morre de morte natural. Ele morre porque nós não sabemos como renovar sua fonte. Morre de cegueira e por causa dos erros e das traições. Morre de doença e das feridas; morre de exaustão, das devastações, da falta de brilho. Cada amante poderia ser levado a julgamento como assassino de seu próprio amor. Quando algo te machuca e te entristece, corro para evitar, para

---

* Referência aos personagens do livro *O grande Gatsby*, de F. Scott Fitzgerald. [N. T.]

alterar, para sentir como você, mas você se afasta com um gesto de impaciência e diz: 'Não entendo'".

Este é um livro sobre desesperança que pretende trazer esperança. É sobre fornecer soluções baseadas na realidade, e não apenas em teorias ilusórias. Este livro pretende ser uma introdução ao narcisismo, para te ajudar a descobrir se está em um relacionamento com um narcisista e o que isso implica. Mas também colocará o narcisismo em um contexto. Ler uma lista e identificar os sintomas pode ser um primeiro passo, e também ajuda a entender que essas pessoas, por mais prejudiciais e desafiadoras que possam parecer, não são de todo más. Nós nos apaixonamos por elas, construímos vidas com elas, temos filhos com elas e, às vezes, não conseguimos abandoná-las. Mesmo quando elas nos destroem. Entender essas dinâmicas sutis pode ajudar você a ser mais gentil consigo mesmo e, talvez, a sentir-se são.

O segredo da sobrevivência

Este livro se baseia em um segredo simples: *narcisistas não vão mudar.* Uma premissa simples que, espero, será transformadora, porque, para muitos leitores, tirará sua atenção da autoculpabilização, do sentimento de ansiedade, da insegurança, da frustração de trabalhar na comunicação e de pilhas de conselho sobre relacionamentos (que pressupõem que a outra pessoa realmente está ouvindo), ou de esperar por um ônibus que nunca vai passar. Relacionamentos com narcisistas são mantidos pela esperança de que "um dia vai melhorar", com poucas garantias de que esse momento chegará. Mantenho minha convicção: 99% das pessoas com transtorno de personalidade narcisista *não vão mudar.* O que você vê é o que realmente são, então, se acostume ou pule fora. Depender de seu parceiro para uma mudança não é uma opção. As únicas mudanças que pode fazer é em você mesmo: compreender as partes mutáveis, administrar suas expectativas e tomar decisões adequadas. Este livro é sobre isso.

Aqui você terá uma descrição aprofundada do narcisismo, assim como da sinistra Tríade Obscura (falaremos mais disso no Capítulo 3). Este livro se propõe a te ajudar a identificar os sinais de alerta e os padrões, entender como eles fazem você se sentir, decidir o caminho certo e, então, colocá-lo em prática. Porém, acima de tudo, servirá como um lembrete da dura verdade de que narcisistas não mudarão, e que você pode não querer passar sua vida como Sísifo,* rolando a pedra morro acima todos os dias, para começar tudo de novo na manhã seguinte. Mostrará a você como romper o ciclo no qual talvez nem perceba que está preso.

O transtorno de personalidade narcisista e outros transtornos de personalidade são diferentes de padrões psiquiátricos considerados mais "sindrômicos", como depressão severa. Transtornos de personalidade são formas padronizadas de reagir ao mundo e de responder ao universo interior. Em tempos de estresse, esses padrões se tornam mais fortes. Como são padrões, também são previsíveis. Esses padrões residem no narcisista, não em você, mas podem provocar grande perturbação nos relacionamentos com todos ao redor dele.

---

* Sísifo, da mitologia grega, é filho do rei Éolo e, por ter enganado os deuses, foi amaldiçoado a, por toda a eternidade, empurrar uma enorme pedra que, sempre que chegava ao topo, rolava colina abaixo. [N. E.]

Uma receita instigante

Sem dúvida, este livro será controverso no meu campo de atuação e para muitos leitores. Afinal, eu sou uma psicóloga e estamos no ramo do tratamento e mudança. Mas tenho visto poucas evidências de intervenções consistentes que funcionem com pessoas narcisistas. Talvez algumas gotas de progresso, um reconhecimento educado de que nem sempre são tão elegantes quanto poderiam, porém, como no caso do nosso amigo escorpião, "perceber" não significa mudar. Citando William James: "Uma diferença que não faz diferença nenhuma não é diferença".

Também não vou dizer que você deve ir embora. Teria sido mais fácil escrever um livro a partir desta premissa singular: se você está sendo maltratado, caia fora. Mas a vida é complicada e nunca é tão simples assim. Algumas pessoas não estão dispostas a abandonar esses relacionamentos, e é provável que uma única receita — de "simplesmente afaste-se!" — deixe muitas pessoas se sentindo ainda mais solitárias e sem opções. Este livro aborda essa bifurcação na estrada usando uma estrutura honesta. O objetivo foi abordar os dois caminhos, e talvez o mesmo leitor possa optar por permanecer por um tempo e depois escolher ir embora. Não há julgamento para nenhum deles: você é a única pessoa que tem autoridade para saber o que é melhor para si. Receber as ferramentas para ficar, mas de uma maneira informada, torna este livro um guia essencial de sobrevivência que reconhece que relacionamentos românticos são um território complexo e cheio de nuances. Embora narcisistas possam parecer cachorrinhos de um truque só por se comportarem de maneira padronizada, o restante de nós não é. E os narcisistas não são iguais. Existem muitas variantes, o que pode nos fazer sentir de muitas formas diferentes. Este livro fornece conselhos realistas sobre como lidar com os padrões, e isso pode permitir que pessoas fiquem mais confortáveis, façam a transição lentamente ou saiam da maneira mais serena e segura possível.

Às vezes, escritores são prisioneiros das palavras e da gramática e, de forma a manter consistência ao longo de todo o livro, uso o pronome "ele" quando me refiro ao narcisista. A maioria das pesquisas existentes sobre transtornos de personalidade sugere que o transtorno de personalidade narcisista é mais presente em homens (como no *Manual diagnóstico e estatístico de transtornos mentais*, quinta edição — DSM-5), e isso pode ser devido, em parte, ao fato de que as características que englobam o transtorno são reforçadas em meninos e homens (assim como meninas e mulheres normalmente são induzidas a características como dependência). Tenha em mente que existem muitas mulheres narcisistas por aí, e muitos leitores podem ter sido impactados por parceiras assim (se você puder fazer a "troca do pronome" durante a leitura, minha esperança é de que este livro seja útil para todos os leitores, independentemente do gênero de seus parceiros). Este livro não se destina a alvejar os homens de maneira injusta, mas a utilização do pronome pode ser um problema para alguns leitores, então, queria garantir que a lógica fosse esclarecida, mesmo que não seja o ideal.

Relacionamentos violentos

Uma das minhas maiores preocupações ao expor a estrutura deste livro é que muitos desses padrões são observados em relacionamentos caracterizados como violência doméstica ou Violência

Provocada por Parceiro Íntimo (VPPI). Os padrões e as dinâmicas, como controle, frieza, inconsistência, charme e manipulação, fazem parte do narcisismo. Sinceramente, nas inúmeras entrevistas que conduzi, bem como nos casos clínicos nos quais baseio este livro, a violência física e o abuso emocional (gritos, intimidação, insultos) eram endêmicos. Muitas vezes, e repetidamente, casais chegavam às margens da violência ou do abuso, e, embora raras vezes chegassem às vias de fato, objetos eram jogados e portas, batidas.

Uma em cada três mulheres, e um em cada quatro homens, foram vítimas de violência doméstica; e isso representa 21% dos crimes violentos nos Estados Unidos. É uma questão de saúde pública em nosso país e no mundo. Violência doméstica demanda uma abordagem diferente e mais apurada do que a condição que está nestas páginas; demanda atenção imediata à segurança, o possível envolvimento da força policial e a proteção das crianças. Este livro não pretende ser um guia para administração de um relacionamento violento, embora muitos dos temas aqui possam ser relevantes para mulheres e homens que estão em relacionamentos com essa característica. Portanto, embora este livro possa servir como um recurso, se você estiver em um relacionamento abusivo, recomendo que procure assistência imediata para sua própria segurança.

Codependência

Minha outra grande preocupação ao escrever este livro está relacionada ao fenômeno da "codependência". Segundo o *Oxford Dictionary of Psychology*, a codependência é definida como "um relacionamento ou parceria no qual duas ou mais pessoas apoiam ou incentivam hábitos insalubres umas nas outras, em especial dependências químicas". Embora o termo tenha sido largamente concentrado na dinâmica de abuso de substâncias em relacionamentos, tem sido ampliado para ser mais inclusivo a quaisquer relações nas quais pessoas permanecem e acolhem o mau comportamento do outro. Nesse sentido, simplesmente permanecer nos tipos de relacionamentos que descreverei neste livro pode ser visto como codependência, porque, ao não sair, você está dizendo: "Pode me tratar dessa forma".

Alan Rappoport, psicólogo que fala sobre narcisismo, descreve o relacionamento com um narcisista como "conarcisista", (mais à frente nos aprofundaremos no que ele diz). Segundo Rappoport, o conarcisista é uma plateia para a necessidade crônica do narcisista de estar sob os holofotes e receber atenção. Raramente, o artista reage à plateia, em vez disso, ele apenas recebe os aplausos como gratidão por uma performance bem executada e sai do palco. Em nossa linguagem atual de psicologia e autoajuda, termos como codependência lançam suspeitas e críticas sobre alguém que permanece em um relacionamento com um parceiro narcisista. Isso pode ser uma postura cruel, que frequentemente resulta em pessoas se frustrando com alguém que decide permanecer com um parceiro narcisista. Muitas pessoas continuam nesses relacionamentos porque não entendem as dinâmicas do narcisismo. A maioria está *convencida* de que os parceiros mudarão. Uma vez que você entender o transtorno e as ferramentas para lidar com ele, será menos provável que suporte o mesmo tratamento.

Você *pode* encerrar o ciclo

Um relacionamento com um narcisista é, em essência, estar em uma relação com alguém que jamais irá escutar ou entender você. Consequentemente, é como se comunicar com um robô. Admito que, enquanto ouvia as muitas histórias para este livro, até pensei: *Por que você fica?* É fácil classificar alguém que permanece em um desses relacionamentos abusivos e narcisistas como um tolo, como um "codependente" ou, de alguma forma, cúmplice. Relacionamentos são uma via de mão dupla, mas isso não significa que alguém deva suportar maus-tratos crônicos. Espero que este livro não apenas ajude você a entender como entrou nisso e por que continua, mas também lhe forneça informações suficientes para que possa fazer melhores escolhas a fim de se preservar e, então, encerrar o ciclo de dúvidas, desconforto e ansiedade.

Trilhei esse território profissional empírica, educacionalmente e de forma experimental. As informações contidas aqui podem irritar algumas pessoas: profissionais da área e também narcisistas. Mas tenho esperança de que este livro possa ajudar ainda mais pessoas e a firme convicção de que esta mensagem deve ser espalhada: você *pode* recuperar sua vida, mesmo que esteja em um relacionamento com um narcisista patológico. E, quem sabe, até evitar estar nesse lugar ou voltar a ele.

CAPÍTULO 2
NARCISISMO É A BOLA DA VEZ

Esse nosso Narciso
Não consegue ver seu rosto no espelho
Porque se tornou o espelho.

ANTONIO MACHADO

Hoje em dia, a bola da vez é o narcisismo.

A maioria das pessoas sabe que esta não é uma palavra bonita, mas poucas sabem o que realmente significa. Como Potter Stewart, juiz da Suprema Corte Americana, disse sobre pornografia: "Reconheço quando a vejo", é assim que acontece também com o narcisismo.

A selfie. Os reality shows. As redes sociais. Qual é sua marca? Sou incrível? Vai me seguir de volta? Narcisismo é, na verdade, a nova ordem mundial. É a estrela do reality show que pode falar durante quinze minutos sobre os novos apliques de cabelo ou a nova bolsa. É o atleta profissional, como Lance Armstrong, que diz aos cínicos e céticos: "Sinto muito por vocês. Sinto muito que não consigam sonhar alto. Sinto muito que não acreditem em milagres". São músicos, como Kanye West, que disse para *W Magazine*: "Fiz aquela música porque sou um deus... e não ache que existe alguma outra explicação". São pessoas como Bernie Madoff, que lesou investidores em bilhões enquanto desfrutava uma vida de luxúria extraordinária e mantinha a grandiosa ilusão em que as pessoas queriam acreditar. Um artigo da revista *Vanity Fair* sobre o investidor captou perfeitamente seu comportamento narcisista: "'Bernie não é o que se chamaria de sr. Gente Boa, alguém com quem você gostaria de tomar uma cerveja', declarou uma fonte. 'Ele era imperial, acima de tudo. Se não gostasse da conversa, simplesmente se levantava e ia embora. Era do tipo: *Sou Bernie Madoff e você não*'". Se postássemos uma galeria de narcisistas proeminentes, ela se estenderia por milhares de páginas e estaria repleta de celebridades, empresários, primeiros-ministros e presidentes, atletas, músicos, artistas, produtores e, talvez, até seu vizinho, seu chefe ou o cara que está dormindo do seu lado neste momento.

O que *é* narcisismo?

O Manual diagnóstico e estatístico de transtornos mentais, quinta edição (DSM-5), define transtorno de personalidade narcisista como um "padrão generalizado de grandiosidade, necessidade de adulação e falta de empatia". E é ainda caracterizado por "autoestima variável e vulnerável, com tentativas de regulação por meio da busca de atenção e aprovação, e grandiosidade declarada ou encoberta". A pessoa com transtorno de personalidade narcisista é caracterizada por sintomas que incluem fantasias de sucesso ilimitado, beleza ou amor ideal, a crença de que é especial e única, legitimação, exploração interpessoal, inveja, arrogância, relacionamentos "próximos" superficiais e baixos níveis de percepção.

Narcisismo patológico é um território mais amplo do que os critérios da DSM. Em última análise, narcisismo é um transtorno de autoestima. A grandiosidade, a busca pela grandeza e a fanfarronice dos narcisistas podem fazer com que a maioria das pessoas os veja como confiantes, inteligentes e bem-sucedidos (o que podem ser ostensivamente). No entanto, basta arranhar a superfície para revelar que, sob a capa brilhante, está alguém que não consegue regular seus sentimentos e vive pela aprovação dos outros. Quando recebem elogios, têm um ótimo dia. Quando são criticados, tudo é desgraça e ruína. É como estar em uma montanha-russa. Também há dias em que estão profundamente vulneráveis e propensos à vergonha. Portanto, não é um quadro simples. Embora os pilares centrais do narcisismo sejam os déficits de autoestima que se manifestam como grandiosidade, legitimação, falta de empatia e busca por admiração, os "sinais" do narcisismo são um pouco mais amplos, e vamos explorá-los detalhadamente no próximo capítulo. O narcisismo também serpenteia por outros diagnósticos, especificamente por sua afinidade com a psicopatia.

Narcisismo é realmente um "transtorno de superficialidade". Visto que o mundo todo está tendendo a uma maior superficialidade em todos os aspectos — no trabalho, na escola, na criação de filhos e no amor —, a propensão dos narcisistas a serem superficiais não parece mais tão incomum. Narcisistas se apaixonam (e com frequência), no entanto, normalmente é uma experiência superficial, concentrada em variáveis como excitação, validação, aparência e sucesso. Mesmo assim, o amor é muito real para eles, e é injusto e impreciso dizer que um narcisista é "incapaz" de amar. Muitas vezes é "amor-leve" — uma experiência superficial que é geralmente muito sedutora e abrangente, e depois se desenvolve em algo desconfortável e vazio quando a vida cotidiana se estabelece. Quando se trata de amor, narcisistas são velocistas e não maratonistas. Normalmente, é uma experiência grandiosa, com inúmeras referências a "se apaixonar à primeira vista", e uma história de amor "única". Acredite, em pouco tempo você desejará que seja única e que nunca mais aconteça.

A Tríade Obscura

A Tríade Obscura é um termo desenvolvido e apresentado por Delroy Paulhus e Kevin Williams, do Departamento de Psicologia da Universidade da Colúmbia Britânica. Em um artigo de 2002, no periódico *Journal of Research in Personality*, definiram-na lindamente em três traços distintos, porém sobrepostos: maquiavelismo, psicopatia e narcisismo.

O maquiavelismo é manifestado por meio da exploração e manipulação de outras pessoas, cinismo (em especial com relação à moralidade e ética) e dissimulação (sobretudo em relacionamentos). De forma simplificada, pessoas maquiavélicas sabem como tirar vantagem de cada situação e fazem isso com muita frieza e tranquilidade. Psicopatia é egoísmo patológico, violação consistente das leis, regras e normas, falta de remorso e atitudes e comportamentos frios e insensíveis. A psicopatia pode parecer especialmente perigosa por causa da ausência de remorso e culpa, bem como uma falta de vontade ou incapacidade de assumir responsabilidade por qualquer coisa. As características da Tríade Obscura estão muito bem relacionadas e se sobrepõem ao narcisismo. E, como você verá, raramente estamos lidando com um narcisismo "brando", e sim com várias características combinadas que formam uma pessoa extremamente desafiadora.

Começa cedo

As teorias sobre a origem do narcisismo são densas e profundas. Existem duas influências principais: ambiente inicial e nossa ampla cultura. As explicações sobre o ambiente inicial normalmente se concentram no relacionamento com os pais. Os dois principais teóricos do narcisismo, Heinz Kohut e Otto Kernberg, concordam na origem no relacionamento pais-filho, mas têm opiniões um pouco diferentes sobre a questão. Kohut foca em algo chamado "espelhamento", ou a experiência de obter aprovação dos pais de forma consistente e realista. Um pai ou uma mãe, ou ambos, que não entra no jogo (por exemplo, um ou ambos é ausente ou narcisista, então, não tem empatia com o filho, ou está distraído por outras influências, tais como uso de substâncias ou outras doenças mentais) não pode fornecer esse espelho consistente. Quando isso ocorre, a criança não consegue desenvolver um sentido realista de identidade e fica presa em uma visão subdesenvolvida de mundo. Crianças são grandiosas por natureza, e esses pensamentos mágicos e suposições de super-heróis são moldados compassivamente em um sentido realista de identidade na presença de um espelhamento consistente. Sem isso, a visão de mundo infantil pode persistir. Encantadora numa criança de 6 anos, nem tanto em uma pessoa de 46.

Além disso, essa experiência de espelhamento também faz com que a criança desenvolva mecanismos para o chamado "autoconforto", basicamente a capacidade de administrar emoções de maneira adequada e individual. Como uma criança, narcisistas mantêm uma visão grandiosa de si mesmos e continuam olhando para o mundo em busca de um espelho, por isso permanecem dependentes de validação e aprovação alheias para reforçar sua autoestima. Além disso, narcisistas nunca aprendem a regular o humor, portanto, são inconsistentes: podem ter mudanças repentinas e bruscas, além de acessos de raiva. Da mesma forma, tendem a projetar suas emoções em outras pessoas, se comportam mal e buscam formas externas para entorpecer suas emoções (drogas, álcool e sexo estão entre as maneiras mais clássicas).

Kernberg argumenta de uma forma ligeiramente diferente, porém, numa linha semelhante; ele foca na ideia de que crianças que têm pais não empáticos (narcisistas) permanecerão emocionalmente famintas ao longo da vida e, por causa disso, vão desenvolver seu mundo exterior em vez do interior. Posteriormente, desenvolverão um conjunto de habilidades que os pais valorizam (por exemplo, aparência, conquistas acadêmicas, desempenho atlético, tocar violino), só que em excesso. Como nunca desenvolveram competências como regulação emocional, e se tornam mestres em se compartimentalizar, separando o mundo de realizações de todo o resto, tornam-se grandiosas em torno de seus talentos. Se experimentam qualquer sensação de fraqueza ou vulnerabilidade, cortam essa parte de si mesmos (um processo chamado divisão).

Assim, pelo resto da vida, oscilam entre a grandiosidade e o vazio. Mais recentemente, o psiquiatra Alexander Lowen, em seu livro sobre o tema, postula que o narcisismo tem sido associado à experiência de vergonha e humilhação na infância — normalmente pelas mãos de pais controladores. Um exemplo clássico de uso de poder e controle na infância são as palmadas muito desproporcionais à transgressão cometida pela criança. Crianças que também são expostas cronicamente à crítica ou zombaria, ou aquelas que vêm de ambientes nos quais sentimentos são invalidados ("pare de chorar, não foi tão ruim"), aprendem que poder é o caminho nas relações humanas, e que sentimentos não são bons (em outras palavras, aprendem a exercer poder também sobre seus sentimentos).

Em última análise, a criança aprende uma coisa: como usar o poder para influenciar os próprios relacionamentos. Narcisistas costumam ter um histórico de rebelião, em especial na adolescência, e Lowen acredita que isso pode ser devido a uma resistência ao poder. A rebelião pode alterar o equilíbrio de poder na família, e a criança, então, aprende a usar manipulações como rebeliões, mau comportamento ou até mesmo submissão para satisfazer suas necessidades (em vez de ter sido ensinada a expressá-las de maneira adequada).

Narcisismo saudável

Agora que debatemos as possíveis origens do narcisismo, é também importante distinguir o narcisismo "saudável" do "patológico". Existe certa discórdia sobre o termo "narcisismo saudável", que inclui a capacidade de defender a si mesmo, às vezes, colocando suas necessidades acima das dos outros, porém permanecendo ciente do impacto de suas escolhas nas pessoas a seu redor; a capacidade de exercer uma opinião de forma respeitosa e pedir aos outros que a reconheçam, mantendo a autoconfiança e buscando a ambição, mas não deliberadamente à custa dos outros. Essas são as características gerais que estão sob o guarda-chuva do "narcisismo saudável". Quando as pessoas se mantêm firmes, mas o fazem de uma forma que reflita uma consciência de como sua conduta e comportamento estão impactando outras pessoas, isso é uma autodefesa válida, e, às vezes, é chamada de narcisismo saudável.

(Eu prefiro chamar de autodefesa saudável, dadas as conotações do termo "narcisismo".)

Muitas vezes, a bravata de um narcisista é mal interpretada como "autoconfiança". Há uma diferença — e é uma distinção essencial. Autoconfiança é confiar em suas habilidades, suas características pessoais e em seu discernimento e julgamento. Autoconfiança é gerada por meio de presença consistente em ambientes amorosos e solidários, validando experiências e sucessos. Uma pessoa autoconfiante normalmente é uma boa solucionadora de problemas e gerenciadora de estresse, autorreflexiva e capaz de articular e observar de forma clara suas falhas e vulnerabilidades, assumindo responsabilidade por elas. Como pessoas autoconfiantes têm um sentido de identidade e valores bem formados, não sentem necessidade de desrespeitar os outros, porque sabem quem são e não se sentem ameaçadas por outros indivíduos ou diferentes pontos de vista.

A pessoa verdadeiramente autoconfiante não é vazia e está no comando de suas emoções e identidade, e isso é manifestado por meio de empatia e sinceridade. Isso é o oposto do narcisista. Infelizmente, à primeira vista, como narcisistas são capazes de expressar claramente suas opiniões, falar bem de si mesmos e na maioria das vezes são muito bem-sucedidos (ricos, poderosos ou líderes de algum tipo), é fácil achar que sua autoconfiança é alta. Mas as características principais do narcisismo — falta de empatia, arrogância, desrespeito por outros pontos de vista, legitimação e grandiosidade — não estão no manual de uma pessoa autoconfiante.

As páginas deste livro te ajudarão a entender a diferença entre alguém autoconfiante e o narcisista. A confusão relacionada a esses termos, no entanto, com frequência permite que narcisistas avancem bastante no caminho (e em sua vida) antes que você perceba que não é autoconfiança, mas sim exibicionismo e arrogância.

Ao longo da leitura, você também reconhecerá que, em alguns dias ou momentos da vida, você também exibe algumas das características "menos saudáveis" do narcisismo (fica envaidecido com uma nova oportunidade, um pouco exigente sobre o serviço de um restaurante, tira muitas selfies e espera aqueles "likes"). Tenha em mente que todos nós nos envolvemos em algum padrão de "mau narcisismo" de tempos em tempos, mas, quando isso atinge a massa crítica e caracteriza o comportamento de uma forma previsível, é o momento que salta para o "narcisismo patológico".

Um elemento fundamental que faz o narcisismo ser patológico é que o indivíduo raramente considera o impacto de suas ações ou palavras nos outros (a menos que essas pessoas sejam úteis para ele). Além disso, a autoestima instável do narcisista patológico é o conflito central (enquanto no narcisismo saudável permanece um sentido bem integrado de identidade). À medida que chegamos ao cerne do que é, de fato, narcisismo, as diferenças entre autodefesa saudável, confiança e narcisismo patológico ficarão claras. Sim, às vezes colocamos nossas necessidades e desejos antes dos outros, mas, tipicamente (e de modo ideal), fazemos isso após considerar o impacto de nossas ações sobre os outros.

O que é um transtorno de personalidade?

Nossa personalidade é basicamente nosso "padrão de reação" singular. Ela define o rumo pelo qual nós, como indivíduos, costumamos reagir a situações, fatores de estresse e vida cotidiana. Ela representa uma estrutura de como nossos mundos interiores estão organizados e é específica a cada um de nós. Por isso, personalidades são como digitais — diferentes em cada pessoa. Nossa personalidade, de alguma forma, nos torna previsíveis — para nós e para o mundo —, mesmo quando estamos sendo "imprevisíveis". Personalidade é tanto inata quanto desenvolvida pelas interações com o ambiente. Traços de personalidade são, em parte, herdados de nossos pais biológicos e podem ser observados entre irmãos e outros parentes (um padrão que você pode ter notado em sua família), mas também são moldados pelo ambiente. Nossa personalidade é bem consistente e, obviamente, algumas são mais fáceis do que outras (pessoas alegres e resilientes, no geral, são companheiras mais fáceis e agradáveis), mas personalidades desafiadoras podem ser mais sedutoras, simplesmente por representarem um desafio.

Um transtorno de personalidade ocorre quando uma pessoa tem um conjunto do que chamamos de "traços ou padrões 'desadaptativos'", que interferem nos relacionamentos, trabalho, comportamento e funcionamento no mundo. Um transtorno, nesse caso, representa a personalidade levada a extremos. Então, em vez de alguém ser organizado, será obsessivo; em vez de ser tímido, ficará paralisado diante de outras pessoas. No caso do transtorno de personalidade narcisista, é a incapacidade de desenvolver conexões profundas com outras pessoas, ser superficial e apresentar completa falta de uma qualidade humana básica e necessária: a empatia.

A ascensão do narcisismo

Uma pesquisa com 35 mil pessoas, conduzida pelo National Institutes of Health e publicada por Stinson et al., estimou que 6,2%

dos estadunidenses experimentam sintomas de transtorno de personalidade narcisista, e esse diagnóstico foi mais presente em jovens na faixa dos 20 anos (9%) do que em adultos com mais de 65 anos (3%). Isso é preocupante porque esses jovens adultos são aqueles que estão buscando relacionamentos, casamento e filhos. Embora parte dessa pesquisa sobre o narcisismo em grandes amostras e ao longo do tempo tenha sido criticada pela metodologia e outras questões sobre como essas características narcisistas são medidas, as descobertas do estudo, analisadas em conjunto, sugerem que o narcisismo pode estar em ascensão e que jovens adultos são a população com maior risco. Ligue a TV e ela vai sugerir que esses dados não estão errados.

Em 2008, Jean Twenge, professora da Universidade Estadual de San Diego e especialista em narcisismo, juntamente com seus coautores, examinou dados de mais de 16 mil universitários nos Estados Unidos e observou um aumento de 30% nos índices de narcisismo em um período de 25 anos (do início dos anos 1980 até 2006). Curiosamente, ela observa que esse aumento coincide com o aumento da obesidade observado durante o mesmo período. (Acho particularmente interessante que o narcisismo não seja citado como uma ameaça à saúde pública da mesma forma que é a obesidade; eu argumentaria que o narcisismo é pior: não é prejudicial apenas ao indivíduo, mas destrói também outras pessoas.)

Em *The Narcissism Epidemic*, Twenge e Campbell expõem brilhantemente os números e a pesquisa sobre a questão com uma conclusão simples: narcisismo é uma epidemia e ninguém está livre de seus efeitos. Como qualquer epidemia, contraindo ou não a doença, você é afetado. Pense nisso como uma grande epidemia de gripe: ou você é contagiado, ou acaba tendo que cuidar de alguém que pegou, ou trabalha mais porque quem está gripado não pode desempenhar seu papel. Em um mundo no qual o narcisismo se tornou epidêmico, se você não é um narcisista patológico, pode estar sob o feitiço de alguém que seja, e isso está afetando sua vida. Se olharmos para as estatísticas de Twenge, ou para os resultados da pesquisa do NIH, sabendo que existem muitos narcisistas por aí, então, estatisticamente, é provável que você se apaixone por um. E, sinceramente, narcisistas são os melhores em conquistar um parceiro. Este livro vai detalhar como eles transformam você em vítima, vai ajudar a lidar com isso e evitar que aconteça — ou que aconteça outra vez.

A tecnologia parece incentivar o narcisismo, fornecendo constante reforço da busca por validação e uma dieta estável de admiração. Aparelhos eletrônicos, redes sociais e nosso impulso crônico de compartilhar nossa vida permitem que as pessoas terceirizem o ego e continuem dependendo do mundo exterior para fazer o que deveriam ser capazes de fazer por si só, que é regular o senso de identidade. É muito provável que a diferença desproporcional nas taxas de narcisismo entre adultos na faixa dos 20 anos e os com mais de 65 seja um subproduto de sua dependência da tecnologia. A pressão cultural e normas relacionadas a postar selfies e a busca crônica por validação fazem com que muitos dos comportamentos associados ao narcisismo se tornem normais em jovens adultos. Essa expectativa de validação e admiração, então, transborda para o restante da vida. É difícil ouvir outra pessoa com empatia quando se está esperando que os holofotes se voltem para você. É fácil ser vítima da grandiosidade quando estamos a apenas alguns milhares de likes no Instagram, ou visualizações no TikTok, do estrelato.

O pêndulo também oscilou muito no sentido de dar aos jovens uma dose constante de "autoestima" sem qualquer real merecimento. Em outras palavras, nosso foco em apenas dizer "você é ótimo", sem ser em reconhecimento de conquistas difíceis e rápidas, não está fazendo nenhum bem aos jovens. Se, com frequência, eles recebem um troféu por simplesmente participar, sempre esperarão um prêmio por somente aparecer, e a autoestima estufada não estará ligada a nenhuma conquista específica. Isso não quer dizer que crianças precisam correr muito ou ter notas perfeitas para "ganhar" a estima de outros, mas elas precisam de clareza nas expectativas de comportamento e experimentar frustrações. Ao experimentar decepções, seja mágoa, tristeza ou simplesmente chegar em segundo lugar, uma criança aprende a lamber as próprias feridas, sentir uma gama de emoções e entender que tudo ficará bem sem precisar entrar em pânico. É fácil dizer às crianças "você é ótimo"; um pouco mais desafiador é prestar atenção nelas, incentivar os pontos fortes, ajudá-las a trabalhar as fraquezas e reconhecer significativamente seu desenvolvimento. O pêndulo exagerou na correção: da época cruel da palmatória para dar a cada criança um troféu por fazer o mínimo. Toda criança deveria ter a experiência de ser amada incondicionalmente, apoiada e incentivada, mas isso demanda mais do que aplausos de pé cada vez que ela entra no ambiente. Todas essas mudanças — na tecnologia, na educação e na criação — estão contribuindo para o aumento constante do narcisismo patológico.

Em última análise, na sala narcisista dos espelhos, nosso mundo interior importa muito menos do que as imagens com filtro que parecem fornecer a narrativa de nossa vida. Enquanto as imagens forem mais importantes do que a realidade, teremos um problema.

Nossa cultura celebra o narcisismo

Bobagens iguais aos reality shows do tipo *Mulheres ricas*, as superficialidades do clã Kardashian ou as divagações mesquinhas dos juízes em programas de competição sobre reformas/empreendedorismo/culinária/dança/canto se tornaram a narrativa e os arautos de toda uma geração. Explosões fortes de emoção e xingamentos, sem levar em conta como palavras e ações afetam outras pessoas, são a norma. Criticamos os agressores, e ainda assim lhes damos palco e atenção por prejudicar os outros. Horas e vidas gastas adquirindo bens e compartilhando fotos com o mundo se tornaram um *zeitgeist* cultural que elevou a busca por admiração. Não importa se está maltratando os outros, contanto que você tenha boa aparência. Parece que a empatia seguiu o caminho do videocassete e se tornou obsoleta.

Além disso, a aquisição de riqueza é auxiliada pelo narcisismo. Narcisistas patológicos frequentemente são excelentes em sua busca por status, poder e riqueza, e atributos como legitimação e falta de empatia facilitam bastante agir de acordo com o éthos "cada um por si" do capitalismo. Aquele executivo de Wall Street, com grande bônus, apartamento milionário e casa nos Hamptons, não conquistou nada através de empatia e respeito mútuo. Nossa economia recompensa o competidor agressivo. Esse perfil não é desligado quando essas pessoas saem do escritório.

Embora colaboração e conexão possam e devam ser promovidas em ambientes corporativos competitivos, enquanto a percepção da mentalidade de "ao vencedor, tudo" prevalecer, é difícil recuar. No entanto, existe uma sólida literatura que sugere que colaboração e compaixão contribuem para um modelo de negócio maravilhoso e sustentável (infelizmente, os narcisistas não receberam o memorando).

O narcisismo tem contribuído para a cultura da ilusão. Isso não é apenas sobre uma pessoa poderosa monopolizando uma conversa no jantar, ou programa de televisão sem graça, ou vidas superdocumentadas e supercompartilhadas nas redes sociais. Estamos deslizando para uma cultura que está vivendo numa fantasia de grandiosidade e uma população que tem pouca ou nenhuma capacidade de estar só. As pessoas já não conseguem ficar sentadas quietas e, mesmo quando estão supostamente sozinhas, as redes sociais garantem que não precisam tolerar a transitória sensação de solidão. A palavra "não" tornou-se ultrapassada. As pessoas vivem para serem vistas, às vezes, até em uma "vida encenada", na esperança de que ela viralize.

Valorizamos o mito da riqueza; crédito fácil significa que a ilusão de uma fachada sofisticada, com carro caro e sapatos de grife, pode ser acessada facilmente, com potenciais consequências financeiras mais à frente. Manter a fachada se torna mais importante do que compreender o motivo de sentirmos necessidade dela. Muitas vezes acreditamos que "merecemos" coisas luxuosas e, como estamos continuamente sendo bombardeados com essas imagens pela mídia, existe uma ilusão de que elas são necessárias e onipresentes. A crença, então, se torna a realidade. Desde que eu tenha os brinquedos certos, está tudo bem.

Beleza e juventude se tornaram uma obsessão em nossa cultura. A indústria da perda de peso é uma vaca leiteira de 20 bilhões de dólares. A cirurgia estética é uma indústria de 12 bilhões de dólares, e os 60 bilhões de dólares da indústria de cosméticos nos mantêm eternamente jovens e livres de rugas. Mas com que finalidade? Mais de 90% das mulheres declaram que estão insatisfeitas com seu corpo. E, numa cultura cada vez mais visual, o impulso para alcançar a "perfeição" é uma pressão ainda maior. O princípio cartesiano pós-moderno se torna "Sou magro, logo existo".

A democratização da mídia significa que qualquer um com um telefone pode se tornar uma celebridade. Nosso foco míope na autoestima das crianças significa que todos ganham um troféu; universidades e educação são "marcas", em vez de lugares de aprendizado; testes padronizados são usados para avaliar sabedoria, e a inflação de notas é galopante. A comunidade tem sido substituída por seguidores e likes. Nossa economia, nosso corpo, nossa saúde, nossos filhos e, com sinceridade, nossa psique estão em grandes apuros.

Nós nos tornamos um mundo cruel. Insultos e xingamentos enviados atrás do anonimato de uma tela, isolamento social e um foco no "eu" em vez de "nós" dominam nossa paisagem. Muitas vezes não regulamos ou monitoramos nossas palavras e ações, e a maldade, tal como o narcisismo, parece ser mais predominante a cada dia. Parece agora que muitas pessoas não estão mais tendo relacionamentos *com* pessoas, mas, sim, *para* pessoas. À medida que narcisistas e narcisismo saturam nossa cultura todos vamos pagar, e boa parte disso será cobrada em nossos relacionamentos.

Programas de relacionamento e namoro como *Casamento às cegas* e *Match perfeito* são apenas a ponta do iceberg do que tem se tornado o "esvaziamento" do relacionamento íntimo. Aplicativos de namoro, como o Tinder, atribuem o início de um relacionamento a um simples "deslizar de tela" em um smartphone, e a subsequente cultura do encontro criada por tal tecnologia tenta acelerar a intimidade e eliminar o processo de conversas e conhecimento mais profundos. Cada vez mais estamos esvaziando a conexão, o respeito e a empatia de uma das experiências humanas mais importantes e saudáveis, e a transformando em marca, carisma e postura. Em meio a essa mudança epidêmica e cultural para o narcisismo, os relacionamentos foram os mais atingidos.

Don Draper: o narcisista quintessencial da cultura pop

Às vezes, o referencial mais simples é aquele que é compartilhado, como um personagem de filme ou programa de televisão. Em minha opinião de psicóloga, *Mad Men* talvez seja uma das melhores séries de televisão já produzidas, porque apresenta um dos melhores narcisistas já roteirizados. Se você viu, vai entender, e, se não viu, vale o investimento. Alerta de spoiler: Don Draper, o executivo de publicidade bonitão, é um narcisista clássico.

Simplificando, Don Draper não é um cara legal. Na superfície, quando o conhecemos, é um executivo de publicidade bem-sucedido, marido e pai, com uma boa casa em um bairro nobre. É um homem comum. Dentro de uma semana, descobrimos que ele é um traidor e mentiroso, e que joga esposa, filhos, colegas de trabalho, amantes e familiares na fogueira, às vezes com consequências trágicas. Embora tenha tido um passado arenoso e traumático, isso não o qualifica para um passe livre ou justifica o comportamento habitualmente insensível. Ele sempre foi um revisionista, editando constantemente sua vida e identidade, colocando o próprio prazer e sucesso à frente de todos e seguindo pela vida com abandono, pouco se importando com as consequências de suas ações, a menos que lhe sejam inconvenientes. A maioria das pessoas saiu de sua vida, mas não sem que ele causasse muito dano ao mundo psicológico delas. Ele tinha aquelas noites sombrias da alma; todos os narcisistas têm. Raramente conseguia regular suas emoções, e álcool, cigarros e muitas mulheres eram as formas de administrar sentimentos e autoestima. Ele passava pelo mundo se sentindo como um impostor e usava métodos superficiais para lidar com esse sentimento.

Curiosamente, a maioria de nós continuou assistindo à série durante anos porque pensávamos que ele *iria* e *poderia* mudar. Semana após semana, achávamos que ele encontraria redenção; poderia ser um marido fiel, um pai decente e uma pessoa honesta. Isso nos lembra que fomos atraídos e transportados pela vulnerabilidade, charme e humanidade de um narcisista. Don Draper foi um exemplo fantástico do fato de que esses caras são realmente adoráveis e, por isso, baixamos nossa guarda. Ele teria flashes aqui e acolá — de amor, conexão, paixão —, mas, ao final do dia, isso era passageiro. Muito mais consistentes eram sua desonestidade, seu egoísmo, sua infidelidade, sua falta de empatia, seu maquiavelismo, sua ganância e, às vezes, sua crueldade absoluta. Ao mesmo tempo, ele trazia características de sensualidade diabólica, charme, inteligência e carisma. Mesmo sendo um personagem fictício e nossa vida não ser impactada pelo fato de ele ser bom, ruim ou indiferente, ainda assim nos preocupamos se ele pode ser redimido.

O último episódio foi certeiro para alguém que estuda o narcisismo. Os roteiristas e produtores finalizaram a série brilhantemente. Don Draper acaba como deveria: sozinho. Quando tem um momento de aparente "empatia", bem no final, ele abraça um homem angustiado que tinha sido alienado de tudo e de todos em sua vida, foi uma clássica reação narcisista. Pela primeira vez, Don Draper oferecia consolo real a alguém, mas apenas porque essa pessoa vivenciava a mesma angústia que ele (não porque subitamente se tornara carinhoso e sensível). E, por fim, poderia ter sido um momento de transcendência meditativa, mas ele usa esse episódio em causa própria na criação de uma inspirada campanha publicitária. Até os momentos profundos se transformam em superficiais.

Don Draper brincou com nossa mente porque, às vezes, ele era totalmente gentil e, em mais do que algumas situações, fez a coisa certa. É o momento em que personalidades narcisistas parecem uma ameaça confusa: seria muito mais fácil se fossem cruéis o tempo todo, mas não são. Esses momentos de gentileza e conexão brincam com nossa mente e despertam em nós a possibilidade de redenção. Os bons momentos nos mantêm no jogo; os ruins nos levam a nos questionar sobre nós mesmos. A montanha-russa entre redenção e decepção é infinita em relacionamentos com narcisistas.

Muito da mitologia, do cinema e da televisão em nossa cultura é apimentada por esses empresários narcisistas grandiosos. Eles são ótimos personagens principais: Tom Buchanan, Fausto, Rei Lear, Gordon Gekko, Mágico de Oz, John Willoughby, Miranda Priestly, Dorian Gray... Você entendeu. São divertidos de assistir, mas não de conviver.

Agora, reflita sobre cada personagem narcisista de programas de TV, filmes, livros ou peças de teatro que achávamos que poderia virar a esquina e se transformar, e podemos até ter visto esses filmes diversas vezes na expectativa desse momento de redenção (como se o final pudesse mudar). Agora estenda isso a pessoas reais com quem vivemos, que são narcisistas patológicas. Estamos sintonizados com elas não uma vez por semana, mas todos os dias e todas as horas, achando (e desejando) que vão mudar. A maior parte do que fazem é desdenhoso, desconectado, desonesto e disfuncional e, ainda assim, nos fornecem lampejos de "esperança", carisma e fantasia suficientes, então, esperamos por uma reviravolta ou, pelo menos, a esperança de que as coisas possam ficar mais fáceis. Eles validam nossas partes danificadas, validam o salvador que há em nós, validam o conceito de "esperança".

E isso nunca acontece. Eles nos dão apenas corda o suficiente para nos enforcarmos, para ficarmos pendurados. Apostamos sem parar. A maioria de nós aprendeu sobre o poder redentor do perdão através da religião, de cartões e mantras New Age. Continuamos dando a outra face, até não termos mais rosto.

Porém, como Don Draper, eles nunca mudam. Nunca vão mudar. Mesmo ao final, quando esperávamos que veriam a luz. E, ainda assim, a maior parte das pessoas volta para eles continuamente. Por quê?

◆ ◆ ◆

Os fatos são claros. O narcisismo está aqui e só vai se proliferar mais. Existem incentivos demais para isso no mundo: redes sociais, riqueza como um medidor de sucesso, reality shows e a possibilidade de "viralizar". Por definição, narcisismo e transtorno de personalidade narcisista são caracterizados pela falta de empatia, legitimação, grandiosidade, superficialidade e a busca crônica por validação e admiração, e pode incluir outros padrões como mentira, traição, ciúmes, paranoia, manipulação e exploração interpessoal. Narcisistas também são charmosos, inteligentes, articulados, bem organizados e grandes artistas. Como relacionamentos tendem a ser superficiais para eles, intimidade é um exagero e, como você pode imaginar, esse conjunto de características não é um bom presságio a longo prazo. No próximo capítulo, vamos explorar algumas das características mais comuns dos narcisistas, os sinais de alerta de que você pode estar em um relacionamento com um narcisista, e os tipos diferentes de narcisistas e os padrões correspondentes em seu relacionamento.

CAPÍTULO 3

VOCÊ ESTÁ EM UM RELACIONAMENTO COM UM NARCISISTA?

As pessoas, às vezes, falam sobre a crueldade "bestial" do homem, mas isso é terrivelmente injusto e ofensivo para os animais. Nenhum animal poderia ser tão cruel quanto um homem, tão habilmente, tão artisticamente cruel.

DOSTOIÉVSKI

Este não é um manual clínico; é um manual de sobrevivência. Na verdade, ninguém pode diagnosticar alguém que não conhece. O que você *pode* fazer é refletir sobre como a pessoa faz você se sentir. Pode também observar padrões, e pode ser útil ter um modelo para entendê-los. Pessoas com transtorno de personalidade narcisista ou que são narcisistas patológicas são frequentemente vistas como "ruins" ou difíceis, mas que estão muito bem disfarçadas — o famoso lobo em pele de cordeiro.

O capítulo anterior forneceu uma visão geral do narcisismo e de seu desenvolvimento. Também reconheceu o fato bem real de que o narcisismo está em ascensão, portanto, há uma crescente possibilidade de você estar em um relacionamento com um narcisista. Então, como pode saber a diferença entre alguém que é simplesmente charmoso e um pouco egocêntrico, e alguém manipulador, controlador e completamente desprovido de empatia? Como você *sabe*, com certeza, que está em um relacionamento com um narcisista? Este capítulo é o mais longo — e talvez o mais importante — do livro porque coloca luz sobre os traços mais comuns da personalidade dos narcisistas e apresenta os sinais de alerta que você deve observar no início de um relacionamento. Ele vai ajudar você a identificar se está com um narcisista e vai ajudá-lo a saber o que procurar em relacionamentos futuros para evitar se envolver com um.

TESTE: SEU PARCEIRO É UM NARCISISTA?

Responda "sim" ou "não" às perguntas a seguir:

1. Seu parceiro parece frio ou insensível com seus sentimentos ou com os sentimentos de outras pessoas, ou parece ter dificuldade de entender o que as outras pessoas estão sentindo?

2. Seu parceiro fala sobre a própria vida, as realizações e o trabalho de forma exagerada ou grandiosa (por exemplo, ter um emprego incrivelmente bom, como ele terá o melhor de tudo)? Seu parceiro é arrogante e convencido de que é melhor do que as outras pessoas?

3. Seu parceiro acredita que tem direito a tratamento especial em todas as áreas da vida (do chefe, dos prestadores de serviço, de amigos e na vida em geral)? Ele fica irritado quando não recebe esse tratamento especial?

4. Seu parceiro manipula pessoas e situações para ter suas necessidades atendidas, com pouca consideração pelos sentimentos dos outros?

5. Seu parceiro fica com muita raiva de repente — e normalmente de forma desproporcional à situação em questão?

6. Seu parceiro costuma pensar que as pessoas querem prejudicá-lo ou se aproveitar dele?

7. Seu parceiro tem facilidade de criticar, mas dificuldade em ouvir o menor feedback sem ficar na defensiva ou até mesmo com raiva?

8. Seu parceiro costuma sentir ciúmes dos relacionamentos, do sucesso e das oportunidades dos amigos e até dos seus?

9. Seu parceiro faz coisas ruins e não sente culpa, ou nem mesmo tem ideia de que não é legal fazer essas coisas?

10. Seu parceiro necessita de admiração e validação constantes, como elogios, prêmios e honrarias, e busca por isso (por exemplo, por meio das redes sociais ou falando regularmente sobre suas realizações)?

11. Seu parceiro mente com regularidade, omite detalhes importantes ou fornece a você informações inconsistentes?

12. Seu parceiro é um exibicionista nato? Transformando tudo o que faz em um grande evento, como festas que frequenta, carros que dirige, lugares aonde vai e a forma como retrata sua vida para os outros?

13. Seu parceiro costuma projetar em você seus sentimentos (por exemplo, acusando você de estar com raiva enquanto ele está gritando, ou de você ser inconsistente quando a vida dele está um caos)?

14. Seu parceiro é ganancioso e materialista? Cobiça mais coisas e mais dinheiro, mas faz pouco para conseguir essas coisas?

15. Seu parceiro é emocionalmente frio e distante? Ele se desconecta especialmente quando você está vivenciando ou demonstrando fortes emoções?

16. Seu parceiro frequentemente questiona ou duvida de você a ponto de você achar que "está enlouquecendo"?

17. Seu parceiro é pão-duro com o tempo ou dinheiro dele? É uma pessoa que só será generosa quando isso servir aos próprios interesses?

18. Seu parceiro costuma evitar assumir responsabilidades e culpa os outros por seus erros? Seu parceiro tende a se defender em vez de se responsabilizar pelo próprio comportamento?

19. Seu parceiro é vaidoso e preocupado com a aparência ou como se mostra para o mundo (por exemplo, higiene, roupas, acessórios)?

20. Seu parceiro é controlador? Ele tenta controlar seu comportamento? Parece quase obsessivo e compulsivo na necessidade de ordem e controle do ambiente e agenda dele?

21. O humor, comportamento e estilo de vida de seu parceiro são imprevisíveis e inconsistentes? Frequentemente você sente que não sabe o que está por vir?

22. Seu parceiro costuma se aproveitar de você e de outras pessoas? Ele aproveita a oportunidade para garantir que suas necessidades sejam atendidas, mesmo que isso signifique incomodar ou tirar vantagem das conexões ou do tempo oferecido por você ou por outras pessoas?

23. Seu parceiro gosta de ver outras pessoas falharem? Ele fica feliz com a ideia de que a vida ou a empresa de alguém não está indo bem, especialmente se essa pessoa estiver se saindo melhor do que ele?

24. Seu parceiro tem dificuldade em ficar ou passar um tempo sozinho?

25. Seu parceiro tem poucos limites com outras pessoas? Ele mantém relacionamentos inadequados com amigos e colegas de trabalho, e continua fazendo isso mesmo quando lhe dizem que é desconfortável para você?

26. Alguma vez seu parceiro foi infiel sexual ou emocionalmente?

27. Seu parceiro boceja, olha o telefone ou se distrai com papéis e tarefas enquanto você está falando com ele?

28. Seu parceiro se torna vulnerável ou sensível em momentos de estresse ou quando as coisas não estão indo bem? É incapaz de lidar com situações significativas de estresse e fica muito frágil nesses momentos?

29. Seu parceiro é negligente ou simplesmente não se preocupa com a comunicação e cortesia básicas (por exemplo, avisar que vai se atrasar ou dizer e fazer coisas dolorosas e descuidadas por reflexo)?

30. Seu parceiro frequentemente usa sua aparência ou sexualidade para obter atenção? É muito paquerador ou costuma usar brincadeiras sensuais em suas palavras, ações, postagens em redes sociais ou mensagens de texto com pessoas fora de seu relacionamento?

Se você respondeu "sim" a quinze ou mais dessas perguntas, é provável que você tenha um parceiro patologicamente narcisista. Se respondeu "sim" a vinte ou mais, então isso é quase garantido. Obviamente, algumas dessas características são mais problemáticas, e outras podem provocar mais sofrimento em você. Por exemplo, você pode ter respondido "sim" a apenas algumas perguntas, incluindo a número 26, sobre traição. Nem todos os traidores são narcisistas, mas esse comportamento pode ter abalado sua confiança de modo significativo e permanente (no entanto, será raro uma pessoa com um parceiro infiel ter apenas esse "sim" na lista). Algumas dessas questões têm mais peso do que outras quando se trata de narcisismo diagnosticado ou patológico. As questões principais incluem: 1: grandiosidade; 2: direito; 4: empatia; 10: busca por admiração e validação; 13: projeção; e 18: esquiva de responsabilidade. Essas características formam a base do narcisismo e alimentam as dinâmicas de superficialidade e incapacidade de desenvolver relacionamentos mútuos profundos e íntimos. Se seu parceiro tem essas características-chave, muitas outras questões da lista se seguirão. Ninguém tem um parceiro para quem todas essas respostas será "não" — todos nós temos algumas dessas características —, então, você pode ter um parceiro doce e empático que simplesmente gosta do carro ou armário muito limpo. Um floco de neve não faz uma nevasca, e um "sim" não faz um narcisista. No entanto, quanto mais dessas questões você estiver vivenciando com seu parceiro, mais desafiador será seu relacionamento.

O checklist do narcisista

A lista de verificação a seguir vai detalhar cada um desses pontos para que você possa compreendê-los. Ela representa a "constelação" de características derivadas de critérios de diagnóstico do transtorno de personalidade narcisista, escritos teóricos e escalas existentes sobre o tema. É seguida por uma descrição abrangente de cada um desses indicadores, extraída de observações clínicas bem como de teorias e conhecimento existente sobre transtorno de personalidade narcisista. Mais uma vez: este não é um manual de diagnóstico — este capítulo foi elaborado para ajudar você a identificar os traços e padrões que pode ter encontrado em seu relacionamento. Uma vez determinados, o próximo passo é aprender como reagir a eles e à pessoa.

Se você estiver lidando com alguém com quinze ou mais desses traços e padrões, então, provavelmente, está lidando com um narcisista (ou talvez até com um transtorno de personalidade narcisista). Quanto mais traços ele ou ela tiver, mais desafiador será manter qualquer tipo de relacionamento saudável e consistente. Essas características estão ligadas às perguntas que você respondeu, mas uma lista de verificação pode ajudá-lo a focar mais rapidamente nas características em questão e entendê-las de uma maneira mais específica.

Tenha em mente que todos nós somos culpados de algumas dessas coisas *às vezes*. À medida que revisar essa lista e pensar sobre seu parceiro, ou até em outras pessoas próximas, pense em quão "padronizados" ou típicos são esses comportamentos. Muitos de nós nos comportamos de maneira mimada ou ciumenta vez ou outra; é a consistência desses padrões desajustados que os tornam problemáticos. Alguns desses padrões também podem ser adaptáveis. O fato de algo ser um padrão significa que esses comportamentos ocorrem com mais frequência.

Por enquanto, apenas leia a lista, marque aquelas que se aplicam na maior parte do tempo e, então, avance na leitura para entender cada característica. Depois de ler todas as descrições, pode ser que sinta necessidade de revisar algumas de suas respostas. No entanto, primeiro confira aquelas que são mais relevantes (esses itens também remetem ao questionário anterior):

☐ Falta de empatia
☐ Grandiosidade
☐ Legitimação
☐ Manipulação
☐ Raiva e fúria
☐ Paranoia
☐ Hipersensibilidade
☐ Ciúmes
☐ Falta de culpa/Falta de percepção
☐ Necessidade constante de admiração e validação
☐ Mentira
☐ Exibicionismo
☐ Projeção
☐ Ganância
☐ Frieza emocional
☐ Gaslighting (uma forma de abuso psicológico que faz você sentir como se estivesse "enlouquecendo")
☐ Avareza
☐ Nunca assume responsabilidade
☐ Vaidade
☐ Controle
☐ Imprevisibilidade
☐ Tira proveito de outros (ou de você) com regularidade
☐ *Schadenfreude* (alegria com a ruína dos outros)

- ☐ Dificuldade de ficar sozinho
- ☐ Poucos limites
- ☐ Infidelidade
- ☐ Falta de escuta
- ☐ Fragilidade
- ☐ Descuido
- ☐ Sedução

Pode parecer impossível lidar com uma lista como essa. Esses padrões, provavelmente, começaram a se acumular ao longo do tempo, e muitas dessas características são interdependentes. Agora, vamos detalhá-las para que você possa ter um controle melhor sobre elas. Cada característica incluirá uma descrição detalhada de como se apresenta, porque algumas delas podem assumir formas muito diferentes. Além disso, cada comportamento contará com uma seção "Sinal de alerta" para ajudar você a identificar padrões desde o início e evitá-los no futuro.

FALTA DE EMPATIA

Ela estava lutando para sobreviver, e ele, na melhor das hipóteses, estava pouco disponível para ela. Para quem olhasse de fora, parecia um relacionamento de fachada. Ele sabia da gravidade dos problemas financeiros dela e, mesmo assim, raramente se oferecia para pagar, ou evitava passar tempo com ela para não ter que pagar por uma bebida ou jantar (embora fosse tremendamente generoso com colegas e contatos profissionais que estava tentando impressionar). Ele sempre gastava dinheiro com outras pessoas, mas apenas se achasse que seria útil para sua carreira ou outras metas. Ele aparecia na casa dela bem tarde, depois que ela já tivesse comido, assim, evitava comprar o jantar ou comer o que ela tivesse em casa. Certa noite, ele parou para vê-la no trabalho; o dia dela estava muito desafiador: um subordinado fora pego roubando dinheiro. Ela estava exausta em todos os sentidos, e ele se enfiou no escritório dela como uma forma de "apoiá-la" (mesmo ela não tendo pedido). Ela não queria ferir os sentimentos dele, então não pediu que fosse embora e falou para ficar em seu escritório até a crise ser resolvida. Ele criticou a forma como ela lidou com o ocorrido e disse que as reclamações dela sobre o trabalho estavam arruinando o dia (embora tenha sido ele a ir procurá-la). Ao final do expediente, sugeriu que saíssem para comer e, durante o jantar, disse: "Você desperdiçou meu dia inteiro. Espero que pague meu jantar". Exausta por causa dos últimos acontecimentos, do relacionamento e dos muitos outros fatores de estresse, ela pegou a carteira e tirou seus últimos 50 dólares para pagar o jantar, assumindo que ele a deteria, já que conhecia sua situação. Ele apenas se recostou na cadeira, presunçosamente agradeceu o jantar e disse como ela tinha sorte por ter o apoio dele.

A falta de empatia pode ser a principal característica de uma pessoa narcisista. É a incapacidade de se identificar ou reconhecer as experiências e os sentimentos de outra pessoa. Basicamente, narcisistas não se importam ou entendem como outras pessoas se sentem e quase nunca consideram os sentimentos delas em suas ações ou palavras. Com frequência, dizem coisas muito cruéis de forma espontânea e não vão perceber a dor que suas palavras causam. Se não estão sentindo, então, nada importa. Se estão tristes, assumem que todos devem estar tendo um dia difícil, e, se estão alegres, você será rotulado de "estraga-prazeres" caso não esteja no mesmo nível de empolgação (não importa seu humor atual).

Embora nunca ofereçam, anseiam por compreensão. Emocional-mente, a vida com eles é uma via de mão única.

A falta de empatia demonstrada por um narcisista é um espe-lho sem reflexo. Isso pode fazer com que você se sinta mal com-preendido, isolado e confuso. É um sentimento de ser invisível, não ser ouvido, não ser tocado, não ter cheiro nem sabor. Como se você existisse apenas quando é útil. Das numerosas caracterís-ticas apresentadas por um narcisista patológico, falta de empatia pode ser a mais prejudicial para um relacionamento. Isso pode tornar a comunicação praticamente impossível e resultar em uma tremenda frustração. A comunicação depende da outra pessoa não apenas ouvir, mas também cuidar.

Narcisistas andam pela vida assumindo que suas preocupações são de supremo interesse de todos que encontram. Como resultado, não é incomum que se lancem em longas dissertações sobre o que está acontecendo em sua vida ou sobre as próprias experiências, sem qualquer consideração com o fato de estarem tomando o tempo de outra pessoa, ou sequer perguntar como a outra pessoa está. Curiosamente, depois de discorrerem sobre suas preocupa-ções e problemas por muito tempo, logo ficam impacientes ou até mesmo desdenhosos quando o outro compartilha os proble-mas com eles. Acontece assim: você ouviu os problemas deles por muito tempo, fez comentários úteis e foi solidário. Quando co-meça a compartilhar sua história, eles bocejam, começam a mexer no telefone, olham ao redor e se desligam.

> ## SINAL DE ALERTA: **FALTA DE EMPATIA**
>
> O melhor sinal de alerta precoce é o bocejo. Ou qualquer comportamento que evidencie que, de forma regular, ele não está ouvindo você: mexer no celular, olhar ao redor ou bocejar enquanto você fala. É fácil justificar essas reações como cansaço, distração ou estar ocupado. Essas desculpas não funcionarão. Se, no início do relacionamento, ele não está ouvindo, nunca ouvirá. Observe como ele ouve; muitas vezes é uma das ferramentas mais úteis para avaliar sua empatia desde o início. Sem empatia, você está construindo um relacionamento no vento, e não em terreno sólido.

GRANDIOSIDADE

Meu pai conhece todo mundo. Na cidade de onde venho, somos tratados como realeza. Meu novo chefe dirige um Bentley e tem uma casa incrível nas montanhas. Ele me acha ótimo e ama minhas ideias. Ele também tem negócios em Las Vegas, Nova York, San Diego, Boston e Miami. E, com minhas conexões, devo gerenciar um deles dentro de seis meses. Não me incomoda ter começado de baixo, como garçom, mas não pretendo permanecer nesse cargo por muito tempo. Vou apresentar uma ideia e convidar os principais nomes do ramo para serem a atração principal do evento. Meu chefe conhece meu pai por causa de seu irmão mais velho, e, com certeza, ele vai confiar em mim para cuidar disso. Sou muito mais inteligente do que todos que trabalham nesse lugar, eles desejarão ser eu depois que esse evento acontecer, e posso facilmente me ver realizando mais eventos pelo país. Tudo depende de quem você conhece.

Grandiosidade é um padrão no qual a pessoa tende a supervalorizar realizações, talentos, conexões/relacionamentos e experiências.

E não precisam ser experiências reais; pessoas grandiosas também tendem a manter mundos de fantasia exagerados. Então, se ainda não realizaram, falam sobre o que acontecerá no futuro. Por exemplo: "Falei com um cara que conhece um cara, que é amigo de um bilionário de capital de risco, e sei que ele vai querer investir imediatamente". Elas tendem a falar com uma linguagem pomposa sobre lugares onde estiveram, coisas que fizeram e quem conheceram. Um único encontro com uma "celebridade" se transformará em milhares de histórias.

A grandiosidade também pode se manifestar por meio de um senso de "autoimportância" — uma crença de que a existência delas é maior e mais importante do que a de qualquer outra pessoa e, certamente, mais importante do que a sua. Um grande desafio em relação à grandiosidade é que essas pessoas desejam crédito e adulações notáveis, mesmo não tendo feito nada. Em suma, querem ser reconhecidas (em grande estilo) apenas por manterem grandes fantasias. Estão tão convencidas de seu sucesso iminente que já vivem nessa "realidade".

Se já são bem-sucedidas de alguma forma — ocupam uma posição de liderança, são famosas ou acumularam riquezas —, então, a grandiosidade é um elemento permanente, e elas irão se gabar repetidamente de suas realizações, seus muitos bens e suas experiências extraordinárias. Ir à casa delas e ouvi-las falar pode ser um jogo tedioso de contar vantagem.

No começo, pode até ser divertido escutá-las. São sonhadoras, sempre têm uma grande ideia, conhecem as "pessoas certas", sonham alto e têm fantasias ainda maiores. Querem parceiros, amigos e sócios que sejam incrivelmente bonitos, ou famosos, ou ricos, porque isso alimenta a fantasia. Depois de um tempo, fica cansativo, porque os investidores nunca aparecem, os projetos não acontecem, os livros nem sempre são escritos, o "extraordinário" raramente se desenrola. As "fantasias visionárias", em algum momento, precisam ser substituídas pela vida real, uma transição quase impossível para um narcisista patológico.

Mas isso não os assusta e continuam falando sobre fantasias grandiosas. Quando não as materializam, também ficam frustrados, e a desconexão entre a realidade e essa fantasia pode deixar o narcisista irritado, frustrado, taciturno e propenso a ataques. Ficam com raiva do mundo por não cumprirem as grandes promessas que fizeram a si mesmos em suas cabeças.

Também não é incomum que se identifiquem exageradamente com pessoas famosas, ricas ou renomadas. Assumirão que relacionamentos "importantes" são mais próximos do que realmente são (após encontrar uma celebridade ou alguém notável em um bar, falarão sobre isso com os outros como se fossem grandes conhecidos). Narcisistas acreditam que só podem ser compreendidos por outras pessoas de status elevado e obtêm um senso de importância ao criar esses relacionamentos. Por outro lado, à medida que se supervalorizam, tendem a desvalorizar os outros, e não é incomum que menosprezem as contribuições e realizações de outros que, como a maioria de nós, são apenas pessoas normais (em especial, seus parceiros). Não é difícil que negligenciem amigos e familiares, que estiveram presentes ao longo dos anos, em favor de amigos recém-conquistados de "maior status".

Suas fantasias e padrões irrealistas ocupam seus pensamentos cotidianos. Vivem e respiram em um mundo de sonhos onde serão incrivelmente bem-sucedidos e ricos, e podem passar horas pensando sobre ou pesquisando imóveis, carros e outros bens de alto padrão. Também podem se meter em problemas financeiros ao exagerar na compra de roupas e acessórios caros, e outros brinquedos de gente grande. Você pode observá-los gastando dinheiro em títulos de clubes, mesas em eventos beneficentes caros, hotéis luxuosos e outros meios de acesso a pessoas de "maior status". Grandiosidade também está conectada à busca pela beleza, seja gastando muito tempo alcançando seu próprio padrão de beleza ou trazendo para sua vida parceiros que selecionam pela aparência.

A grandiosidade também é sedutora e pode transformar seu parceiro em algo "maior que a vida". Então, quando as coisas estão indo bem, pode parecer perfeito, mas quando ele desliga (o que fará), pode parecer que uma nuvem escondeu o sol.

SINAL DE ALERTA: GRANDIOSIDADE

Este é um livro sobre relacionamentos, e o sinal de alerta quando se trata de grandiosidade, nesses casos, é quando narcisistas falam sobre sua "grande história de amor" ou concepção de um "amor ideal". É muito fácil se deixar levar tão cedo no jogo, mas esse idealismo de conto de fadas normalmente significa fumaça e nada de fogo. Ao transformar seus relacionamentos românticos em um conceito "maior que a vida", normalmente se tornam intelectualizados e irreais. Nada pode sobreviver a essa pomposa perfeição da mítica história de amor, e, consequentemente, eles se tornam cronicamente desapontados com seus relacionamentos (é difícil, quando se está em uma "grande história de amor", pensar em lidar com coisas como quem comprará o papel higiênico; é difícil imaginar Romeu e Julieta discutindo sobre esvaziar a máquina de lavar louça). Na fase inicial de um relacionamento,

> pode parecer muito especial acreditar que você está em uma incrível história de amor ou o que é chamado de um "grande amor". Apenas seja cuidadoso quando ouvir esse termo de seu parceiro. Embora seja divertido viver em uma fantasia durante um dia, o amor é uma longa caminhada, e é muito melhor ser uma "história de amor verdadeira" em vez de um conto de fadas de "castelos de areia".

LEGITIMAÇÃO

Legitimação pode ser explicada em uma frase: *Você sabe com quem está falando?* Não há um dia na mídia sem que o filho de uma celebridade ou magnata se comporte mal em um hotel, avião ou outro lugar público e reaja com esse mantra da legitimação.

Mas essas palavras não estão reservadas apenas ao espaço rarefeito de celebridades, magnatas e sua prole. Muitas pessoas por aí, em particular narcisistas patológicos, acreditam em sua própria fama. Uma das mulheres entrevistadas para este livro disse que, quando se conheceram, o marido acreditava que era um músico tão talentoso que nunca deveria precisar trabalhar e que ela e os outros tinham que apoiar sua arte, porque ele era um grande artista (agora ele está chegando aos 55 anos e nunca conseguiu "chegar lá", mas ainda espera o espaço, o lugar e a bajulação). Ironicamente, as mulheres em sua vida fizeram exatamente isso. Ele nunca teve um trabalho, e elas mantiveram um teto sobre sua cabeça e seu direito a um carro esportivo. Ele não teve problemas em aceitar porque acreditava que *merecia* esse tratamento especial. Outra mulher compartilhou a história do marido narcisista que raramente trabalhava, mas esperava que ela fizesse trabalhos extras para que pudessem tirar férias luxuosas em diversas cidades, se hospedassem em suítes majestosas de hotéis e pedissem garrafas de vinhos de 150 dólares nos melhores restaurantes.

Legitimação é a crença de que alguém deve receber tratamento especial, mesmo sem razão ou causa. Também inclui acreditar que todos devem cumprir suas exigências, não importa quão irrazoáveis sejam. Essas pessoas não querem esperar em filas, sempre esperam upgrades de todos os tipos, sustentam que merecem o melhor de tudo, reclamam se acreditam que receberam pouca atenção, creem que todos deveriam atendê-las e que as regras não se aplicam a elas. Ficarão irritadas, frustradas ou até mesmo confusas, se suas necessidades não forem supridas de acordo com seus padrões. Você se lembra de John e Rachel na Introdução deste livro? Foi exatamente assim que John se comportou quando estavam de férias na África do Sul.

Vivemos em uma cultura que promove a legitimação. Nossa deferência com aqueles que possuem status, que são ricos ou com suposto poder, coloca mais lenha na fogueira. Com o tempo, se alguém se acostuma com as pessoas pulando obstáculos para agradá-lo, isso passa a ser o esperado. Como tal, nem todas as pessoas com legitimação são necessariamente narcisistas (falaremos sobre a ideia de "narcisismo adquirido" mais à frente). Algumas pessoas podem ter lentamente "rastejado" em direção à legitimação por meio do crescimento de sua riqueza, privilégio e acesso. Por causa disso, essa característica isolada não é uma presunção de narcisismo (embora continue sendo uma característica relativamente desagradável!).

Esse traço se manifesta em muitas situações e cenários, mas normalmente é mais visível quando uma pessoa está lidando com profissionais de serviço (garçons, comissários de bordo, recepcionistas de hotéis, vendedores, atendentes em quaisquer situações em que existam filas ou espera). Pessoas narcisistas se medem com base em como são tratadas pelo mundo lá fora e esperam tratamento especial *visível*, como um assento na primeira classe, a maior suíte do hotel ou uma fila de acesso VIP, o que ajuda muito a acalmar sua autoestima frágil. Isso pode provocar um enorme constrangimento para os parceiros dessas pessoas, porque o narcisista muitas vezes insulta inocentes profissionais de serviço em público e de forma grosseira. Muitas pessoas compartilharam comigo histórias de sempre irem atrás de seus parceiros narcisistas pedindo desculpas às pessoas com raiva, magoadas, estressadas e horrorizadas que foram atacadas pela legitimação deles.

Esse aspecto vai além de gritar com um garçom ou comissário de bordo; pode impactar também outros relacionamentos significativos que podem ter consequências para você e sua família. Por exemplo, o narcisista legitimado acreditará que tem direito a tratamento especial e, por extensão, seu filho também. Não é incomum que esses indivíduos criem problemas com professores e administradores escolares, e, mesmo quando professores tentam se comportar de maneira profissional e não culpam a criança pelo mau comportamento de seu pai, isso pode criar um ambiente desafiador para a criança e para os educadores que estão trabalhando com ela. Obviamente, legitimação também será vista no ambiente de trabalho e em qualquer outra situação em que nosso narcisista deseje ser tratado melhor do que todas as outras pessoas.

Também irá impactar como uma pessoa vê seu papel em uma família ou outro grupo social. Em geral, os narcisistas esperam que pessoas aceitem tudo o que desejam ou demandam, independentemente da inconveniência. Esperam que suas famílias ou amigos mais próximos mudem seus planos em seu favor, aguardem por eles quando se atrasam, ou não reclamem quando cancelam um compromisso. Por exemplo, um pai cuja carreira é seu foco principal não pensaria duas vezes antes de cancelar as férias da família por causa de uma questão que surgiu no trabalho na véspera (e insistiria para que a família não viajasse e ficasse em casa com ele). Em resumo, no mundo da legitimação, é "do meu jeito, ou cai fora".

Pode também estar presente na forma de soberba e arrogância — ironizar ou olhar com desdém para pessoas que não "fazem" as coisas certas, não usam as roupas e acessórios corretos, não possuem o carro/casa/bens materiais certos, não têm o emprego ou o pedigree corretos, ou não more na parte certa da cidade. Na presença de pessoas que, na crença dele, são "menos" (que geralmente é a maioria), fica incomodado, desdenhoso, frio e rude. Pode ser constrangedor para você, como parceiro, ver isso acontecer, e muito doloroso para os outros envolvidos. É também prejudicial para crianças, que, ou ficam constrangidas, ou são ensinadas a se comportar como pequenos legitimados, carregando essa característica para a vida adulta.

SINAL DE ALERTA: **LEGITIMAÇÃO**

Preste atenção, desde o início, em como seu parceiro trata aqueles que estão prestando um serviço para ele; esse pode ser um ótimo truque no início do relacionamento para entender se você está se relacionando ▾

com um narcisista. Mesmo que seja uma arrogância insegura, é um sinal claro. Não importa o motivo de seu mau comportamento. Observe como ele/ela trata balconistas, manobristas, garçons, porteiros, recepcionistas, e, se observar um comportamento de legitimação, isso pode ser sinal de um padrão mais amplo. É muito provável que ele seja excessivamente amigável com pessoas que possam "fazer" algo para ele (pode, por exemplo, adquirir o hábito bastante desagradável de flertar com a recepcionista do restaurante), mas rapidamente reagir com frieza e grosseria quando seu charme e flerte manipuladores não surtirem os efeitos esperados.

MANIPULAÇÃO

Em uma entrevista, uma mulher compartilhou a história de seu longo casamento que culminou com o filho contando a ela sobre um caso do pai narcisista. O filho estava tão envergonhado que, discretamente, entregou um bilhete com a informação para a mãe. Para essa mulher, após anos de abuso emocional e negligência, essa decepção foi mais do que poderia suportar, então, ligou para o marido, que estava com a amante, e contou que sabia (o que, é claro, ele negou). Ele implorou para voltar, passou a morar em tempo integral com os filhos (ela saiu de casa) e, após quase quinze anos não agindo como um pai, ele, por fim, estava cuidando dos filhos, cozinhando, ligando e mandando mensagens com regularidade para ela. A mulher disse que quase cedeu e voltou por causa das coisas que ele estava fazendo (cozinhar e dar atenção). Era o que ela esperava e desejava havia muito tempo, porém, depois de anos de mau comportamento acabando em uma mentira tão descarada, ela não sucumbiu. Pense na história de John e Rachel apresentada no início deste livro. Mesmo quando ela estava preocupada com o que estava vivenciando, ele distorcia e transformava aquilo a ponto de ela se sentir como a "vilã", até mesmo por expressar suas (bem fundadas) dúvidas.

A manipulação é uma arma importante no arsenal do narcisista — e também uma peça importante da característica maquiavélica da Tríade Obscura. Narcisistas são mestres em distorcer a situação e manipular as regras para conseguirem o que desejam. Mais frustrante ainda, são capazes de reverter as coisas de tal maneira que você, por fim, dará a eles o que desejam e ficará exaurido no processo. Constantemente, escuto histórias nas quais o narcisista é excelente em contornar as circunstâncias (por exemplo, "Como ser abandonado por meu pai afetou minha autoestima, você precisa entender porque trabalhar é tão difícil para mim"), de modo que o parceiro inadvertido sucumba (seguindo o exemplo, a pessoa trabalharia em dois empregos para proteger o parceiro narcisista manipulativo, na esperança de resgatá-lo).

Quando uma pessoa é tão hábil em manipular, você pode cair na armadilha e não ter consciência de que isso está acontecendo. Anos mais tarde, quando liga os pontos, as manipulações se tornam evidentes, mas, como a maioria de nós não está programada para ser cínica ou procurar trapaças a todo momento, não percebemos. Narcisistas são mestres em conseguir o que desejam e, como não têm nenhuma empatia, podem não se importar com o custo que isso terá para o outro. Eles usam a manipulação de forma sorrateira, como uma ferramenta para ter suas necessidades mais essenciais atendidas, que tipicamente são atenção, validação e status. Nada fica em seu caminho. Nem mesmo você.

SINAL DE ALERTA: MANIPULAÇÃO

Preste atenção quando sentir que foi "enganado". Normalmente é algo que você não consegue identificar, mas é como se você estivesse lidando com um vigarista. No início do relacionamento, muitas vezes a manipulação é emocional ("Tive uma infância difícil, então posso dizer coisas que não quero" ou "Estou muito estressado, então explodi. Não foi minha intenção dizer aquilo") e financeira (fazendo com que você assuma responsabilidades financeiras desproporcionais, e se veja gastando um dinheiro que não tem para manter o relacionamento e o parceiro feliz, ou o narcisista lhe dá um presente e te lembra disso para sempre). Fique atento a esses padrões, porque, com o tempo, a manipulação pode se tornar diabólica e fazer você se sentir um "maluco".

RAIVA E FÚRIA

Esse deve ter sido o tema mais universal que emergiu nas entrevistas, em meu próprio trabalho clínico e na literatura sobre narcisismo patológico. Quase sem exceção, fúria faz parte da equação. Seja na forma de violência física, gritos, objetos sendo atirados, batidas de porta, ameaças de violência ou saídas intempestivas de casa, ela está presente em cada história que já ouvi sobre esses tipos de relacionamentos.

Primeiro vamos diferenciar raiva e fúria. Existem algumas diferenças importantes. Raiva é uma emoção humana normal, uma reação comum a uma situação ou pessoa específica, a sentimentos sobre a situação, ou até a memórias sobre algo que aconteceu. É uma reação adaptativa que visa nos proteger e nos permite contra--atacar quando somos ou percebemos que estamos sendo atacados. Raiva permanece em uma constante, indo de reações controladas a uma situação ameaçadora até a raiva descontrolada, por outro. Raiva, quando manifestada adequadamente, é útil — pode comunicar frustração, emoção e ajudar pessoas que se relacionam a se entenderem. Em geral, não é isso que acontece com a raiva furiosa expressada em um relacionamento narcisista. Raiva também pode ser manifestada de forma adequada, falando com alguém de maneira firme e direta, ou de maneira contraproducente, como desligar o telefone, sair repentinamente de uma conversa ou insultar e falar palavrões. Mas, como a raiva é, de fato, baseada na "percepção", e, por definição, narcisistas "percebem" insultos e ameaças à sua autoestima a cada passo, é provável que "percebam" situações que induzem a raiva com bastante regularidade.

Fúria é uma coisa diferente. É fora de controle, se intensifica depressa e pode se transformar em violência, agressão, linguagem abusiva e medo naqueles que testemunham ou são alvo dela. Embora raiva possa ser uma reação normal a determinada situação, fúria é a raiva fora de controle e, muitas vezes, desproporcional ao estímulo. Para narcisistas, a fúria é uma manifestação de frustração interna. Tende a aparecer quando sua frágil autoestima está em perigo. Nesses momentos, eles se tornam mais inseguros e ameaçados, e querem ir com tudo para cima. Para a maioria de nós, a autoestima está intacta o suficiente para que uma experiência de raiva venha e vá embora; para eles, todos os desapontamentos são extremamente pessoais e ameaçadores, porque colocam em risco a essência de quem são.

Fúria pode ser manifestada de muitas formas: além da violência física e do arremesso de objetos, também pode acontecer em forma de gritos perturbadores, direção raivosa potencialmente perigosa (dando fechadas em outros carros, acelerando de forma agressiva), saída repentina de ambientes e batida de portas ao sair. Como acontece muito rápido, pode pegar você desprevenido e ser ainda mais ameaçador. É uma emoção que desequilibra consideravelmente o relacionamento. É desagradável e você vai querer evitar, então, acaba pisando em ovos, ficando ansioso e com medo de conversar sobre qualquer coisa, por temer o rompante. A fúria dá duas recompensas aos narcisistas patológicos: a oportunidade de extravasar de maneira rápida a raiva extrema e desproporcional e um meio de controlar o mundo, uma vez que a maioria das pessoas é "cuidadosa" com eles. Não é incomum ouvir alguém se referindo a narcisistas como pessoas que precisam ser "tratadas" de uma determinada maneira.

SINAL DE ALERTA: RAIVA E FÚRIA

O sinal de alerta aqui é, obviamente, não apenas observar demonstrações inadequadas de raiva no início do relacionamento, mas também encontrar alguns dos lugares mais visíveis para observar o comportamento "raivoso". Quer uma ótima forma de verificar isso? Observe como ele dirige. É errático? Dá fechada nos outros motoristas, os critica, cola na traseira de seus carros e os xinga — ou é pior? Está expressando raiva em outras situações — contra funcionários de serviço que não estão se comportando conforme ele deseja, no telefone com colegas de trabalho, subordinados ou familiares? Embora ele possa não liberar a fúria com um novo parceiro no início de um relacionamento, observe como se comporta em outras situações. Fúria é fúria, e se uma pessoa é propensa a apresentá-la, pode fazê-lo de maneira indiscriminada. A ideia de que um indivíduo pode ser um leão com alguns e um

> cordeiro com outros (embora seja uma fantasia romântica) é improvável e, muitas vezes, leva pessoas a ignorarem quando observam a fúria, desde que ela não seja dirigida a elas. Acredite, é apenas uma questão de tempo até que você seja o alvo.

PARANOIA

Não estamos falando de uma pessoa que acredita em teorias da conspiração, como "o FBI está monitorando meus pensamentos". Na verdade, o tipo de paranoia de que estamos tratando aqui se manifesta na crença de que todos são inescrupulosos, invejosos e querem tirar vantagem deles. O resultado disso é que já entram em interações com quatro pedras na mão. Estão sempre procurando um "estratagema" e, ironicamente, muitas vezes, são "enganados", pois costumam ser atraídos por vigaristas ainda mais grandiosos do que eles (o que, por consequência, reforça a própria paranoia). A paranoia pode se tornar cansativa depois de um tempo, ter que dar ouvidos a ela pode ser solitário e desafiador (principalmente quando as coisas na vida deles não estão indo bem). Uma vez mais, isso reflete a frágil autopercepção: o mundo é dividido entre aqueles que os admiram e os que pretendem destruí-los — e quase não há um meio-termo.

A paranoia pode e vai invadir o espaço do relacionamento. Além dos temores paranoicos sobre outras pessoas no mundo, narcisistas acreditarão que você também faz parte disso. Mais frequentemente, a paranoia vem à tona como dúvidas sobre sua fidelidade. A princípio, podem surgir acusações de que você não o apoia nem apoia os sonhos dele, que o está traindo, que vai fazer com que ele pareça o vilão ou que o abandonará. Ele sempre interpretará tudo de tal maneira que a imagem final pareça perseguição. Se ele não atender o telefone durante seis horas, é porque está ocupado, mas, se você não atender por quinze minutos, é porque está tendo um caso ou tentando irritá-lo.

SINAL DE ALERTA: **PARANOIA**

Começa com o "conto" paranoico moderno: o celular ou o tablet. Em geral, ele vai proteger o telefone com zelo obsessivo e as senhas de acesso serão mais bem guardadas do que os códigos de lançamento de uma bomba nuclear. Não é incomum que faça perguntas intermináveis sobre com quem você vai se encontrar, onde esteve, até que chegue ao ponto de bisbilhotar seus equipamentos eletrônicos. No entanto, oferecerá pouca transparência com relação a telefones, mensagens de texto e e-mails dele. Se ele estiver tomando conta de seus aparelhos como se fossem segredos de Estado e, ao mesmo tempo, ficar perguntando com insistência sobre os seus, preste atenção: pode ser a paranoia do narcisismo aflorando. Pergunte-se se realmente quer viver pisando em ovos.

HIPERSENSIBILIDADE

Amo brincar e fazer piadas com meus amigos, destacando coisinhas bobas, como o carro bagunçado ou a roupa desgrenhada. Quando conheci esse cara, fazia piadas sobre essas mesmas coisas — seu celular, algo em sua casa —, e ele levava tudo para o lado pessoal, ficava muito zangado e mal--humorado. Com o tempo, comecei a achar que eu era a vilã e me tornei cada vez mais cuidadosa com o que dizia. Após alguns anos, percebi que tinha me tornado muito quieta com ele, porque tinha receio de dizer algo que "ferisse seus sentimentos".

Embora sejam descuidados com todos e raramente exerçam a autocensura, narcisistas têm consciência e sensibilidade aguçadas sempre que se sentem menosprezados. Até a menor questão, por exemplo, dizer algo depreciativo sobre o restaurante que eles gostam, pode ser levado para o lado pessoal, a ponto de ser encarado como um insulto. No entanto, jamais concederiam a qualquer pessoa a mesma sensibilidade, consciência e respeito que cronicamente esperam do mundo. Dessa forma, narcisistas são como "garimpeiros" — mantêm os olhos e ouvidos atentos monitorando tudo o que as outras pessoas dizem ou fazem, para extrair críticas e insultos. Eles, inclusive, interpretam situações de forma que valide a ideia de perseguição (por exemplo, quando alguém chega atrasado à festa de aniversário do narcisista por causa de uma criança doente, e ele vai ver isso como negligência ao grande evento).

Semelhante à paranoia, tudo é superinterpretado. Se você não retorna a ligação imediatamente, ele vai lhe dar um sermão ou criticar, acusando você de ser insensível. Ele enviará e-mails concisos, mas, se você responder da mesma forma e apontar sua falta de sensibilidade, será retratado como não amoroso. Já que até os comportamentos mais sutis de sua parte podem levá-lo rapidamente a sentir-se ofendido, isso pode fazer com que você tenha a sensação de estar vivendo em uma jaula de vidro: eternamente com medo de dizer alguma coisa ou até de dar uma opinião honesta, temendo que isso destrua tudo e você fique com a bagunça para arrumar.

SINAL DE ALERTA: HIPERSENSIBILIDADE

Os sinais de alerta aqui ficam claros em retrospectiva. No início do relacionamento, você provavelmente pensou que ele estava sendo muito sensível, então pode ter passado a achar que era você que não estava sendo gentil o suficiente. Mas, com o tempo, pode ter se tornado cada vez mais cuidadoso a ponto de se autocensurar. Ver qualquer reação exagerada por causa de um "deslize", ou até mesmo as reações com outras pessoas e pequenas coisas, pode te dar um vislumbre desse fenômeno. As primeiras semanas e meses de um relacionamento podem nos levar a não perceber esses sinais, porque estamos conhecendo os padrões e ritmos de uma nova pessoa, e essa hipersensibilidade pode ser ignorada com facilidade.

CIÚMES

Não sou do tipo que trai, nunca fui. Com ele, todas as minhas amizades eram questionadas, e ele sempre considerava amigos antigos e novos uma ameaça. Quando as coisas na minha vida estavam indo bem, ele sentia ciúmes dessas experiências. Porém, cometi um erro clássico: confundi todo esse ciúme com "interesse apaixonado" por mim. Achei que ele estava tão "a fim de mim" que tinha medo de me perder, e me senti lisonjeada.

Narcisistas têm pouca regulação da autoestima, então, são cronicamente vulneráveis. Se são vulneráveis, existe a ameaça de serem descobertos, por isso, muitas vezes, mantêm uma grandiosidade de fachada. Como sempre se medem pelos outros, também medem as outras pessoas por si mesmos. Dependem da opinião dos outros para formar o próprio sentido de identidade e estão sempre comparando a si mesmos, seu status, seus bens e sua vida com outras pessoas para determinar o senso de valor e autoestima (de certa forma, narcisistas terceirizam o sentido de identidade). Devido a isso, outras pessoas podem facilmente ser percebidas como ameaças (quando você se torna muito dependente de alguém ou algo, é fácil ficar ressentido). Para eles, a maior traição em um relacionamento é o fato de poderem ser "substituídos" por alguém melhor. Misture um pouco de paranoia, e pode apostar que ficarão preocupados de maneira crônica ou vão acusar você de traição.

A falta de discernimento que apresentam significa que não têm consciência de como sua autoestima mal desenvolvida os leva a se sentirem vulneráveis. Na verdade, não são apenas vulneráveis, mas também precisam de validação o tempo todo. Então, muitas vezes, também estão predispostos a ter relacionamentos extraconjugais, porque isso faz com que se sintam validados e admirados, nem que seja por pouco tempo. Também são propensos a uma coisa chamada projeção (falaremos disso mais adiante), na qual atribuem suas falhas e comportamentos questionáveis aos outros.

O ciúme é o teste decisivo para saber se seu parceiro está traindo você. Se, do nada, ele começar a acusar você de traição, pode apostar que, se ele ainda não tem um caso, provavelmente está cogitando seguir nessa direção. Os ataques de ciúme costumam ser um espelho que pode dar a você um vislumbre dos maus comportamentos dele.

O ciúme, embora se concentre em parceiros infiéis, também assume muitas outras formas, incluindo ciúme de um colega de trabalho que recebeu uma sala melhor ou uma promoção, um amigo que comprou um carro ou uma casa nova, ou um irmão que comprou uma casa na praia. O ciúme pode consumi-los e levá-los a se sentirem piores sobre si mesmos, então buscam validação para compensar esses sentimentos ruins, que muitas vezes podem colocá-los em apuros e serem prejudiciais ao parceiro (por exemplo, gastando dinheiro que não têm ou traindo). Narcisistas tendem a ser invejosos e gananciosos, como uma criança ciumenta que quer os brinquedos que a outra tem e mede a si mesma e aos outros por esses brinquedos.

Monitore se ele fica com ciúmes de suas realizações. Desde que você esteja atrás dele, ou que ele seja muito mais bem-sucedido (financeiramente, na carreira) que você, as coisas fluirão bem. Seu sucesso em qualquer campo — carreira, educação, promoção —, embora inicialmente tentador (faz com que ele pareça bem), em pouco tempo se tornará uma ameaça. Lembre-se: ele é um caldeirão de baixa autoestima; se você tiver sucesso, poderá ter que deixá-lo ou acabará desfrutando da admiração que ele deseja para si. Esse ciúme pode levá-lo a prejudicar, criticar e minimizar seu sucesso. Não é bom quando a única pessoa com quem você deseja compartilhar seu sucesso é aquela que o critica.

SINAL DE ALERTA: **CIÚMES**

Preste atenção a acusações precoces e infundadas sobre infidelidade, bem como à inveja em relação ao estilo de vida de outras pessoas. Um tema que surgiu de maneira constante nas entrevistas e observações realizadas para este livro foi a escalada precoce do ciúme em parceiros narcisistas. Eles se tornam desconfiados e fazem muitas perguntas, até bisbilhotando telefones e e-mails, além de tomarem conta de suas redes sociais. Em muitos casos, limitam ou proíbem contato com amigos com os quais poderia haver um interesse romântico. Ciúme, muitas vezes, é confundido com paixão e interesse profundo. As pessoas com quem falei acreditavam que seus novos parceiros "se importavam" com elas, e por isso prestavam tanta atenção à possibilidade de "outras pessoas" surgirem. Desde que você esteja se comportando de maneira adequada no relacionamento, esse ciúme "apaixonado" costuma ser um sinal de uma conduta ainda mais controladora e segregadora que está por vir.

FALTA DE CULPA/FALTA DE PERCEPÇÃO

Me desculpe; não imaginei que um caso de uma noite seria tão prejudicial. Não sei o que eu estava pensando...

Sério?

Quando uma cliente me disse que ouviu isso, pareceu mais um reflexo da profunda falta de percepção de seu parceiro do que um pedido de desculpas. Embora a palavra "desculpe" apareça nessa declaração, a falta de consciência de que uma infidelidade descuidada poderia ser tão dolorosa parece menos com arrependimento e mais como falta de noção. Isso resume muito bem o que narcisistas são: não apenas descuidados, como também sem noção.

Tradicionalmente, falta de remorso ou culpa não fazem parte da definição de um transtorno de personalidade narcisista, é algo visto mais tipicamente como um comportamento psicopático (como parte da Tríade Obscura). No entanto, uma falta generalizada de percepção do dano causado por suas palavras e ações, e uma consequente falta de remorso ou culpa, muitas vezes são observadas. (Se não conseguem entender o delito, é provável que não haverá uma expressão de culpa, ou que o pedido de desculpas não pareça realmente um pedido de desculpas.) Narcisistas deduzem que as feridas psicológicas sofridas por aqueles que estão em seu caminho são o preço da oportunidade; se suas necessidades são atendidas, tendem a não se concentrar nas necessidades e mágoas dos outros. Muitos de nós somos (para o bem ou para o mal) programados para o perdão. Se os narcisistas enfrentarem, várias vezes e de forma rápida, as consequências pelo mau comportamento, podem melhorar um pouco, mas nossa tendência a perdoar (em especial no início do relacionamento) pode estabelecer precedentes que se tornarão quase impossíveis de mudar com um narcisista patológico. (Como diz o provérbio: "Criei um monstro". No entanto, você não o criou; o monstro estava lá o tempo todo.)

A falta de percepção observada no narcisismo pode ser frustrante porque é como se não tivessem ideia de como afetam outras pessoas. Sua inabilidade de monitorar como impactam os outros reflete seu egoísmo infantil. Crianças raramente falam com a mãe antes de terem um acesso de birra. A falta de percepção opera sob vários ângulos: não observam o impacto de seu comportamento nos outros, estão desconectados de seu mundo interior, têm pouca empatia pelo sentimento dos outros e raramente são corrigidos ou enfrentam as consequências de seu comportamento. Tudo isso pode contribuir para a falta de percepção do narcisista, o que pode tornar desafiador um relacionamento profundo (e a vida cotidiana, frustrante).

Há um quê de assustador quando alguém faz algo cruel ou totalmente desagradável e não sente qualquer remorso. No geral, a maioria das pessoas se sente mal quando faz alguma coisa errada ou prejudicial; é como nosso sistema nervoso está programado. No caso dos narcisistas, pode ser uma questão de grau — eles podem apenas se desculpar com moderação ou de forma fingida por um comportamento muito ruim. Isso pode ser desestabilizador porque você está se sentindo angustiado e chateado por algo que seu parceiro fez, e ele não vê aquilo como uma grande transgressão, ou acredita que um pedido de desculpas resolve o problema. Isso aumenta a sensação de que você está "perdendo a cabeça" no relacionamento, ou que existe algo errado com você por estar estourando "desproporcionalmente" sobre algo que a outra pessoa não considera um problema.

SINAL DE ALERTA: FALTA DE CULPA/FALTA DE PERCEPÇÃO

Esses sinais podem ser difíceis de reconhecer porque coisas ruins podem (espera-se) não acontecer no início de um relacionamento. No entanto, observe o nível de responsabilidade e pedido de desculpas por pequenos erros, como se atrasar. Se houver uma atitude de desprezo com relação a esses deslizes e comportamentos que foram inquietantes ou problemáticos para você, pode ser um prenúncio de que a pessoa simplesmente não se sente mal ou não percebe quando faz coisas ruins.

CONSTANTE NECESSIDADE DE ADMIRAÇÃO E VALIDAÇÃO

Parecia que ele nunca podia ficar sozinho; era sempre sobre estar com outras pessoas. Ele é muito bom no que faz e adora ouvir isso, então, estar perto de outras pessoas lhe trazia cada vez mais essa admiração. Estava constantemente nas redes sociais, postando fotos de sua vida e escolhendo cuidadosamente aqueles momentos "perfeitos". Embora eu estivesse sempre falando sobre quão talentoso ele era, como o achava incrível e apoiava o que estava fazendo, sentia que não era suficiente vir apenas de mim. Ele precisava disso o tempo todo. Era sempre uma questão de expor sua vida e as pessoas o aplaudirem. Acho que por isso era difícil para ele estar sozinho: precisava de aplausos de outras pessoas enquanto estava acordado.

Esse é um fator essencial de motivação para o narcisista. Narcisistas precisam de admiração para sobreviver. Eles têm dificuldade em ficar sozinhos e, quando isso acontece, mergulham nas redes sociais, o que é basicamente uma forma de receber admiração e validação sem ter que devolver. Para estar em um relacionamento com alguém assim, você precisa ser a torcida de uma pessoa só, parabenizando-o pelas realizações e glórias, motivando-o a cada passo, elogiando-o por tudo, desde uma promoção, a cor da gravata, a baliza perfeita até o fato de retornar uma ligação. É exaustivo.

As redes sociais são a nave mãe do narcisista. É uma forma eficiente de buscar admiração e, como é fácil para os usuários de redes sociais oferecerem validação, narcisistas as usam como uma droga e uma arma. Sabemos que redes sociais e narcisismo estão altamente associados. As redes sociais podem ser uma distração barulhenta no mundo do narcisista, afastando-o de potenciais relacionamentos profundos da vida "ao vivo" e aproximando-o do clique da validação fácil do mundo superficial on-line. As redes sociais permitem também que brinquem com seus egos ambiciosos. Muitas pessoas cultivam um "falso eu" nas redes sociais, que é a "melhor" versão delas mesmas. Enquanto todos, em algum grau, se sentem culpados por fazer isso, para o narcisista, que não mantém um sentido de identidade bem desenvolvido e não consegue regular sua própria autoestima, as redes sociais são um parquinho de diversões no qual pode focar nas características superficiais e no falso eu que atrai validação.

Sem admiração e validação, a vida do narcisista é considerada vazia. Validação é o suprimento de ar necessário para manter vivo seu frágil ego. O que pode levá-lo a procurá-la em qualquer lugar que puder, tendendo a acumular muitos relacionamentos superficiais. Normalmente, um relacionamento profundo demanda muita reciprocidade para um narcisista (e, como consequência, a outra pessoa fica insatisfeita e vai embora). Por isso, relacionamentos superficiais tendem a servir de maneira mais eficaz aos propósitos das pessoas narcisistas. Nas primeiras semanas e meses de um relacionamento, você pode estar mais propenso a admirar e validar seu parceiro em voz alta e com maior frequência. Ao longo do tempo, conforme o relacionamento passa de paixão para companheirismo, isso se torna exaustivo, o que significa que seu parceiro narcisista ou exigirá isso de você, ou irá buscar em outro lugar.

SINAL DE ALERTA:
CONSTANTE NECESSIDADE DE ADMIRAÇÃO E VALIDAÇÃO

Depois de certa idade, postar selfies e fotos de rabanadas nas redes sociais pode se tornar um pouco antiquado. Se você observa alguém que vive e morre por sua rede social, que documenta e compartilha as minúcias de sua vida, ou cujo humor melhora ou piora com base em quantos "likes" recebe, isso provavelmente é um termômetro de uma tendência de busca por aprovação, admiração e de uma autoestima frágil. Redes sociais são ótimas ferramentas para descobrir esse aspecto do narcisismo logo de início. Tenha em mente que nem todo aficionado por rede social é um narcisista. É uma busca muito comum, ▼

em especial para jovens adultos. O tempo gasto nas redes sociais está associado a pontuações mais altas nas medições dos traços narcisistas, mas, se você tem um parceiro meigo, empático e sensível, que simplesmente gosta de postar fotos de sua rabanada, não precisa jogá-lo sob o guarda-chuva do narcisismo. É importante que inclua o uso que ele faz das redes sociais no contexto mais amplo de como ele interage com você e com o mundo. Apenas esteja ciente: em um relacionamento novo, um narcisista pode ser pego documentando suas aventuras juntos, e pode ser fácil se deixar levar e se tornar parte da busca por admiração. Ele realmente está no Grand Canyon para admirar o esplendor do lugar ou para tirar uma selfie? Preste atenção.

MENTIRA

Muitas vezes ele deixava de lado os detalhes ou não me dava qualquer informação, então eu perguntava e ele me contava que estava com uma ex--namorada em um bar, mas fazia isso apenas porque eu tinha perguntado. Ele era realmente bom em fornecer pedaços da verdade, ou guardá-la, a menos que eu fizesse as perguntas certas. Uma mensagem de texto aparecia em seu telefone e muitas vezes eu o pegava em suas mentiras e "racionalizações". Nunca fui a garota que bisbilhota o telefone do namorado, mas cheguei ao ponto em que apenas ouvir o aviso de que ele tinha recebido uma mensagem no celular me deixava enjoada. Significava mais uma mentira.

Narcisistas mentem. Mentem porque é consistente com muitos dos padrões que já debatemos: falta de empatia, legitimação, grandiosidade e falta de percepção e remorso. A mentira serve a uma função: nos ajuda a "manter as aparências", sair de uma situação difícil e evitar a culpa. Todos mentimos de vez em quando, mas normalmente são mentiras menores ou que não causam danos (por exemplo, dizer a seu chefe que está atrasado por causa do engarrafamento em vez de contar que dormiu demais). As mentiras do narcisista tendem a ampliar o território. Não apenas se envolvem de maneira constante em mentiras inócuas (estar preso no engarrafamento), mas também mentem sobre tudo o mais se isso os beneficiar — e são friamente eficazes nisso. Falta de empatia faz de você um mentiroso habilidoso.

Mentiras são complicadas para quem as escuta. A maioria de nós, em especial quando gosta ou se importa com alguém, assume que ele ou ela está dizendo a verdade. Para proteger o relacionamento, ignoramos as mentiras, mesmo quando os dados não batem. Em muitos casos, podemos até assumir a culpa (por exemplo, estou sendo desconfiado demais, não deveria questionar o que ele acabou de dizer), mesmo quando parece realmente suspeito e desonesto, apenas para preservar o relacionamento ou evitar a dor de duvidar de alguém que amamos. Muitas pessoas com quem trabalhei e conversei sobre esses relacionamentos disseram que, com os anos, a mentira crônica cobrou um preço alto e as deixou cheias de dúvidas, desconfianças e uma incapacidade de confiar em outras pessoas. A história de Rachel e John ilustra como a mentira se torna um padrão diário e, então, um estilo de vida.

Lembre-se de que narcisistas são motivados pela busca de admiração e validação. Mentir se torna apenas mais uma ferramenta desse arsenal — seja mentir sobre uma realização, uma oportunidade ou um comportamento — para ajudá-los a reter o sentido de identidade e fachada superficial. A falta de empatia e a legitimação significam que eles não veem suas mentiras como armas que estão prejudicando outra pessoa, mas como uma racionalização para o que eles têm "direito" de fazer.

SINAL DE ALERTA: **MENTIRA**

Os sinais de alerta sobre a mentira são simples. Quando 2 + 2 é igual a 5, questione. Uma boa regra prática: quanto mais longa e confusa for a história, maior será a probabilidade de ser uma ficção. A maioria de nós, em especial mulheres em um novo relacionamento, tende a dar segundas, terceiras chances e, habitualmente, damos a outra face. Queremos que nossos relacionamentos funcionem (principalmente se levamos muito tempo para encontrar um parceiro). Os "sentimentos" calorosos de um novo relacionamento podem nos levar a perdoar várias vezes. Preste atenção quando os números não batem e quando as coisas não fazem sentido. Com o tempo, a mentira pode causar danos reais à sua psique e impactar todos os seus relacionamentos e sua capacidade de confiar.

EXIBICIONISMO

Ele nunca trabalhou um dia sequer na vida, mas eu trabalhava em dois empregos para que pudéssemos ter uma casa na montanha, carros novos, filhos em escolas particulares, e, apesar de nossos problemas financeiros, ele insistia que tirássemos férias luxuosas, pedindo garrafas de vinho de 150 dólares e não poupando despesas. Quando as contas chegavam, ele não se incomodava, mas esperava sempre que o show continuasse.

A festa de 50 anos em um iate. As selfies. A existência editada nas redes sociais. O cartão de Natal perfeito. Se aquelas fotos falassem, diriam que os grandes sorrisos poderiam não combinar com o panorama real. Como narcisistas são exibicionistas experientes, as outras pessoas veem apenas a fachada perfeita, mas nunca a bagunça por trás dela. E é falta de educação os outros questionarem. Para pessoas em relacionamentos com narcisistas, as fotos e a exibição sugerem que tudo é maravilhoso (ou pelo menos é o que parece). No entanto, você pode se sentir como se estivesse numa obra de ficção, e não na vida real. Também pode ser difícil conseguir apoio de outras pessoas quando necessário, porque elas veem uma imagem externa que está em desacordo com o que você está vivendo. Como todos pensam que seu relacionamento é maravilhoso e aparenta ser perfeito, sua experiência de sofrimento ou desconforto não parece válida.

Cada vez mais, a proliferação de métodos de exibir nossa vida aos outros tem elevado o sentimento de "a grama do vizinho é mais verde" a um nível sem precedentes. Em nosso mundo digitalizado, fotos podem ser tiradas repetidamente até que você consiga a "perfeita". Narcisistas, que operam apenas no espaço superficial, prosperam nessas condições. Mesmo sem um palco no qual se exibir, eles tenderão a gastar o dinheiro que não têm para fazer um grande espetáculo. Um momento em que isso emerge é o planejamento do casamento. Muitas pessoas com que falei refletiram sobre suas festas de casamento como se fossem um "espetáculo" — uma produção bem elaborada na qual cada detalhe parecia perfeito —, mas o sentimento não estava lá. Acabou sendo o símbolo de suas vidas. As diversas histórias que ajudaram a construir a de John e Rachel (a festa de casamento perfeita em Santa Barbara) refletiam festas de casamento cada vez mais grandiosas — o dia era um prelúdio perfeito para o que acabaria sendo uma vida real longe de ser perfeita.

SINAL DE ALERTA: EXIBICIONISMO

Preste atenção durante a fase do namoro. Quando tudo parece um espetáculo, é fácil se deixar levar. Narcisistas cortejam com gestos grandiosos, restaurantes chiques, férias, presentes, muita teatralidade em público, e podem fazer isso em suas vidas de maneira geral. Se você se sentir como um ator no palco, por mais lisonjeiro que possa parecer, pare por um minuto e se pergunte se esse grande espetáculo é genuíno e romântico, ou se é apenas ostentação. Se sentir que os grandes gestos estão ocorrendo em um cenário de falta de empatia, indiferença ou grosseria, pense bem. Shakespeare pode ter dito que o mundo é um palco e todos nós somos meros atores, mas isso não precisa ser verdade. A vida não deveria ser uma produção teatral.

PROJEÇÃO

Este é o caso de uma mulher com características narcisistas e profundamente insegura que ficava furiosa quando acreditava que não era vista como a mais bonita do ambiente. Seu humor era desregulado e, em momentos de estresse, variava de carente a furiosa e chorosa. Ela demandava reafirmação constante em momentos de vulnerabilidade. Quando seu parceiro, que tendia a ser bastante equilibrado, apresentava dificuldades diante da montanha-russa emocional dela e ficava exausto por ter que ficar reafirmando a importância dela, a mulher dizia: "Como ele é patético. O humor dele é à flor da pele. Ele precisa ser visto como a pessoa mais importante. É emotivo e ridículo". Ficar ouvindo-a descrevê-lo foi, literalmente, como ouvi-la descrever alguns de seus próprios desafios emocionais. Ela não tinha qualquer percepção de si mesma, mas sua capacidade de projetar precisamente isso em seu parceiro era quase inquietante.

Acusar outra pessoa do que você está fazendo ou por suas falhas e medos é uma manobra psicológica chamada projeção. A pessoa que está traindo acusa o parceiro de traição. O parceiro que é emocionalmente indisponível acusa o outro exatamente disso. Projeção é uma "defesa", ou seja, um padrão inconsciente que ocorre quando a pessoa se sente ameaçada psicologicamente. O ego narcisista está sempre monitorando o mundo em busca de ameaças e, muitas vezes, as encontra. Então, ele culpa outra pessoa por suas inabilidades.

A projeção é frustrante porque o parceiro acusa você de coisas que não está fazendo (se estiver, aí é outra história). Mas essas projeções e acusações não são apenas sobre traição; podem ser relativas às próprias vulnerabilidades e fraquezas do narcisista (acusá-lo de excesso de ambição quando ele é ambicioso, criticá-lo por não ser bem-sucedido, ou não ganhar dinheiro suficiente, quando ele não se sente assim).

Porém, como a maioria de nós não é psicólogo (e mesmo que sejamos), quando nos sentimos magoados por uma acusação ou insulto que é dirigido a nós, não vamos parar para pensar que isso é uma "projeção" e apenas deixar para lá. No entanto, a projeção nos dá um vislumbre interessante. Quando for lançada uma acusação que não condiz com você, quando ela não se enquadrar no que sabe que é verdade sobre si mesmo ou seu comportamento, devolva-a mentalmente para seu parceiro. É provável que ele esteja acusando você de algo que ele está fazendo ou sentindo.

SINAL DE ALERTA: **PROJEÇÃO**

Monitore os momentos em que ele acusa você por comportamentos ou padrões infundados. Quando isso acontecer, pare um momento e recue. No início, você se sentirá irracional e esquisito, porque tudo é tão evidentemente falso. Mas, quando reconhece isso como projeção, você recebe uma oportunidade de espiar a mente, os pensamentos, sentimentos, temores e comportamentos dele.

GANÂNCIA

Ele era basicamente uma criança malvada que não compartilhava seus brinquedos. Nunca era o suficiente e, depois de um tempo, nem mesmo ficava claro porque ele queria mais. Acho que era mais pela vitória do que pelas coisas.

Vivemos em uma cultura consumista e materialista. As posses são a forma mais superficial de uma pessoa se exibir e se validar. Narcisistas costumam ser muito focados em dinheiro e recursos, em grande parte porque, em nossa cultura (e na maioria das outras), dinheiro representa status, poder, acesso e, em última análise, validação — o combustível do motor narcisista. Como tal, a busca e o ganho de dinheiro se tornam caminhos simples para conquistar a admiração superficial de muitos. E, em nossa sociedade, uma proporção significativa dos abastados possui características narcisistas, porque a economia está preparada para recompensar esses atributos. Nosso sistema econômico é fundamentado na ganância, no lucro a qualquer custo e na classificação do desempenho com base na acumulação de bens. Ter muitos bens ou dinheiro não torna necessariamente uma pessoa má, mas cobiçar bens materiais, desvalorizar pessoas que não os têm, medir os outros e a si mesmo por suas posses e passar por cima de tudo para conseguir dinheiro, posses e status é quando fica obscuro. Ganância e legitimação muitas vezes estão intimamente alinhadas — mais dinheiro significa mais legitimação —, e legitimação implica a crença do merecimento e de não ser contrariado nessa busca.

A ganância pode e vai afetar relacionamentos, é óbvio. Se o seu parceiro está em uma campanha obstinada para adquirir bens caros e preocupado com esse objetivo, isso pode impedir o desenvolvimento de um relacionamento saudável, e é provável que você se torne mais um desses objetivos materialistas (ou fique perdido em meio a essa confusão). Isso também pode ser marginalizante para outros que começam a ficar entediados com o exibicionismo que acompanha a ganância. Além disso, é mais provável que uma pessoa movida pela ganância inveje os bens de outra pessoa, o que pode fazer com que amizades e relacionamentos pareçam mais "demarcação de território" do que conexão.

SINAL DE ALERTA: GANÂNCIA

Os sinais de alerta aqui? Observe a relação dele com o dinheiro e os bens materiais: parece um jogo crônico de exibição? Sempre precisa ouvir sobre a procedência das coisas que ele tem ou que deseja? Há uma referência constante ao carro que ele deseja ou às marcas que usa? Ele insulta ou rebaixa pessoas que têm mais (ou menos) do que ele? A ganância se mostra bem no início.

FRIEZA EMOCIONAL

Quando a economia despencou, estávamos falidos e ela se recusou a conseguir um emprego para ajudar. Eu já vinha explicando isso a ela havia muito tempo, e, quando finalmente sugeri que talvez nossa melhor opção fosse vender a casa e nos mudarmos para um lugar mais barato, ela me olhou friamente e disse: "Resolva". De jeito nenhum ela abriria mão de seu estilo de vida. Eu simplesmente comecei a chorar e ela saiu da sala.

Narcisistas são notoriamente superficiais em suas emoções. Eles podem arrancar gargalhadas e raiva calorosas, mas, quando se trata de emoções comuns, como tristeza e alegria, nem tanto. Ser emocional e empaticamente desligado pode resultar em pouco interesse. Isso pode ser sentido por meio de distância e frieza; e frieza emocional pode ser perturbadora. As descrições que frequentemente surgem são coisas como "ele não é caloroso" ou "é como se ele não sentisse nada". É difícil conviver com essa característica, em especial em tempos de carência. Isso ocorre, em parte, por causa da falta de empatia. Muitos de nós somos capazes de ajustar nossos termostatos à emoção demonstrada por outra pessoa. Se outra pessoa está triste, nos ajustamos para confortá-la. Narcisistas não lidam bem com a emoção, já que ela demanda sentir as próprias emoções, o que é desafiador para eles. Além disso, eles não têm um termostato, então não podem ajustar sua temperatura às situações e pessoas que estão ao seu redor porque simplesmente não estão conectados a elas.

Estar com um parceiro emocionalmente frio significa não ser consolado mesmo durante os dias mais difíceis de nossa vida. Eu me lembro de uma cliente que compartilhou comigo a história do dia em que a mãe faleceu algumas semanas após ter contraído uma doença. A primeira pergunta que seu parceiro fez com naturalidade foi: "Quando vamos à loja de material de construção para escolher os materiais?". Outra mulher falou que, no dia da morte de sua avó, enquanto era tomada pela dor, seu parceiro apenas disse, com frieza, que estava ocupado e precisava ir trabalhar. Vivenciamos de forma mais aguda esse fenômeno de frieza emocional quando estamos passando por algo difícil e a outra pessoa não oferece nada.

A característica da frieza ou distanciamento emocional também se mostra durante discussões, quando uma pessoa está experimentando e expressando emoções significativas e o narcisista simplesmente não reage — ou o faz de maneira fria e concisa. Em tais momentos, você pode se ver andando em círculos — e realmente sentir como se estivesse "enlouquecendo" —, porque a frieza da reação torna ainda mais difícil você se regular naquele momento. A frieza emocional pode ser confusa e resultar em tentativas de fazer um grande esforço para gerar empatia e conexão com seu parceiro. Tenho observado pessoas se desgastando por décadas, tentando criar calor onde não existia qualquer possibilidade.

SINAL DE ALERTA: FRIEZA EMOCIONAL

O sinal de alerta aqui muitas vezes é difícil de ver no início, embora algumas pessoas notem que observaram a frieza no início e pensaram ser timidez (mas tenha cuidado para não rotular injustamente pessoas tímidas como frias). Pessoas tímidas tendem a ser tímidas o tempo todo. Pessoas frias tendem a ser mais desapegadas e distantes quando emoções reais se mostram. Além disso, padrões como desinteresse e interrupção da conversa podem ser precursores desse padrão de frieza emocional a longo prazo. Se você sente que precisa se "agasalhar" nessa fase inicial de seu relacionamento, preste atenção, pois pode haver uma frieza emocional no ar. E esse é um clima que provavelmente não mudará.

GASLIGHTING (UMA FORMA DE ABUSO PSICOLÓGICO QUE FAZ VOCÊ SENTIR COMO SE ESTIVESSE "ENLOUQUECENDO")

Nos anos 1930, na peça *Gas Light,* um marido, na tentativa de enlouquecer a esposa, segue apagando as luzes a gás da casa. Quando a esposa pergunta o motivo de ele estar diminuindo as luzes, ele nega e diz que elas não têm regulador. Com o tempo, ela acaba "enlouquecendo".

Gaslighting é descrita como uma forma de abuso emocional que envolve negar a experiência de uma pessoa e fazer declarações como "Isso nunca aconteceu", "Você é sensível demais" ou "Não é nada". Tende a acontecer com o tempo e faz com que você sinta como se estivesse enlouquecendo lentamente. O indivíduo que faz gaslighting usa técnicas como ocultação ou bloqueio (por exemplo, "Não quero ouvir isso de novo"), contradição (dizer que você não se lembra de alguma coisa) e desvio (como quando você menciona algo que diz respeito a você e seu parceiro transforma isso em algo que você disse anos antes ou desvia e descreve como uma conspiração de todos os seus amigos contra ele). Ele também minimiza seus sentimentos ("Como pode ficar chateado com uma coisa tão pequena?") e nega eventos que definitivamente ocorreram ("Eu nunca fiz isso").

O gaslighting é confuso, desolador e muitas vezes resulta em você questionando a própria realidade. A dúvida se infiltra em todas as áreas de sua vida e, em pouco tempo, seu parceiro parece ser a única coisa verdadeira nela. Gaslighting enche você de dúvidas, questionamentos e desesperança. Você pode se encontrar pedindo desculpas repetidamente e não estar mais relaxado e alegre como antes. Gaslighting é uma forma muito simples de abuso emocional e, como acontece de forma gradual, domina você de dentro para fora, deixando-o isolado e confuso a ponto de não saber como pedir ajuda.

Em última análise, gaslighting torna a comunicação impossível. O conceito de comunicação se baseia na ideia de que a outra pessoa escuta e fala a verdade. Como o senso comum é trabalhar a "comunicação" em relacionamentos, e, se não estiver funcionando, a culpa, de alguma forma, é sua, o gaslighting pode resultar em frustração, a ponto de fazer com que você se sinta psicologicamente instável. Quando Rachel estava se sentindo cada vez mais inquieta com relação a muitas coisas em sua vida, as reações de John a deixavam com o sentimento de que estava literalmente "perdendo a cabeça", porque ele negava a realidade dela.

SINAL DE ALERTA: GASLIGHTING

O sinal de alerta aqui é reconhecer quando sua realidade está sendo negada. Mantenha os pés no chão. Você não precisa entrar na luta. Quando notar que isso está acontecendo no início do relacionamento, recue e perceba que ninguém que ame você negaria seus sentimentos. Se você se encontra constantemente questionando situações ou duvidando de si mesmo, é um sinal inicial. Lembre-se de que narcisistas são mestres em operar um sistema para o próprio benefício — mesmo se isso significar negar a sua realidade.

AVAREZA

Ele me dizia: "Você tem tanta sorte de estar comigo, muitas mulheres adorariam estar no seu lugar", e usava essa racionalização como motivo para não gastar dinheiro comigo. Estava economizando para comprar alguma coisa que queria (uma moto vintage) e não queria se desviar de seu objetivo. E quando, por fim, gastava dinheiro em alguma coisa para mim, jogava isso na minha cara tantas vezes que, depois de um tempo, eu detestava aceitar qualquer coisa que viesse dele, porque não valia a pena ouvir, milhares de vezes, quanto aquilo tinha custado e como ele era um cara legal por ter comprado para mim ou ter me levado em uma viagem.

Narcisistas vivem em um mundo no qual, em sua cabeça, são muito generosos. Mas sua generosidade é, no geral, projetada para fazer com que pareçam bons ou para usar como uma arma mais à frente (por exemplo, "Te levei para tal lugar nas suas férias, então não tem o direito de se zangar comigo por nada"). Costumo chamar isso de "suborno" — eu gastei dinheiro com você, agora fique quieto. Eles usam o dinheiro como arma — seja um ou um bilhão de dólares — e dominam os outros. Muitas vezes sentem que as pessoas estão aproveitando financeiramente deles e esperam agradecimentos sem fim quando abrem suas carteiras. É também a artimanha que usam com crianças, sendo pais ausentes ou inconsistentes, mas não poupam despesas quando se tratam de brinquedos caros ou grandes férias. Para uma criança, isso pode ser confuso, mas também não é fácil para um adulto lidar com isso.

Na verdade, estamos falando de dois tipos de "sovinas" aqui, e eles podem coexistir. Alguns não são generosos e só gastarão dinheiro para alcançar um objetivo, e é por isso que costumam ser generosos durante a fase de namoro, mas, então, uma vez que você está em sua vida, o trem da alegria para. Serão miseravelmente avarentos ou gastarão apenas com eles. Ou gastarão de forma estratégica — com pessoas ou situações que promoverão sua causa.

Os sovinas do outro tipo usam o dinheiro e os presentes como uma arma: gastam (o que faz com que pareçam generosos), mas logo jogam na sua cara o dinheiro que acabaram de gastar (novamente, o "suborno"). Você pode se tornar relutante em aceitar a "generosidade" deles, pois será cobrado no futuro. A "avareza" deles não é apenas com o dinheiro, é sobre o espaço, a comida na cozinha, os bens, o tempo, a disposição de buscar você no aeroporto — há uma avareza que permeia tudo.

SINAL DE ALERTA: AVAREZA

Monitore a generosidade dele (ou a falta dela) em todas as áreas: não apenas com o dinheiro, mas também com humor, tempo e espaço. Se ele fica lembrando quanto as coisas custam, ou chamando atenção para quando foi generoso, ou é simplesmente avarento, esteja atento a isso. Tenha cuidado com o excesso de generosidade com presentes ou gastos, em contraste com pouca generosidade com humor ou tempo. Qualquer um pode abrir a carteira e comprar um presente ou pagar um jantar; é muito diferente de estar presente, oferecer apoio ou simplesmente ouvir você.

NUNCA ASSUME RESPONSABILIDADE

Narcisistas são como Teflon: nada gruda. Não assumem responsabilidade. Por nada. São mestres defletores e tentam evitar a culpa quando mentem, traem, roubam e tudo o mais. Inventam desculpas complexas e podem racionalizar qualquer coisa. Quando, por fim, são chamados à responsabilidade, rapidamente alegam perseguição, embora possam se desculpar por um minuto. Quando alguém nunca assume responsabilidade por nada — palavras, ações, sentimentos —, é desafiador, se não impossível, manter um relacionamento. Pede-se até mesmo que crianças pequenas assumam a responsabilidade por um lápis quebrado ou brinquedos fora do lugar. Não é demais pedir que uma pessoa assuma responsabilidade, mas, como eles são incapazes de distinguir os limites entre responsabilidade e culpa, narcisistas tentam evitar ambas. Muitas vezes observamos uma celebridade ou figura pública que tenta neutralizar uma gafe através de uma desculpa anêmica emitida por um porta-voz. "Assumir responsabilidade" de forma superficial pode ser até mais frustrante do que a negação completa.

Em geral, eles usam a negação como defesa — seja negação direta ou indireta — para evitar assumir responsabilidade. Isso pode ser vivenciado como uma combinação de manipulação, mentira e falta de empatia. É reconfortante quando alguém que fez algo inapropriado assume a responsabilidade pelo ato, somos capazes de superar a partir daí. Não espere por isso. É muito improvável que seu parceiro assuma realmente a responsabilidade, e você pode cansar de esperar.

> ### SINAL DE ALERTA: NUNCA ASSUME RESPONSABILIDADE
>
> Observe se ele assume comportamentos e palavras — sejam grandes ou pequenos. Todos cometemos erros. E, de preferência, também assumimos responsabilidade por nossas ações. Quando o comportamento dele for problemático, mas sem que ele reconheça isso, preste atenção a esse padrão. Também esteja atento quando ele compartilha própria história de vida. Ele assume responsabilidade por erros e tropeços do passado? Ou compartilha a história como se não houvesse culpa ou erros da parte dele? Ele parece sempre culpar os outros por situações negativas em sua vida? Observe se parece que nada nunca é culpa dele.

VAIDADE

Ele tirou muito proveito de sua aparência. Cativou a mim e a muitas outras mulheres quando quis. Mesmo depois que nos separamos e sua beleza esmaeceu um pouco, sua aparência aliada a seu carisma fazia com que nunca tivesse que pagar as contas. Reservava parte do seu dia para comer bem, se exercitar e cuidar de si. Por outro lado, eu estava correndo feito uma louca levando as crianças comigo para o trabalho para que ele pudesse cuidar de si. Não apenas nunca se ofereceu para ajudar como se zangava quando interrompíamos sua "rotina". É engraçado, não era apenas a aparência dele, mas a casa precisava ser bonita, tudo devia ser lindo.

Revistas, anúncios de TV e *feed* de redes sociais nos lembram que a vaidade é um passatempo nacional. Narcisismo patológico está incrustado na vaidade da aparência e do estilo de vida. Muitas horas são gastas na aparência, na tentativa de parecer jovem, adquirindo marcas da moda, os brinquedos mais novos, a melhor fachada, frequentando os melhores endereços. A superficialidade do narcisismo patológico cai bem na armadilha da vaidade, que pode ser um passatempo demorado e caro, e, embora possa, inicialmente, ser envolvente e atraente, com o tempo ela prejudica o relacionamento.

Vaidade e "fazer tudo para se exibir", sem dúvida, estão intimamente relacionados. Vaidade costuma ser uma questão pessoal de estar presente para a exibição, mas tudo se resume a valorizar mais o exterior do que o interior. Além disso, vaidade atrai narcisistas; eles são cronicamente atraídos por coisas, pessoas e objetos bonitos. Como não são criaturas de compromisso, narcisistas se tornam vulneráveis a cometer deslizes financeiros e pessoais em nome da vaidade. É fácil ser infectado por isso, e você pode até sentir que será esquecido rapidamente se não usar sua melhor cartada em termos de aparência e acessórios.

SINAL DE ALERTA: **VAIDADE**

Observe seus rituais de preparação. O namoro é quando o pavão abre as penas, mas quando ele passa mais tempo na frente do espelho e na academia, nas selfies e se arrumando do que em qualquer outra coisa significativa, preste atenção. Além disso, a vaidade é projetada em outros e ele pode "esperar" que você tenha determinada aparência. Uma das mulheres que entrevistei contou que o marido raramente falava com ela enquanto assistiam à televisão, mas, quando falava, era para mostrar mulheres de biquíni e perguntar por que ela não se parecia mais com elas. Vaidade projetada em outras pessoas também resulta em uma sensação de objetificação. Conversei com diversas mulheres cujos maridos insistiam que se mantivessem em ótima forma e bem-arrumadas o tempo todo (com silicone e tudo). Foi um preço ▼

alto para essas mulheres, que perceberam que seu papel no relacionamento era mais como objeto do que como pessoa. É fácil ficar deslumbrado com algo bonito, mas não seja vítima da vaidade dele. Vaidade tende a ser um jogo de curta duração.

CONTROLE

Ele me criticava até quando as flores do vaso estavam "inclinadas" para o lado errado.

Este é outro sintoma característico do narcisismo e vai muito além da simples ordem e controle do ambiente. É um controle excessivo sobre tudo relacionado a você como parceiro. O que pode ser extremamente frustrante é que, apesar do controle, seu parceiro permanece desinteressado em sua vida. Muito parecido com o gaslighting, esse comportamento tende a acontecer de forma gradual. No início, o controle é confundido com paixão ou atenção — e quem não ama atenção? Você pode se ver dizendo: "Ele me ama. É por isso que fica perguntando onde estou". Ou "Ela é apenas intensa e apaixonada. É por isso que sempre me manda mensagens".

Controle muitas vezes faz parte da dinâmica do abuso em relacionamentos, e pode chegar ao ponto de a pessoa sentir como se não pudesse se mexer sem pedir permissão, e o narcisista usa o controle para isolá-la. As pessoas que se veem em relacionamentos controladores experimentam vergonha: sabendo que essa ordem e esse controle obsessivos podem parecer estranhos ou preocupantes para quem olha de fora, você não conversa sobre isso com amigos próximos ou familiares.

As manifestações mais comuns são monitorar de forma constante a localização do parceiro — como um contato regular para confirmar onde e com quem você está, bisbilhotar e-mails e mensagens de texto —, avaliar a aparência, fazer recomendações sobre a carreira e outras decisões de vida, não se importando com sua opinião, e tomar quase todas as decisões importantes sobre filhos, lazer e grandes compras. Controle também pode se manifestar de forma paradoxal, com seu parceiro controlado e indiferente, mas ainda assim fazendo exigências sobre a arrumação da casa, compromissos, horários de refeições e rotinas. Quando Rachel se mudou para a casa de John, ela se viu cada vez mais constrangida, tendo que manter a casa da forma como ele queria e ansiosa por causa de um casaco largado em algum lugar. Viver sob tal controle pode ser exaustivo.

Exigências por ordem e controle também podem se estender ao ambiente, e isso pode surgir em cobranças sobre como a casa é mantida. Narcisistas são exigentes em relação a seus pertences, ambientes e carros. Ou simplesmente querem as coisas do seu jeito. Vivemos em uma cultura na qual a ordem é supervalorizada. Narcisistas ocuparão todo o tempo e o espaço que precisam em detrimento dos outros. Isso pode parecer quase obsessivo-compulsivo e aumentar a sensação de estar "pisando em ovos" que costuma permear esses relacionamentos. Criar filhos sob essas circunstâncias pode ser desafiador. Várias pessoas comentaram como o parceiro narcisista exigia que as crianças ficassem quietas e estivessem limpas o tempo todo, nunca brincassem com brinquedos nas áreas comuns da casa e que a residência estivesse impecavelmente arrumada. Em algumas dessas entrevistas, as crianças já estavam crescidas e, por causa da tensão que vivenciaram sobre a interminável necessidade de ordem, tinham se tornado adultos ansiosos.

É provável que esse padrão seja uma tentativa de os narcisistas exercerem o controle do mundo exterior. Lembre-se: o mundo interno deles inexiste, a autoestima é vulnerável e eles dependem do mundo para validação. Por isso controlarão esse caos interno controlando os outros. A vulnerabilidade deles também fará com que fiquem preocupados de serem feitos de trouxa (por exemplo, se você o trair) ou de perderem o companheiro, se não o controlarem (esse é um reflexo do senso de controle sobre tudo).

SINAL DE ALERTA: CONTROLE

Você é frequentemente questionado sobre "quem, o quê, onde, por que e quando"? Pode ser fácil interpretar isso como interesse e lisonjeio nos primeiros estágios de um relacionamento. Além disso, reflita se está sendo consultado nas tomadas de decisão. Embora seja bom ser levado a um restaurante ou para uma viagem surpresa de fim de semana, se parecer que o relacionamento está acontecendo *para* você em vez de *com* você, então, esses momentos surpreendentes e emocionantes podem vir com um preço. Além disso, preste atenção a uma necessidade obsessiva por ordem. Ter a casa limpa é bom, mas se o foco dele na limpeza se sobrepõe à educação ou é acompanhado por ordens abruptas e grosseiras, irritabilidade ou uma preocupação em como as coisas estão, olhe mais fundo. Seu parceiro pergunta de maneira grosseira se seus sapatos estão limpos antes de você entrar no carro, ou ela o repreende por usar as toalhas erradas no banheiro? Valorizar ordem, rigidez e limpeza acima de qualquer outra coisa é um sinal claro de alerta.

IMPREVISIBILIDADE

Era como viver em um campo minado.

Imprevisibilidade torna a vida desafiadora. Mesmo na ausência de um parceiro narcisista, quando a vida nos pega desprevenidos — com um pneu furado ou uma criança doente —, experimentamos estresse. Como narcisistas regulam seu humor a partir do exterior (validação dos outros), seu humor é ditado pelos eventos de seu mundo e a validação que recebem de outras pessoas. Quando têm um bom dia e as coisas estão acontecendo do seu jeito, é muito provável que seja um bom dia para todos ao redor. Quando as coisas não estão indo bem para eles, o dia será desafiador para os outros também. Isso está ligado à sua falta de empatia e, na melhor das hipóteses, pode tornar a vida arriscada.

Bem, obviamente, numa questão de grau, isso se aplica a todos. Em dias em que recebemos notícias boas, ficamos alegres, quando tudo dá errado, tendemos a ficar mais irritados. Porém, uma diferença primordial é que nosso senso de identidade não muda. Normalmente, pessoas se monitoram, aceitam comentários, ajustam as reações, são sensíveis aos outros ou pedem o que querem. Por exemplo, você pode solicitar alguns minutos ou horas para si mesmo porque o dia está desafiador e você não quer descontar em ninguém. A imprevisibilidade dos narcisistas se origina no fato de que não estão apenas sujeitos aos caprichos da aprovação do mundo para entender quem são, mas também não monitoram como suas reações podem afetar outras pessoas (e nem se importam). É basicamente a mentalidade de atire primeiro, pergunte depois.

A imprevisibilidade pode resultar em humores que vão desde alegria grandiosa à raiva fria em questão de horas ou, às vezes, minutos. Infelizmente, como demandam validação de alguém que veem como "importante" e costumam desvalorizar seus parceiros ao longo do tempo, a validação deles não é suficiente. Narcisismo é um transtorno de desregulação, e a falta de regulação das emoções pode contribuir para a imprevisibilidade. Muitos parceiros de narcisistas ficam frustrados porque nunca conseguem acalmar ou animar seus amados. Como consequência, o narcisista não é o único que está à mercê da aprovação do mundo exterior; agora você está à mercê do mundo dele também. (Ouvi mais de uma pessoa dizer que começaram a temer o chefe de seu parceiro narcisista não por ter qualquer contato com ele, mas porque as ações do chefe ditariam o tom na família.) Muitas pessoas em relacionamentos com narcisistas perceberam que começaram a ficar mais ansiosas, e até menos capazes de regular o próprio humor, porque sentiam como se estivessem vivendo no caos — e não havia nada que pudessem fazer sobre isso, porque eram incapazes de acalmar, consolar ou animar seu parceiro. Curiosamente, por causa da tendência narcisista de culpar os outros por suas dificuldades (o caso do Teflon) e se envolverem em projeção (descrita anteriormente), culparão você por ser inconsistente e não confiável, quando, na verdade, é o humor deles que está à flor da pele.

A imprevisibilidade pode surgir não apenas em humores imprevisíveis, mas também na falta de previsibilidade em planos e no comportamento. Mais uma vez, a falta de empatia significa que há pouca consideração em como esse padrão de altos e baixos afeta a capacidade de quem está em seu entorno de planejar a própria vida. Pode ser irritante, desestabilizador, constrangedor e caro acompanhar esse comportamento inconstante.

> ### SINAL DE ALERTA: IMPREVISIBILIDADE
>
> Quando o cachorrinho alegre que você deixou em casa de manhã se torna um animal raivoso ao final do dia e começa a atacar você, preste atenção. Quando você tomar consciência de que seu parceiro é imprevisível e que isso é a única coisa previsível no relacionamento de vocês, pode ser tarde demais. Ter o médico e o monstro como colegas de quarto pode ser exaustivo. Pense se a vida em uma montanha-russa realmente tem algum atrativo.

TIRA PROVEITO DE OUTROS (OU DE VOCÊ) COM REGULARIDADE

O termo técnico que normalmente é usado para isso é "exploração interpessoal". Em resumo, por causa do foco singular na satisfação de suas necessidades, em especial as externas, narcisistas usarão outras pessoas como meios para ter essas necessidades atendidas. Isso pode acontecer de muitas formas: conseguir com um amigo da família que trabalha no teatro ótimos lugares para um espetáculo, colocar você numa posição desconfortável, pedindo a um conhecido para emprestar sua casa de praia, ligar para um velho amigo com quem não tem contato há anos para obter uma contribuição de campanha. No mundo do narcisista, é normal que outras pessoas sirvam, literalmente, como objetos — uma ferramenta para realizar um trabalho.

Como parceiro de um narcisista patológico, isso também acontecerá com você, que será considerado um objeto extremo, que existe para servir às necessidades dele. Como você não sabia disso desde o início, pode soar meio despersonalizado — como se fosse valorizado apenas quando é funcional. Pode parecer manipulador porque seu parceiro pode fazer vários elogios a você e depois atingi-lo com uma demanda difícil ou pedir que faça solicitações a outras pessoas que o deixem desconfortável. O que parece ser tão explorador é que não existe qualquer senso de desconforto em fazer o pedido, ou mesmo uma introdução como "sei que isso é um pedido grande, mas estava pensando se seria possível...", ou "ficaríamos felizes em pagar pelos lugares/pela casa/pelo favor e agradeço muito por sua disposição em fazer isso". Por sua natureza, a exploração é exploradora e não colaborativa, mas você pode se sentir extremamente incomodado se for alvo dela, ou quando solicitado a cumprir as ordens de seu parceiro.

SINAL DE ALERTA:
TIRA PROVEITO DE OUTROS (OU DE VOCÊ) COM REGULARIDADE

Você está sendo solicitado a cobrar favores mesmo quando expressa incômodo? É repreendido por se sentir constrangido por isso ser uma inconveniência para outras pessoas? Além disso, preste atenção se as mudanças de humor de seu parceiro têm relação com sua necessidade de favores. Ele é gentil quando quer que faça alguma coisa e grosseiro ou indiferente quando não? Quando realizar pedidos com frequência é um padrão, ou quando há pouca consideração pela experiência de outras pessoas frente a demandas exploradoras, esse padrão pode persistir e deixar você numa posição de desconforto contínuo.

SCHADENFREUDE (ALEGRIA COM A RUÍNA DOS OUTROS)

Schadenfreude é a palavra alemã para "ser um mau esportista". Porém, é mais do que isso. Especificamente, significa a alegria ou o prazer derivado de ver o infortúnio dos outros, se alegrar com a tragédia ou falha de alguém. Essa é uma marca registrada dos narcisistas e pode fornecer uma visão arrepiante do mundo deles.

Como narcisistas têm muita inveja dos outros, também acreditam que os outros os invejem. Não têm prazer com o sucesso alheio, em especial, quando não estão felizes com a própria vida (o que está relacionado com a autoestima frágil). Isso é ampliado em relação a seus parceiros: raramente são capazes de demonstrar qualquer entusiasmo pelo sucesso deles e, quando o fazem, pode parecer forçado ou vazio. Um tema que surgiu várias vezes quando conversei com parceiros de narcisistas é a total falta de entusiasmo quando algo de bom acontece com eles e a relativa satisfação quando as coisas dão errado.

Isso vira um pesadelo se você estiver em um relacionamento com um narcisista que não demonstra satisfação com seus triunfos, e ainda os menospreza ou zomba deles, e sente uma alegria sombria com suas falhas ou perdas. Esse padrão em um relacionamento de longa duração cobra um pedágio caro. Após anos ou décadas não tendo seus sucessos celebrados, mas menosprezados ou insultados, muitas pessoas que entrevistei relataram uma diminuição significativa na autoestima ao longo do relacionamento. Com o tempo, elas passaram da sensação de confiança e excitação sobre o futuro para um sentimento de dúvida, desânimo e até desesperança. Ironicamente, recebiam incentivos e apoio de todas as outras pessoas — amigos, familiares, colegas de trabalho —, mas, como o parceiro narcisista não o fazia, sentiam como se a vida fosse uma longa busca por aprovação (aprovação que algum dia descobririam que *jamais* viria).

SINAL DE ALERTA:
SCHADENFREUDE (ALEGRIA COM A RUÍNA DOS OUTROS)

Observe como seu parceiro recebe as boas notícias dos outros — suas ou de outras pessoas. Ele fica animado? Ou amargo? No início do relacionamento, narcisistas são capazes de celebrar suas boas notícias, mas isso pode diminuir com o tempo. Preste atenção a como ele reage ao sucesso dos outros — com alegria e apoio ou com depreciação crônica? Quando você compartilha uma conquista, ele enaltece (independentemente de a conquista ser grande ou pequena) ou ele desvaloriza você? Ele parece demonstrar satisfação com o infortúnio dos outros? Ele gosta de ver outras pessoas falharem? Esses padrões tendem a ficar evidentes muito cedo, porque o padrão de inveja e insulto está arraigado demais em um narcisista. Lembre-se: o sucesso dos outros, em especial o seu, é uma ameaça para eles.

DIFICULDADE DE FICAR SOZINHO

Quando perguntado sobre o motivo de a fama ser tão importante, ele respondeu: "Para que eu nunca mais precise ficar só".

Os narcisistas odeiam ficar sozinhos. Lembre-se: eles precisam da admiração dos outros, então, estar sozinho é um desafio. Isso varia, dependendo se buscam grandes multidões, momentos individuais, com a família ou no local de trabalho, mas tempo sozinho não é o seu forte. E, se não conseguem encontrar outras pessoas, irão para as redes sociais. Em geral, estar só significa estar com os próprios pensamentos, algo necessário e saudável da vida. No entanto, se o senso de identidade é raso e a autoestima depende da validação alheia, estar sozinho é um lembrete sombrio desse vazio. Isso vai além da extroversão normal — sim, algumas pessoas gostam de estar com outras, mas a incapacidade de tolerar estar sozinho é um problema.

Essa característica pode levar à tensão em relacionamentos, já que um parceiro narcisista pode buscar sua companhia mesmo quando você precisa de um tempo de ócio, insistir que façam coisas juntos o tempo todo ou querer sempre estar em grandes multidões, nas quais ele pode ser validado repetidamente por outros de uma forma superficial. Essa questão talvez não seja um problema se vocês dois estão satisfeitos com o ritmo social que construíram. Suas necessidades podem ser atendidas de uma forma diferente, mas você pode estar de acordo com o ritmo social e interativo que têm.

SINAL DE ALERTA: DIFICULDADE DE FICAR SOZINHO

Tempo sozinho é raro para essa pessoa? Ela liga para você sempre que está sozinha, para preencher tempo e espaço? Ela necessita estar com outros? O telefone dela com frequência vibra ou toca porque está em constante contato com outras pessoas via mensagens de texto, mensagens instantâneas ou postagens em redes sociais? Se parecer que a parte "estar com outros" ou "não estar sozinho" é óbvia, preste atenção. Por si só, isso não é um alerta, mas, combinado com outras características, pode indicar questões que surgirão no relacionamento. Por exemplo, a necessidade crônica de estar "fora de casa" nem sempre é um bom presságio para alguns estágios de um relacionamento que podem demandar um isolamento mais consciente, como a paternidade.

POUCOS LIMITES

Sempre havia muitas amigas ao redor dele e, curiosamente, a maioria era solteira. Tendiam a adorá-lo, e era raro ele me apresentar para elas. No início, achei que ele era um cara legal que se dava bem com mulheres e que tinha um forte lado feminino, e eu queria ser a garota legal que se dava bem com as amigas do namorado. Com o tempo, isso começou a ficar esquisito: comentários nas redes sociais pareciam inapropriados, aquelas mulheres enviavam mensagens de texto e ligavam a qualquer hora. Mais tarde, quando estávamos em uma situação difícil, encontrei uma dessas amigas e, embora estivéssemos em um relacionamento havia anos, ela disse: "Não tinha ideia de que ele estava com alguém".

Limites são as linhas invisíveis que existem em relacionamentos. Elas refletem regras sociais de ordem, cultura, respeito e conveniência, dados os outros contextos de sua vida. Podem mudar com o passar dos anos. Por exemplo, o costume de ficar abraçado com uma amiga pode se dissipar quando o homem começa a namorar. Limites normalmente são implícitos e compreendidos pelas pessoas no relacionamento. Se você está em um, manter limites adequados com amigos novos e antigos e com a família faz parte da confiança, respeito e valores internos da relação.

Os limites não se referem apenas a relacionamentos românticos; podem também se referir a colegas, familiares e até estranhos.

Você não iria (e não deveria) sair com estranhos e perguntar-lhes sobre suas tendências sexuais. Também não vai querer convidar seus pais para sua lua de mel. Limites também são como uma dança — e a maioria das pessoas os executam com muita clareza. Enviar mensagens de texto sensuais ou sedutoras para outras pessoas quando se está em um relacionamento sério não é adequado, e, se você precisar explicar isso, esse é um bom momento para fazer uma pausa e refletir. Muitas vezes, em novos relacionamentos, a reestruturação dos limites pode ser difícil e demandar comunicação madura e consciente. Um erro comum é assumir que os limites vão se apresentar sozinhos; em geral, isso não acontece, e sentimentos de mágoa são inevitáveis.

Notoriamente, narcisistas têm dificuldade com limites. Como regulam a autoestima por meio dos outros e mantêm os relacionamentos para terem as necessidades atendidas, uma linha será cruzada ou um limite violado, porque isso os faz se sentirem bem naquele momento. Como lhes falta empatia, não param para refletir sobre como essas violações crônicas de limites fazem você, como parceiro, se sentir, nem refletem sobre como podem estar tratando as outras pessoas nesses relacionamentos.

SINAL DE ALERTA: POUCOS LIMITES

A tecnologia transformou essas violações de limites em um campo minado diário. Sejam mensagens ou e-mails carinhosos demais de antigos parceiros ou colegas de trabalho, postagens ou comentários inadequados nas redes sociais, esses tipos de sinais são indicadores de problemas com limites. O bom é que narcisistas são tão dependentes das redes sociais que você pode vislumbrar a falta de limites logo no início do relacionamento. O desafio é que narcisistas vão minimizar esses problemas e zombar de você, fazendo com que se sinta um tolo puritano ou um "estraga-prazeres" por levantar suas preocupações sobre essas pessoas ("São apenas amigos"). Se isso não passar pelo teste do seu instinto, provavelmente é um problema. No mundo dos celulares e do fácil acesso a todos 24 horas por dia, é fácil cometer violações de limites. Fique atento às notificações de mensagens que chegam de madrugada; podem ser limites confusos e um terreno escorregadio.

INFIDELIDADE

Ele conseguiu manter outro relacionamento durante anos. Quando um familiar finalmente me contou, eu saí de casa. Após vinte anos de casamento, três filhos e uma vida de negligência, trabalhando em três empregos para sustentar ele e sua "arte", curiosamente, foi preciso saber e confirmar o fato de que ele estava me traindo para sair do relacionamento. Quando o confrontei, ele respondeu: "É porque você não estava presente para mim".

Narcisistas traem. Na verdade, costumo citar o narcisismo como um dos principais indicadores da infidelidade no relacionamento. Embora nem toda infidelidade seja atribuída ao narcisismo, uma proporção significativa de narcisistas é infiel na relação (e, como demonstrado no cenário acima, são mestres em colocar a "culpa" em você). Infidelidade pode assumir diferentes formas e é mais frequente no campo sexual ou no emocional (e muitas vezes nos dois). Isso pode se manifestar como uma série de relações românticas e sexuais fora do relacionamento sério, uma profunda conexão emocional que ainda não é sexual, ou em transas de uma noite (ou uma série de transas de uma noite!). Via de regra, narcisistas são mais propensos a infidelidades sexuais do que a emocionais.

A infidelidade é uma flagrante extensão da violação de limites. A falta de empatia, a legitimação, a grandiosidade e a constante necessidade de ter seus desejos atendidos muitas vezes culminam em casos amorosos. A necessidade de admiração e novidade é tão grande que estão programados para serem infiéis — casos amorosos tipicamente são caracterizados por excitação, bajulação e grandiosidade superficial. A falta de empatia pode levá-los a desejar o "fruto proibido"; eles podem manter um relacionamento estável com você e cultivar outras necessidades fora dessa relação. É uma atitude covarde.

Regras não se aplicam a narcisistas, e eles podem racionalizar uma situação moralmente questionável em uma história de amor, porque são "especiais" e merecem se "sentir vivos". Vivem em um mundo de fantasia e, seja com transa de uma noite ou casos amorosos duradouros, acreditam que essas relações são direito deles. E, como não têm empatia, não enfrentam os habituais demônios morais que uma pessoa moralmente saudável enfrentaria por ter sido infiel. Essas infidelidades podem assumir muitas formas: frequentar de forma assídua clubes de striptease (como observado na história de John e Rachel), casos de uma noite durante viagens de negócio ou relacionamentos extraconjugais prolongados.

Muitas pessoas passam a vida se recuperando da infidelidade. É uma quebra fundamental de confiança e, quando ocorre repetidamente, pode resultar em grandes consequências psicológicas, incluindo depressão, ansiedade ou problemas com a saúde física. Pessoas cometem erros? Claro. E um episódio de infidelidade não é um diagnóstico de narcisismo. Combine com os outros problemas crônicos como limites e outros padrões citados anteriormente, e é mais provável que a infidelidade esteja embutida no narcisismo patológico. Como regra, infidelidade é descuidada, cruel e desleixada. No mínimo, é um alerta de que o relacionamento sério provavelmente atingiu a data de validade.

SINAL DE ALERTA: INFIDELIDADE

Se no início do relacionamento você observou esse padrão, ou se o comportamento do seu parceiro é fortemente sugestivo, faça uma pausa. Se ele confessar um padrão de traição no passado, respire fundo. Por mais que narcisistas possam dizer "aprendi minha lição e nunca mais farei", raramente é um comportamento isolado e pode acontecer também sob sua supervisão. Por fim, observe outros padrões de violação de limites: manter relações próximas com pessoas com quem se relacionou no passado, se afastar um pouco do relacionamento de vocês em favor de ficar sozinho com outros e o comportamento nas redes sociais. Não caia na armadilha de ser "a garota legal". Se isso a deixa incomodada, se posicione. Se o comportamento não mudar, então reavalie.

FALTA DE ESCUTA

A TV ficava ligada no volume máximo. No início, eu tentava conversar com ele; e nem sei se ele conseguia me ouvir por causa do som. A única vez que percebi que ele realmente sabia que eu estava falando foi quando me mandou parar de falar tão alto porque não conseguia ouvir a TV. Algumas de nossas maiores brigas viriam do fato de que sempre assumia que ele estava ouvindo quando eu falava, então, dias ou semanas mais tarde, quando ele dizia que eu "nunca tinha dito a ele" alguma coisa, sentia como se estivesse enlouquecendo. Percebi que ele nunca me ouvia, que tinha me "desligado" havia anos.

Como psicólogos, normalmente fazemos a distinção entre "ouvir" e "escutar". Um pode ser visto como um fenômeno auditivo e, talvez, fenômeno neuropsicológico — uma habilidade sensorial para detectar sons e compreender esses sons como palavras e linguagem. Não é sobre isso que estamos falando aqui. Obviamente, narcisistas podem ouvir, e ouvem *e* escutam quando é importante para eles. Assumimos que, quando falamos, a outra pessoa escuta, mas, com narcisistas, esse não é o caso.

Essa suposição de que a outra pessoa está escutando pode criar uma grande confusão na fase inicial do relacionamento com o narcisista. Como você assumiu que ele escutou sobre determinado assunto, pode ser confuso quando ele declara que você não lhe disse nada (porque, inicialmente, ele não ouviu). Literalmente, parece "uma loucura". Também pode parecer desolador. Não é agradável ter um monólogo, dizer algo e não ser escutado, ou, de modo alternativo, alguém falar com você sem qualquer capacidade ou interesse em sua resposta. Você acaba se sentindo como uma caixa de ressonância que não tem permissão de "soar". Isso se torna uma metáfora para todo o relacionamento com o narcisista: sentir-se como um objeto que só existe quando é necessário (quase como uma ferramenta em uma caixa: útil apenas quando há um reparo a ser feito). Ninguém escuta um martelo ou uma chave de fenda. São usados quando necessário e guardados no momento que o trabalho acaba.

SINAL DE ALERTA: FALTA DE ESCUTA

Preste atenção à cadência das conversas iniciais. Narcisistas podem realmente "fingir" que são bons ouvintes no início do relacionamento. Farão perguntas interessantes e você responderá. No entanto, as respostas deles muitas vezes refletirão que não estão escutando, e, normalmente, direcionarão a conversa de volta para eles. Podem se envolver em lapsos de gentileza, mas as reações revelarão se estão ou não escutando, ou se simplesmente não se importam. Se suas conversas parecem mais com brincadeiras "paralelas" — duas pessoas dançando separadamente, em vez de valsarem juntas — então *escute* isso. Ninguém quer passar anos de sua vida não sendo escutado.

FRAGILIDADE

Ele era arrogante até sua "arte" ser criticada. Então, ficou muito triste e andando sem rumo o dia todo. Demorou algum tempo para sair dessa fossa. Naquele momento, eu às vezes via aquele lindo rapaz por quem tinha me apaixonado.

Depois dessa longa lista de características, esta é uma que parece não se enquadrar. Enquanto a maioria dos narcisistas parece arrogante, às vezes a vida não atende seus desejos e, em tais momentos, pode haver uma vulnerabilidade óbvia. Narcisistas não conseguem se recuperar bem após uma crise, como a perda do emprego. Eles se sentem e parecem genuinamente frágeis nesses momentos. Esse padrão pode confundir muitas pessoas, inclusive você, o parceiro. Depois de algo vergonhoso ou difícil, eles se transformam em alguém que você sente que pode ajudar ou consolar de maneira genuína. Assim que você se acostumar à negligência, à falta de empatia e à arrogância deles, o terreno pode mudar para esse lugar de vulnerabilidade, e isso pode ser confuso e desestabilizador. Mas não vai durar. Uma vez que o momento sombrio passar, seu parceiro egocêntrico e controlador estará de volta.

SINAL DE ALERTA: FRAGILIDADE

Esta pode ser uma das características mais difíceis de identificar no início, porque não fica claro quando acontece pela primeira vez. A maioria das pessoas em um novo relacionamento não julgará duramente a vulnerabilidade de alguém diante de críticas ou notícias ruins. No início da relação, observe como seu parceiro reage quando as coisas vão mal e, em particular, quando é criticado. Se o seu parceiro, aparentemente "confiante", se tornar choroso, vulnerável, dependente e carente diante de quaisquer críticas ou crises, anote. Mas isso é difícil porque quase todos nós ficamos mais vulneráveis ou abatidos quando somos criticados. Caso seu parceiro passe de grandioso a abatido e vulnerável de maneira muito rápida quando as coisas em sua vida não acontecem como ele esperava, isso também pode ser um sinal importante. Se você conheceu um narcisista durante uma fase vulnerável, pode ser ainda mais confuso se, com o tempo, ele voltar à grandiosidade. Esse padrão de fragilidade ou vulnerabilidade pode, no início, ser interpretado como dependência e carência. Infelizmente, esse sinal de alerta muitas vezes só é percebido em retrospectiva.

DESCUIDO

Ele planejava jantares com conhecidos e colegas de trabalho que admirava em restaurantes que eu estava doida para ir. Ao final de suas viagens de trabalho, costumava estender a estadia para o fim de semana, sem nunca me convidar nem me contar até me ligar da praia. Não sei se ele era esquecido, rude ou simplesmente idiota. Não importava quantas vezes eu dissesse que isso me magoava, ele pedia mil desculpas e fazia de novo. Era como naquele filme do Dia da Marmota, Feitiço do tempo.

A diferença entre narcisistas e psicopatas é que psicopatas às vezes magoarão friamente a outra pessoa. Narcisistas normalmente magoam pelo seu descuido. É óbvio, isso está embutido na legitimação e na falta de empatia, mas descuido implica falta de atenção plena e de "automonitoramento". Uma pessoa atenciosa normalmente considera como seu comportamento pode impactar os outros; ela até pode se comportar de maneira descuidada, mas aproveita esse momento e aprende com seu erro.

Descuido muitas vezes pode ser vivenciado como negligência. Pequenas coisas, como mensagens sem retorno, perguntas sem respostas ou apenas não notar sua presença, podem aumentar ao longo do tempo. Isso vira uma bola de neve, e essa negligência pode ser mais dolorosa do que a crueldade consciente. Pode ser vivenciada como uma negação de sua existência ou experiência.

O descuido do narcisismo pode ser um dos padrões mais confusos e destrutivos, porque há uma profunda falta de consciência. Tende a ser um hábito de destruição ao longo da vida que pode ser de difícil solução, porque eles fazem a bagunça e outra pessoa (incluindo você) tem que limpar. Relacionamentos demandam atenção, e descuido pode lentamente corroer a alma da relação. Um ciclo interminável de descuido seguido por desculpas fica cansativo.

SINAL DE ALERTA: DESCUIDO

Se ele se atrasa para os encontros, não retorna ligações, esquece de aparecer, combina dois eventos para a mesma hora, ligue o sinal de alerta. Falta de consideração no início do relacionamento pode dar um vislumbre do que pode se tornar um padrão permanente de descuido. Ele é atencioso? Se comunica com clareza? Tenta antecipar sua reação ou pergunta como você se sente sobre alguma coisa? Descuido é um padrão que se instala muito cedo, e a tendência é desculpar alguém por sua negligência precoce, atribuindo-a à distração, agenda lotada ou a um mal-entendido. Descuido se desenvolve de maneira lenta e é algo que se torna mais aparente ao longo dos meses e anos. Pode ser experimentado como um sistema interno de alerta que você desenvolve e que o ajudará a se preparar para a decepção crônica que esse relacionamento irá causar regularmente.

SEDUÇÃO

Ele nem era tão bonito, era sexy: existe uma diferença. Quando estava comigo, parecia que era só comigo. Com o tempo, percebi que ele era assim e que fazia isso com todo mundo. Eram piscadelas, acenos de cabeça e cutucadas — pessoalmente, em suas redes sociais, até em suas mensagens para outras mulheres. Quando eu chamava sua atenção, ele minimizava a importância. Era terrível porque, às vezes, eu o observava conversando com outra mulher numa festa e via que ela estava sendo seduzida por ele, como se eu não existisse. Percebi que esse era o seu poder, e ele o usava.

Theodore Millon, um notável teórico da personalidade, dividiu o transtorno de personalidade narcisista em subtipos, e um deles, caracterizado por ser sedutor e exibicionista, foi classificado como "amoroso". Muitos narcisistas (homens e mulheres) usam a sexualidade para conseguir o que desejam e chamar atenção. Como normalmente não se importam com limites e gostam de ser o centro das atenções, sedução e flerte excessivos são observados com frequência. O foco na aparência, vaidade e superficialidade contribuem para esse padrão. Muitas vezes são suas qualidades sedutoras e exibicionistas ("chamativas") que atraem as pessoas, e isso pode ser manifestado por um homem que exibe seu belo rosto e corpo, e que fala com uma linguagem sugestiva, ou uma mulher que realça seus atributos físicos através de seu estilo de vestir ou pode se movimentar de uma forma muito sensual. Esse tipo de padrão definitivamente atrai atenção e, no momento, pode ser muito excitante e, é claro, sedutor.

SINAL DE ALERTA: SEDUÇÃO

Ele se veste de acordo com a situação, ou é exagerado? Fique de olho tanto em linguagem quanto em roupas sugestivas ou provocantes. A aparência e o comportamento dele chamam a atenção? Isso pode ficar aparente com o passar do tempo, porque a fase do namoro normalmente é caracterizada por mostrar apenas o melhor. Então, preste atenção ao estilo e à situação. As palavras e o estilo estão fora de contexto (por exemplo, usar roupas provocantes ou inadequadas durante um evento na escola das crianças, em um evento profissional ou em uma ocasião sóbria)? Diversão sensual é esperada (e desfrutada) em um relacionamento, mas quando a sedução se torna um estilo de vida e extrapola para ser paquerador e sexualizado demais com outras pessoas, talvez seja melhor se atentar.

Nem todos os narcisistas são iguais

O narcisismo, assim como qualquer "rótulo descritivo", não capta as nuances dos seres humanos e das experiências individuais. Uma questão importante em relação à personalidade narcisista e ao transtorno de personalidade narcisista é que nem sempre é igual. O trabalho teórico, clínico e empírico sobre o diagnóstico do narcisismo revela diferentes "subtipos" — que são motivados pelas "características" que você deve ter assinalado nas páginas anteriores.

Aqui estão os "padrões" mais comuns. Parecem muito variáveis e, às vezes, nada parecidos. Esse pode ser o motivo de você conhecer duas pessoas patologicamente narcisistas que se comportam e o fazem se sentir de formas muito diferentes. Cada subtipo apresentará uma característica-*chave* que geralmente compõe esse padrão específico para ajudá-lo a determinar se está em um relacionamento com certo tipo de narcisista. Nem toda característica-chave pode estar presente, mas essas são as mais prováveis de serem observadas.

O NARCISISTA DA TRÍADE OBSCURA

Essas são pessoas absolutamente *más*. Elas não apenas violarão os códigos morais e éticos, mas também os códigos legais. Podem ser perigosas e assustadoras. Como sentem pouco remorso ou culpa por seu comportamento, pode ser muito assustador estar com elas e ser seu parceiro. No entanto, esses narcisistas da Tríade Obscura muitas vezes são bem-sucedidos e suas "transgressões legais ou éticas" podem tomar a forma de improbidade corporativa (como no caso de Bernie Madoff), impropriedades sexuais ou brutalidade absoluta. Por causa de seu frequente sucesso, poder e riqueza ostensivos, são muito habilidosos em atrair parceiros, e esses parceiros podem acabar se vendo psicologicamente vazios antes que o relacionamento acabe. O narcisista da Tríade Obscura é um sombrio lembrete da sedução da riqueza e do poder, e do fato de que tudo tem um preço.

CARACTERÍSTICAS-CHAVE

Grandiosidade, legitimação, manipulação, falta de empatia, raiva e fúria, paranoia, pouco remorso/culpa, ciúme, necessidade de validação, mentira, frieza emocional, nunca assume responsabilidade, vaidade, controle, imprevisibilidade, tira proveito dos outros, poucos limites, infidelidade, falta de escuta, descuido, sedução.

O NARCISISTA CONTROLADOR

Narcisistas são, frequentemente, controlados e controladores por natureza, mas muitos também são descomprometidos. O narcisista controlador é a pessoa que está no controle a maior parte do tempo, mais preocupado com responsabilização do que empatia e conexão. Normalmente, levarão essa persona hipercontroladora para o local de trabalho, esperando que tudo e todos estejam "alinhados". Quando estão no comando, são tiranos e é muito comum que sejam viciados em trabalho. São inflexíveis em questões de organização, aparência e imagem pública. O foco exagerado em ordem e controle pode parecer obsessivo-compulsivo. Também podem causar grande impacto nos filhos, exigindo nada menos do que perfeição e sufocando-os com demandas por excelência, ambição ou desempenho, mas com pouco apoio, carinho, interesse ou empatia. Curiosamente, esses narcisistas controladores podem nem sempre ser traidores, porque são muito apegados a um determinado sentido de "como as coisas devem ser". Se fidelidade for parte de sua ordem moral, podem não ultrapassar essa linha.

No início, os parceiros ficam confusos com os narcisistas controladores, porque, na verdade, parecem "superengajados". Eles darão informações e serão solícitos em tudo, desde sua aparência, seu trabalho ou sua localização — e, se tiverem recursos, talvez gastem para criar um determinado "visual" para você. Pode se sentir como em *Pigmaleão* ou *Minha bela dama*, com seu novo parceiro comprando roupas, joias e outros acessórios (e é fácil mergulhar na fantasia assustadora de *Uma linda mulher*, de ser a boneca de alguém). Essa forma de atenção é tão culturalmente reforçada em nossa mitologia e imaginário midiático que é muitas vezes interpretada como interesse romântico e apaixonado. À medida que evolui para a necessidade de atualizações sobre com quem e onde você está, demandas por sexo, conversa, companheirismo e estilo de vida — tudo de acordo com o cronograma dele —, começa a parecer menos com *Uma linda mulher* e mais com "Lindamente assustador". É uma situação que sufoca aos poucos, mas, como aparentam estar atentos aos "detalhes" (mas raramente ouvindo de verdade), você reconhece que é um adereço na vida deles e pode ser muito difícil se desvencilhar.

CARACTERÍSTICAS-CHAVE

Grandiosidade, legitimação, manipulação, falta de empatia, raiva e fúria, paranoia, hipersensibilidade, ciúme, necessidade de validação, exibicionismo, vaidade, controle, imprevisibilidade, dificuldade de ficar sozinho, falta de escuta.

O NARCISISTA VULNERÁVEL

Este é um grupo interessante e, de alguma forma, o mais desafiador, porque à primeira vista não se parece com o clássico transtorno de personalidade narcisista. Elsa Ronningstam, psicóloga do Hospital McLean e professora clínica associada da Escola de Medicina de Harvard (e autora de *Identifying and Understanding the Narcisistic Personality*), é uma das principais especialistas em transtorno de personalidade narcisista. Ela caracterizou habilmente o subgrupo "narcisistas tímidos" e os descreveu como restritos no âmbito interpessoal e ocupacional. Em resumo, parecem um tanto tímidos ou desajeitados socialmente, e é provável que não sejam definidos por seu status profissional. Tendem a ser mais sensíveis, vulneráveis, restritos socialmente e atormentados pela vergonha. Esse tipo de personalidade narcisista, no geral, será autocrítica e terá medo de falhar. Além disso, são muito sensíveis às críticas de outras pessoas. Como são cheios de vergonha, se afastam de outras pessoas, e isso os leva a se sentirem isolados — e até ansiando por conexão com outros indivíduos.

Então, se são tudo isso, onde está a parte desagradável do narcisista? Eles não são fanfarrões grandiosos, nem legitimados — características fáceis de observar. Em vez disso, tendem a ser superficiais, desapegados, invejosos, inábeis e incapazes de se comunicar ou cuidar de outras pessoas. Não parecem "mesquinhos" ou até indelicados, pelo contrário, falta-lhes profundidade de empatia para identificar as necessidades de outras pessoas e, então, reagir a elas.

Este é um padrão difícil de discernir, e mesmo psicólogos e psiquiatras habilidosos podem precisar refletir um tempo sobre isso (muitas vezes parece depressão). Se o seu parceiro for desse tipo, talvez você tome consciência desse padrão com o tempo, por meio da sensação absoluta de isolamento, negligência e desconexão que se desenvolve. Seu parceiro pode se rebaixar com frequência e, às vezes, reagir a comentários positivos, mas, no geral, ele é cronicamente autocrítico e pode parecer negligente ou abatido na maior parte do tempo. É uma nuvem pesada sob a qual viver.

CARACTERÍSTICAS-CHAVE

Falta de empatia, hipersensibilidade, projeção, frieza emocional (às vezes), inveja, fragilidade, descuido.

O NARCISISTA NEGLIGENTE

Todos os subtipos podem compartilhar essa qualidade (exceto o controlador, embora este possa ser negligente com suas esperanças e aspirações). O narcisista negligente evolui com o tempo. É atraído por novas pessoas e experiências, e então se cansa delas com relativa rapidez. No início, pode ser muito engajado, porém, depois de satisfeito, normalmente segue para a próxima coisa. Também pode ser desonesto e descuidado, se divertir (mesmo se isso envolver violações de limites ou outras improbidades), e então pedir desculpas e cuidar de seus sentimentos depois do fato, ou contar verdades seletivas sobre o que fez sem você.

Como não pode (e não quer) manter o nível de energia que trouxe na fase inicial do relacionamento, uma vez que se desliga, isso pode ser extremamente frustrante para um parceiro. Pode ser quente e frio, interessado às vezes, e, em outras, seguir o próprio caminho. Se você estiver envolvido com uma pessoa assim, poderá facilmente vê-la saindo para uma viagem de negócios de uma semana e deixando você e os filhos em casa, e, na volta, sair para jogar golfe com os amigos. É um padrão frustrante e de descuido. Esse padrão, na verdade, traz à tona a ideia de que você não é nada mais do que um objeto no universo dele, assistido quando é útil ou agradável, e colocado de lado quando surgem outras coisas mais interessantes. Esse padrão também pode fazer com que você experimente gaslighting e projeção quando o questionar sobre isso, ou ele assumirá uma posição de autodefesa, pintando você como a pessoa neurótica da relação, ou se envolverá numa falação de auto-humilhação ou autocrítica sobre como ele não é "bom o suficiente" e que talvez não mereça você (essa é uma de suas melhores armadilhas, porque força você a acalmá-lo no momento exato em que está se sentindo vulnerável).

CARACTERÍSTICAS-CHAVE

Legitimação, falta de empatia, necessidade de validação, mentira, projeção, gaslighting, frieza emocional, avareza, nunca assume responsabilidade, imprevisibilidade, tira proveito outros, falta de escuta, descuido.

◆ ◆ ◆

O narcisismo é um conjunto complexo de características e padrões. Como pode ver, algumas dessas características, enquanto autônomas, não significam muito, mas, juntas, resultam em algo desafiador. Felizmente, você agora tem uma clara noção das características, comportamentos e padrões mais comuns dos narcisistas. Lembre-se: se o seu parceiro exibe quinze ou mais dos traços da lista, é provável que você esteja em um relacionamento com um narcisista. As probabilidades são de que você descobriu há muito tempo que algo "não está certo" e que venha tendo dificuldades em seu relacionamento. Se está em uma relação com um narcisista, você pode estar se perguntando como se apaixonou por essa pessoa. Não se critique. Pessoas inteligentes e bem-sucedidas se apaixonam todos os dias por narcisistas. Por quê? Porque, por natureza, eles são charmosos e brilhantes. Na superfície, costumam ser o "melhor parceiro" no ambiente. O próximo capítulo explorará os traços sedutores que podem ter atraído você, para ajudá-lo a entender claramente sua vulnerabilidade a determinados tipos de personalidades. Compreender por que essas características narcisistas são tão atraentes pode lhe dar mais poder para entender como administrar o relacionamento no qual está ou evitar se apaixonar outra vez por essas características e padrões.

CAPÍTULO 4

COMO VOCÊ FOI SUGADO PARA ISSO?

Muitas vezes, são as pessoas mais merecedoras
que não conseguem evitar amar quem as destrói.
HERMANN HESSE

Uma vez que estamos em um relacionamento, e ele para de fazer sentido, as perguntas mais frequentes são:

- ▶ Como cheguei aqui?
- ▶ Por que escolhi tão mal?
- ▶ O que eu estava pensando?

Não seja tão duro consigo mesmo. Narcisistas são magnéticos e altamente habilidosos em atrair pessoas. A maioria de nós será atraída por um em algum momento da vida.

Nem tudo é desgraça e tristeza. Se você revisar a longa lista de atributos que costumam ser observados nos narcisistas, parece que só lhes falta os chifres e a língua bífida. Evidentemente, isso não é 100% verdade, senão a maioria das pessoas jamais seria atraída por eles. Embora os sinais de alerta, as características narcisistas e os indicativos de "perigo" sejam poderosos (e tudo faça sentido em retrospecto), as características "sedutoras" são ainda mais poderosas. São elas que bloqueiam nossa capacidade de detectar os sinais de alerta, brincam com nossa vulnerabilidade e ego, e, como consequência, nos atraem tanto que fazer qualquer mudança pode parecer quase impossível.

As características sedutoras

Essas são as características que atraíram você quando se conhece-ram. O que costuma chamar sua atenção quando conhece pessoas novas? Essa resposta, via de regra, acerta na mosca. E, como narci-sistas tendem a possuir a maioria dessas características, em especial no início, é fácil ver como muitas vezes elas se encaixam no famo-so provérbio "pérolas aos porcos". Algumas dessas características "magnéticas" do narcisismo são:

- ▶ Especialistas em ganhar "o jogo"
- ▶ Carismático, charmoso, confiante
- ▶ Inteligente/bem-informado
- ▶ Atraente/bem-arrumado
- ▶ Apaixonado e criativo
- ▶ Articulado
- ▶ Ótima marca visual
- ▶ Visionário

Carrie Haslam e Tamara Montrose, pesquisadoras do Hart-pury College, no Reino Unido, publicaram um artigo intitulado "Should have known better: The impact of mating experien-ce and the desire for marriage upon attraction to the narcissis-tic personality" [Deveria saber: O impacto da experiência de procriação e o desejo do casamento sobre a atração pela personalidade narcisista] no periódico *Personality and Individual Differences*. Elas capturam isso lindamente quando dizem que "homens narcisistas não são bons parceiros românticos". Elas atribuem isso à propensão dos homens narcisistas à manipulação, aos jogos, à infidelidade e à sua incapacidade de se comprometer. No curto prazo, as coisas boas que os parceiros narcisistas trazem, em especial status e recursos, podem fazer com que pareçam parceiros mais atraentes à primeira vista.

Infelizmente, Haslam e Montrose também descobriram que mulheres que queriam se casar eram mais atraídas e atraentes para as personalidades narcisistas do que mulheres que não desejavam casar-se. Assim, as mulheres sentiam atração por homens que não eram feitos para compromissos de longo prazo e eram esses mesmos homens que as buscavam. As características dos narcisistas, como sucesso na carreira, autoridade, e os status implícitos que acompanham esses traços, podem ter atraído a atenção de mulheres casamenteiras que não podiam (ou talvez não quisessem) ver os traços mais sombrios que se evidenciariam no futuro — e que tornariam quase impossível um casamento satisfatório e colaborativo. Ou, como Haslam e Montrose observaram: "Embora o homem narcisista não seja um bom marido, podemos ver o motivo de aparentarem ser". O fato é que mulheres e homens precisam se reeducar. Em vez do cara carismático e vistoso, que é confiante e "gostoso", você pode "ganhar mais" ao observar o cara quieto e desleixado que está no canto. Em vez de prestar atenção na mulher que rouba os holofotes no centro da cena, considere a moça gentil com sorriso sereno.

Como você pode se lembrar, quando as características mais "problemáticas" foram listadas e definidas no capítulo anterior, elas sempre retornavam para a mesma questão: ego frágil e baixa autoestima, assim como a constante busca por validação. Essas características muitas vezes se originam no mesmo lugar: narcisistas trabalham o exterior porque, na verdade, não existe nada no interior. E é difícil buscar por validação se você não tem uma isca para atraí-la. Cultivar características como aparência ou carisma é uma ótima forma de obter validação "externa", um atalho psicológico útil. Narcisistas têm uma capacidade muito aguçada para avaliar uma situação de modo que rapidamente tenham as necessidades atendidas. Muitas vezes isso demanda ser capaz de "preparar o terreno" e possuir características que ajudem, como o charme. O ponto principal, pelo menos entre os homens, é que ser narcisista aumenta sua "desejabilidade" em um novo parceiro. E esse é o paradoxo perigoso: a característica que mais atrairá você é a mesma que acabará sendo a sua ruína. Narcisismo, basicamente, é a luz que atrai a mariposa.

JOGANDO SEGUNDO AS "REGRAS" — E VENCENDO

Esse jogo pode ser um dos motivos pelos quais você se encontra nessa situação. Existem mais de uma dúzia de livros com a palavra "regras" no título que têm a finalidade de ajudar pessoas a encontrar e conquistar um parceiro. Uma variante de "regras" existe desde Cinderela (deixe um sapato para trás e dê trabalho para ele te achar).

A premissa básica das "regras" é simples. Vou apresentar a versão de gênero disso, porque, 99% das vezes, as regras são feitas para mulheres.

- ▶ Faça com que ele trabalhe por isso.
- ▶ Banque a difícil.
- ▶ Não seja disponível o tempo todo.
- ▶ Varie entre ser indiferente e muito atenciosa.

A premissa geral é que, se ele precisar se esforçar por isso, haverá maior adesão e ele estará mais propenso a se comprometer com você. E as sub-regras incluem o seguinte: insista/permita que ele pague pelo jantar e compre presentes para você; não faça sexo no primeiro encontro; não entre em contato com ele rápido demais, e espere que ele ligue para você.

Isso, é claro, gerou um novo nível de ansiedade. *Quanto tempo até eu ligar/enviar mensagem para ele? Realmente gosto dele e quero agradecer, mas assim não vou bancar a difícil. Devo ser displicente após o terceiro encontro, ou muito legal?* É um jogo, e existe toda uma legião de *coaches* de namoro por aí que se manterão fiéis à sua mensagem messiânica de que isso é, de fato, um jogo e deve ser jogado como tal. Porque nada seria melhor do que a ideia de que "conquistei" meu parceiro de vida ao "jogar" com ele. Agora, vamos conectar isso ao narcisismo.

As regras funcionam bem com narcisistas porque eles amam uma vitória. E ter que se esforçar por isso significa uma conquista. Isso pula os processos de "se conhecer" de verdade e de conexões mais profundas, tais como intimidade, empatia e reciprocidade, e transforma tudo em algo superficial (o que explora os pontos fortes de um narcisista). O narcisista fica feliz porque está articulando como vencer, e a outra parte fica feliz porque está usando manipulação e ilusionismo psicológico — "bancando a difícil" — e consegue o cara (assim, fazendo valer o dinheiro que gastou no livro que comprou). Além disso, como muitos narcisistas dispõem dos recursos incluídos nas regras (podem pagar por restaurantes e presentes caros, exibir o carro certo, usar os sapatos corretos), eles são os "alvos" perfeitos. Outra vantagem das regras para o narcisista é que elas se baseiam no fato de a pessoa perseguida (em geral, a mulher) ter que passar dias sem entrar em contato com ele, o que funciona perfeitamente para o narcisista, uma vez que ele é muito desconectado, então consegue uma folga e fica com a garota.

Todo o jogo de "se fazer de difícil" força o narcisista a brincar de ser gentil por mais tempo do que normalmente faz. Ele não pode ignorar você (porque quer conquistá-la), está focado em vencer e, no início, pode não parecer negligente ou descompromissado porque está comprometido com o jogo (não confunda isso com estar comprometido com o relacionamento ou com você como um ser humano). Isso pode resultar numa grande confusão. Uma vez que você está adiando o inevitável.

O que acontece quando o jogo acaba e você se vê em um relacionamento com essa pessoa? O que acontece quando vocês estão se olhando através de taças de Chardonnay depois que ele coloca o telefone de lado tempo o suficiente para notar que você está ali?

Fazê-lo "se esforçar por isso" significa que você não está observando de maneira clara os padrões narcisistas de negligência cedo o suficiente, e pode se encontrar envolvida demais para escapar após reconhecer esses padrões. As regras retardam o inevitável. Se você jogar limpo — simplesmente sendo você, procurando quando quiser, esperando gentileza, não se deslumbrando pelo bar da moda, ou restaurante, balada, presente, assentos de primeira classe —, então, poderá vislumbrar os padrões problemáticos, tais como grandiosidade, falta de empatia, legitimação e frieza cedo o suficiente para cair fora com menos dificuldade.

Muitas vezes o "jogo" e as "regras" se tornam mais atraentes do que realmente perceber quem você está tentando conquistar. Quanto mais difícil for para conquistar, mais você se esforçará, sem considerar o fato de que esse parceiro narcisista e todas as suas armadilhas estão, na verdade, transformando a busca por um parceiro comprometido em uma fusão maquiavélica. Os jogos podem ser uma diversão de flerte nos primeiros dias de namoro, mas não são nem um pouco interessantes quando você está tentando criar filhos, administrar situações diárias estressantes e construir uma vida real juntos. A parte desafiadora de participar desses "jogos" é que precisam ser mantidos — uma vez que você estabelece o tom, fica meio preso a ele. Você realmente quer passar o resto de sua vida se fazendo de difícil? Não transforme a fase inicial de seu relacionamento em um jogo, porque, quando essa é a isca, você não pesca compromisso.

OS TRÊS "CS": CARISMÁTICO, CHARMOSO E CONFIANTE

Nos conhecemos em um festival de música ao ar livre. Eu estava solteira na época e apenas me divertindo e gostando de toda a atenção. Ele era bonito, bem-sucedido, tinha muita coisa a dizer e era até um pouco tímido, mas nos olhamos e ficamos juntos o resto do festival. Imediatamente, me senti à vontade e, claro, muitas outras pessoas também gostavam da companhia dele. Ele era o centro das atenções em qualquer grupo em que se encontrava e, no início, isso era meio excitante. Porém, com o tempo, percebi que tudo era sobre ele. Jantares com pessoas pareciam um show — com ele contando histórias sobre sua vida e todos escutando. No início, o charme era divertido, mas, com o tempo, não era suficiente.

Os três "Cs" do narcisista — carisma, charme e confiança — são características magnéticas que são criadas e cultivadas ao longo de muitos anos. Pessoas com personalidade narcisista aprendem muito cedo que percepção pode ser mais importante do que o ser verdadeiro, então toda a energia é direcionada para desenvolver traços e qualidades que outros veem, em vez de desenvolver seu sentido de identidade. Dessa maneira, conhecem bem o que fazem e o que lhes interessa — isso pode ser manifestado por uma educação sofisticada, muito conhecimento sobre uma área específica (por exemplo, música, esportes, artes) e disposição para compartilhar essa informação. A maioria de nós valoriza conhecimento e presume que pessoas inteligentes são capazes de muitas coisas boas. Na historinha de John e Rachel, John usou muito os três "Cs", e eles atraíram Rachel para a toca do coelho. Charme pode ser altamente sedutor, carisma pode iluminar um ambiente e confiança pode ser reconfortante.

No melhor dos mundos, os três "Cs" estão incorporados dentro de uma pessoa que é totalmente formada, interna e externamente. Muitas pessoas confiantes, charmosas e carismáticas também são profundas e interessantes, empáticas e gentis. Charme, carisma e confiança por si sós não são suficientes; necessitam de profundidade para equilibrá-las. Essas características nos atraem por um bom motivo, mas um novo relacionamento requer andar naquela corda bamba desafiadora entre estar aberto e se manter consciente.

NARCISISTAS SÃO INTELIGENTES

Ele era o homem mais inteligente que eu já tinha conhecido, e isso diz muito, já que sou uma mulher muito inteligente. Ele é culto, independente e consegue manter uma conversa com qualquer pessoa. É incrivelmente bem-sucedido em sua carreira. Tenho que admitir, percebi alguns sinais de alerta no início, porque ele era muito controlador, mas sua inteligência mantinha tudo interessante, então persisti. Infelizmente, ele também podia ser bem arrogante, e às vezes as pessoas, incluindo eu, se sentiam insultadas por coisas que ele dizia. Ele sabe ser muito condescendente e isso pode afetar nosso filho. Às vezes, sua inteligência parece uma arma.

Inteligência é um conceito complicado. Quando o escutamos, a maioria pensa em pessoas que normalmente são "cultas" — que conhecem fatos, concluíram os mais elevados níveis de educação e conseguem falar de igual para igual com pessoas cultas e inteligentes. Obviamente, isso é apenas uma parte, pois inteligência também pode se manifestar em conhecimento sobre áreas específicas, como profissões e hobbies, como o direito, pesca ou artes. Ela também pode ser uma característica potencialmente "perigosa", uma vez que uma pessoa inteligente sabe como conseguir o que quer dos outros e antever, antes das outras pessoas, caminhos que as coisas vão tomar. Inteligência é capaz de causar uma forte primeira impressão, e pessoas inteligentes podem parecer confiantes, um traço muito atraente. Resumindo? Inteligência é sexy.

Narcisistas são inteligentes, e é por isso que são tão habilidosos em conseguir o que querem. Muitas vezes, investirão tempo em cultivar conhecimentos sobre determinado tópico ou obter uma educação sofisticada. Inteligência e conquistas são consideradas características atraentes em nossa cultura. Inteligência elegante é atraente de início, e pode ser excitante estar com alguém inteligente e talentoso, com uma boa carreira, alguém que você imagina que será capaz de contribuir financeiramente para seu lar ou futura família e manter conversas de alto nível. Infelizmente, essas conversas podem ser poucas e distantes uma vez que você de fato conhece um narcisista. Como ele é muito egocêntrico, é mais provável que ignore ou que fale para você, em vez de com você.

Quando perguntei a pessoas o que as atraiu para o relacionamento, muitas destacaram a extrema inteligência de seus parceiros. A inteligência na pessoa narcisista, no geral, funciona como uma armadura. De início, pode torná-la mais intrigante e, muitas vezes, pode manter o relacionamento interessante a longo prazo, no entanto, também pode ser exercida com tremenda arrogância. Com o tempo, o intelecto e o conhecimento podem parecer frios e distantes, e a inteligência deles se torna uma arma que usam para insultar o parceiro. Presumimos que inteligência e sabedoria são a mesma coisa — não são. Não é garantido que inteligência será traduzida na sabedoria da compaixão ou da empatia.

NARCISISTAS TÊM BOA APARÊNCIA

A aparência física é uma das primeiras coisas que nos atrai numa pessoa. Narcisistas podem ser extremamente atraentes: usam roupas, corpo, rosto e cabelo para maximizar seus atributos e garantir que serão notados. Eles podem não ser abençoados com beleza genética, mas usarão o que têm e partirão em busca de melhorias. Se nascem com boa aparência, esse fato pode se tornar uma maldição, porque aprenderão desde cedo que sua aparência abre portas com mais rapidez do que qualquer outra coisa. Se uma pessoa aprende que sua aparência é seu ponto forte, isso pode fomentar o tipo de superficialidade observado com frequência no narcisismo, ou tornar a pessoa atraente um "alvo" fácil para um narcisista, uma vez que ele tende a preferir parceiros atraentes e ser bajulador. A vaidade foi destacada quando debatemos os sinais de alerta, e muitos narcisistas monitoram atentamente sua aparência. Isso pode incluir roupas da moda, cortes impecáveis de cabelo, físico esculpido e tonificado e até cirurgias plásticas.

O psiquiatra Alexander Lowen reflete sobre o papel da aparência no narcisismo. Ele faz a distinção importante entre ter boa aparência e sentir-se bem. Muito da nossa cultura está focada em ter boa aparência, com pouca reflexão sobre se nossa perda de peso, musculação e eliminação de rugas está traduzindo nossa serenidade interior ou sensação de bem-estar. Lowen argumenta que o narcisista quer apresentar uma aparência física (como fazer as rugas desaparecerem e negar o impacto da gravidade nos seios e barriga) que não evidencia qualquer sinal de preocupação ou experiência, como se ele ou ela não quisesse que a vida tocasse sua aparência. Para narcisistas, vaidade vai além de apenas estar bonito, é mais um sintoma de sua negação generalizada da vida real, dos verdadeiros sentimentos. Beleza pode nos atrair, mas é também uma característica com a qual deve-se ter cautela, pois nos fornece pouca percepção do que está por baixo dela. Enquanto uma pessoa depende de sua aparência, ela é vulnerável.

No entanto, beleza exterior é um elemento importante para a atração inicial. A pessoa mais atraente no ambiente recebe atenção e, na maioria dos casos com os quais trabalhei, o narcisista era extremamente atraente, o que muitas vezes levou a outra pessoa, e o mundo em geral, a perdoar muitos comportamentos ruins. Ao longo do tempo, toda a beleza do mundo não compensará a fria realidade de estar em um relacionamento com um narcisista, mas, como um gancho inicial, ela é poderosa e a maioria das pessoas reconhecerá que foi a característica que as atraiu e as manteve, em especial, nos sedutores primeiros dias do relacionamento.

MONTANDO UM SHOW APAIXONADO E CRIATIVO

Eis uma questão que surge com frequência quando pessoas refletem sobre terem sido atraídas: "Se uma pessoa não tem autoestima, como pode parecer confiante?". É aqui que a grandiosidade entra em cena. Muito disso é exibicionismo: a cortina sobe, ele entra no personagem e o papel é "parecer confiante". Assim como um bom ator pode fazer qualquer papel, o vazio do narcisista permite que ele se comporte de formas inconsistentes com sua experiência interna. Quando não nos sentimos confiantes, a maioria de nós não consegue aparentar que está porque nosso mundo exterior reflete como estamos no interior. Não é esse o caso dos narcisistas: eles são especialistas em esconder as vulnerabilidades e encenar.

Nas entrevistas que conduzi para este livro, e ouvindo clientes com quem trabalhei, perguntei sobre a história de "como conheceram os parceiros narcisistas" e os principais elementos da atração inicial. Dois pontos foram destacados com frequência: "Eram extremamente atraentes" e "Eram criativos e apaixonados por sua arte ou trabalho". Quando pessoas são apaixonadas ou excitadas por seu trabalho ou interesses, isso transparece em sua expressão. Paixão e energia são quase contagiosas, e você pode se ver surfando nessa onda. Sejamos sinceros, nem todo mundo é entusiasta do que faz — existem muitas pessoas por aí que apenas batem o cartão e trabalham por causa do salário. Conhecer alguém que é movido pelo trabalho, pelo passatempo ou por uma causa pode ser estimulante e até mesmo atiçar a chama de nossos próprios interesses e paixões. Dessa forma, um novo parceiro apaixonado pode parecer como uma inspiração. Muitas vezes, presume-se que o interesse apaixonado seja uma profundidade que também se refletirá na profundidade de conexão, emoção e percepção. Conhecer uma pessoa que é apaixonada por seu trabalho é maravilhoso, mas preste atenção para garantir que a paixão e o profundo interesse estejam presentes em mais áreas do que apenas trabalho ou hobbies.

ARTICULADO

Uma pessoa pode ser considerada como alguém que "tem lábia", ou que é poético, ou apenas que "tem jeito com as palavras". Isso se enquadra como carisma, e pode transparecer na forma de elogios suaves ou até perguntas que são mais bem elaboradas do que pela maioria das pessoas. Também pode ser capaz de falar sobre uma variedade de temas com conhecimento. Essa qualidade é incrivelmente envolvente e pode resultar em algumas conversas realmente interessantes de início, que pode levar você a querer mais. Todo narcisista é articulado? Não. Mas é uma qualidade tão elegante e inebriante que muitas pessoas refletirão sobre como ela as atraiu e as manteve presas por tanto tempo. Em retrospecto, muitas pessoas entrevistadas para este livro refletiram sobre o fato de que a articulação de seus parceiros foi, no início, maravilhosa, mas então, com o tempo, perceberam que parecia que estavam ouvindo uma palestra ou TED Talks em vez de realmente estarem envolvidos em uma conversa.

QUAL É A SUA MARCA?

Atualmente, vivemos em um mundo onde pessoas são frequentemente vistas como "marcas" — definidas por bens, endereços, lugares que visitaram, coisas que conquistaram. As principais variáveis de *branding* podem incluir o tipo de carro que você dirige, onde mora, a universidade que frequentou, sua profissão ou cargo, prêmios que recebeu, lugares para onde viajou, status de sua família. Essas variáveis podem chamar atenção: um diploma de Harvard ou ser sócio em uma firma de advocacia, uma casa elegante, o bairro certo, brinquedos de gente grande como um barco ou uma casa de praia, uma carteira recheada ou uma Maserati, muitas vezes pode desculpar comportamentos ruins durante a fase inicial de um relacionamento. *Branding* é muito "magnético", atrai pessoas e dá ao narcisista uma tremenda credibilidade, apenas com base no mito da marca, pouco considerando seu comportamento.

Grande parte do ritual de namoro em nossa cultura é baseada em *branding*. A maioria dos sites de encontros e livros sobre relacionamentos divide a busca em uma "lista" de variáveis que se inclinam para características ou requisitos externos como emprego, salário, endereço, religião, altura, peso, hobbies e cor dos olhos. Aplicativos de encontros e redes sociais raramente perguntam sobre sentimentos, empatia ou mundo interior. O narcisista não é preparado para fazer esse tipo de esforço, e, em um mundo de avaliação externa, eles fazem um ótimo jogo inicial. Quando a maioria das pessoas desperta para o vazio, a negligência, a frieza, o desapego e a desconexão do relacionamento com um parceiro narcisista, no geral, está envolvida demais e continuará a trabalhar nele e a destruir a si mesma no processo. Você também pode ter se acostumado muito ao conforto material que vem com esse relacionamento.

Branding também joga com os contos de fadas e as expectativas da sociedade. Nossas narrativas sobre relacionamentos muitas vezes são focadas em atributos externos: o que ele faz, o tamanho do anel, os lugares para onde viaja, sua aparência. É mais fácil "vender" um novo parceiro pretensamente bem-sucedido, rico ou atraente para sua família e amigos do que alguém que possa não ter os títulos e a "marca", mas que é bom, gentil e respeitoso. Uma piada recorrente entre pessoas da minha área é que, se o protagonista de *Cinquenta tons de cinza* fosse um cara gostoso e desempregado, vivendo no porão da casa da mãe, a chance de Anastasia ter sucumbido à degradação e ser pendurada no teto dele não existiria.

VAMOS LÁ FORA VER O MÁGICO... *

Narcisistas são empreendedores — são exibicionistas e bastante inspiradores. É fácil demais sucumbir à sua influência carismática e visão. Dessa forma, parecem líderes de seitas (inclusive, estes são notoriamente narcisistas e aplicam seu charme, carisma, paixão e visão para atrair grandes grupos de pessoas e controlá-las). Em seu livro *Personalidades perigosas,* Joe Navarro expõe as características de líderes de seitas e, embora exerçam sua influência em um estágio e escala mais amplos, suas técnicas são experienciadas de forma profunda por pessoas em relacionamentos narcisistas. Quando olhamos para líderes de seitas e empreendedores,

---

* Referência ao filme *O Mágico de Oz*. [N. T.]

como Jim Jones, Marshall Applewhite, Warren Jeffs e Bikram Choudhury, você observa que eles atraem pessoas para sua órbita usando as características narcisistas de grandiosidade, arrogância e controle, mas também exercem sua influência por meio da sexualidade, oferecendo soluções "mágicas" e comunicando que são, de alguma forma, escolhidos ou especiais. É essa parte "visionária" que encoraja as pessoas a destruírem sua vida para entrar no círculo próximo desses líderes de seitas. Na verdade, as vítimas dessas pessoas hipnóticas se sentirão "culpadas" ou "ingratas" por não aceitarem a disposição do líder de atraí--las para perto.

Embora a maioria dos narcisistas patológicos, obviamente, não seja líder de seita, esse elemento visionário, quase mágico, pode ser o que atrai indivíduos para o relacionamento com narcisistas. Estar com alguém que fala tanto sobre ser especial pode levar você a se sentir dessa maneira.

É uma história antiga

A história de como você entrou em um relacionamento com um narcisista começou muito antes de você ter conhecido seu parceiro. Quando escolhemos um parceiro romântico, ou somos arrebatados por alguém novo, alguns roteiros e tópicos antigos são ativados em nós. Um padrão que surgia de maneira repetida com meus clientes e nas entrevistas que conduzi para este livro foi que a grande maioria das pessoas que acabaram em um relacionamento com um narcisista tinha, pelo menos, um pai ou uma mãe narcisista. E esse fato é uma manifestação precoce de um fenômeno chamado por alguns de "conarcisismo". Alan

Rappoport descreve isso como uma adaptação inconsciente e apoio aos padrões narcisistas de outra pessoa. Ele argumenta que esse padrão começa na infância, com a criança tendo que se ajustar e se calibrar ao pai ou à mãe narcisista.

Pais narcisistas não estão sintonizados com seus filhos, e eles veem sua prole como um objeto por meio do qual podem satisfazer suas necessidades. Pais narcisistas também são excessivamente indulgentes e invasivos sobre algumas coisas, e distantes e desinteressados com relação a outras. Crianças nessas situações acreditam que a vida é imprevisível e se esforçam muito para agradar pais "desagradáveis" e distraídos. Se cresceu assim, você aprendeu que é valorizado pelo que faz, mas apenas se isso estiver alinhado com os desejos e necessidades de seus pais. Pode ser uma maneira confusa de crescer e também a configuração perfeita para aceitar comportamento narcisista como "normal" e tolerá-lo de um parceiro ou de outros relacionamentos próximos. Poderíamos argumentar que uma pessoa com pais narcisistas pode até mesmo buscar esse tipo de relacionamento.

As probabilidades são de que, se você está em uma relação assim, pode ter tido um pai e/ou uma mãe narcisista, ou talvez um pai ou uma mãe a quem você sentia que precisava impressionar para conseguir atenção, consideração ou amor. Logo de início você aprendeu o jogo de agradar os outros, fazer o que fosse preciso para atender às necessidades das outras pessoas e negar as suas em nome de seus pais ou outros cuidadores significativos. Então, o narcisismo começa a parecer familiar e, de uma forma distorcida, quase reconfortante.

Além disso, outro tópico que parceiros de narcisistas destacam com frequência é "autoestima" — a ideia de que apenas uma pessoa com baixa autoestima escolheria ou se manteria com um parceiro assim. Não é verdade. Em primeiro lugar, autoestima não é tudo o que parece; é um termo complicado que significa muitas coisas diferentes. Curiosamente, às vezes pessoas com "autoestima elevada" costumam ser cheias de arrogância e bravata, mas podem lhe faltar discernimento e autoconsciência. (Com certeza, nossa cultura moderna de parentalidade, que envolve dar troféus a cada criança e protegê-las de cada decepção, está contribuindo para uma cultura de autoestima sem substância.) Aqueles que são rotulados com baixa autoestima são, às vezes, menos propensos a encher o peito e falar abertamente sobre suas conquistas, mas também tendem a ser mais cuidadosos em suas interações sociais. Então, talvez, essas pessoas com "baixa autoestima", que toleram o descuido e a negligência de seus parceiros narcisistas, são apenas menos propensas a romper e correr e, como essas pessoas com baixa autoestima tendem a ser mais autorreflexivas, podem estar mais propensas a serem circunspectas e indulgentes com seus parceiros, o que, para o mundo exterior, faz com que pareçam o capacho do narcisista.

Esses são padrões complicados de relacionamentos e podem ser características como compaixão que atraem pessoas para relacionamentos narcisistas. Uma simples atribuição à "baixa autoestima" pode simplificar demais esse panorama cheio de nuances. Penso que, muitas vezes, pessoas que escolhem parceiros narcisistas são menos cientes de seu próprio valor inerente como ser humano (e isso pode ser por causa de seu histórico familiar ou outras experiências de vida), mas outros fatores, incluindo cultura, religião, pressões sociais e expectativas, também podem contribuir para sua decisão.

O mito da química

O mito da "química" não explica apenas por que pessoas entram nesses relacionamentos, mas também por que eles duram. De certa maneira, não faz sentido. Se você coloca a mão no fogo e se queima, nunca mais coloca a mão no fogo. Essa lição simples parece que não se aplica a relacionamentos com narcisistas; apesar de se queimar, você continua "colocando a mão no fogo".

Química é uma palavra moderna, mas também tradicional nos relacionamentos. Abra uma revista, um aplicativo de relacionamentos ou assista a qualquer mídia, e as manchetes serão sobre encontrar, manter ou criar química. Química implica magia e alquimia — fogos de artifício que têm sido exaltados na poesia, literatura, música e cinema. Química e "magia" podem se tornar a justificativa para se aventurar na vida, assumir riscos maiores e virar seu mundo de cabeça para baixo.

Dra. Pamela Regan, autora de *The Mating Game* e renomada estudiosa de relacionamentos, observou que a literatura sobre atração é muito clara: essa coisa que chamamos de "química" pode ser, na verdade, "familiaridade". De fato, estamos programados a preferir o familiar em vez do desconhecido (familiar = seguro; desconhecido = assustador). É por esse motivo que continuamos cometendo os mesmos erros de relacionamento repetidamente. Se você vem de um mundo e uma infância em que precisou fazer coisas para conquistar pais que não podiam ser conquistados, então encontrará um parceiro que tratará você da mesma forma. É familiar. Você pode estar pulando obstáculos diferentes de quando era criança, mas ainda está pulando obstáculos.

Em *The Mating Game*, Regan observa que neurotransmissores (que, na realidade, são químicos, então talvez essa seja a "química") também têm um papel no amor passional. Ela cita o trabalho da renomada antropóloga e pesquisadora de relacionamentos Helen Fisher, que observa que o amor passional está associado a altos níveis de dopamina e norepinefrina e baixos níveis de serotonina. Em alguns estudos, pessoas que estavam na fase inicial de "se apaixonar" tinham níveis de serotonina comparáveis aos das pessoas com transtornos psiquiátricos, tais como transtorno obsessivo-compulsivo. Um estudo de Fisher e sua equipe que usou uma técnica de neuroimagem, chamada ressonância magnética funcional, mostrou aumento de atividade em áreas do cérebro ricas em dopamina quando os apaixonados viam uma foto de seu amado. Então, embora haja alguma química (e isso pode explicar por que sentimos que "enlouquecemos" quando nos apaixonamos), isso ainda levanta a questão de por que continuamos voltando aos mesmos padrões, em especial, quando não são saudáveis. Esses solavancos iniciais dos neurotransmissores não tendem a permanecer por muito tempo.

Então, vamos dar uma olhada na ideia de familiaridade. Relacionamentos duradouros são sobre padrões. Nós caímos em padrões de interações que se repetem e não são passíveis de mudança (na terapia de casal, tentamos mudar padrões de comunicação, expectativas e comportamentos, e isso pode ser difícil de conseguir). Se um relacionamento é saudável e envolve parceiros que ouvem e têm empatia, então a maioria desses padrões duradouros é saudável e continua a promover e sustentar o bem-estar das pessoas no relacionamento ao longo do tempo. Talvez o relacionamento precise de um ajuste aqui e ali para limpar as coisas, mas, em geral, funcionará. Parceiros nesses relacionamentos saudáveis cooperam, colaboram, comunicam e criam resultados mutuamente benéficos. Com o tempo, crescem e evoluem.

Esse padrão mutuamente benéfico não acontecerá se o seu parceiro for narcisista. Assim como em qualquer relacionamento, os padrões de interação se repetem com o tempo, mas, nesse caso, são os padrões "quebrados" que se repetem. Esses padrões disfuncionais corroem sua saúde porque não são benéficos para você (no entanto, *são* benéficos para seu parceiro narcisista). Como eles são tão familiares (podem ser consistentes com a maneira como você cresceu), a familiaridade mantém você no jogo. Gostamos de algo familiar, mesmo quando dói.

Pessoas nesses ciclos de relacionamento disfuncional com narcisistas se conscientizam de que seus relacionamentos não são saudáveis. Há muitos surtos e até momentos em que se sentem prontas para sair, mas costumam ser sugadas de volta. Uma razão frequentemente citada como motivo para retornarem ao narcisista é "química". A defesa delas para voltar aos seus parceiros narcisistas é que "Ninguém me faz sentir dessa forma" (à qual minha resposta típica é "Graças a Deus, dado o quão mal você está se sentindo"). Ou falam sobre a "atração". Como não existe nenhum motivo racional, pessoas que têm uma rotina de maus-tratos continuam voltando para esses relacionamentos, baseando sua decisão em algo mais metafísico, como química. Essa dita química é provavelmente familiaridade, não apenas a familiaridade do relacionamento, mas também de ser maltratado em um relacionamento — uma familiaridade antiga que se assemelha a padrões iniciais de sua vida.

Por outro lado, tenho observado que muitas pessoas, ao conhecerem um parceiro em potencial que é gentil, atencioso, empático, demanda pouca validação e é respeitoso e compreensivo, reclamam que "Não têm química". É muito claro que a dita "falta de química" que tantas pessoas podem sentir com aquela boa pessoa simplesmente é uma falta de familiaridade. Falta de familiaridade com a ideia de que ser tranquilo, empático e gentil pode ser bom. Falta de familiaridade com não precisar pular obstáculos, consertar a outra pessoa ou resgatá-la — isso não é familiar e, portanto, descrito como "falta de química".

Em minha experiência com pessoas em relacionamentos narcisistas, em especial nos altos e baixos das montanhas-russas, química frequentemente é apresentada com uma razão para suportar o abuso, para voltar, para permanecer ou para entrar. Química se torna a desculpa misteriosa: "Essa é uma magia única na vida, por isso é tão complexa"; "Ninguém nunca me fez sentir assim"; "É o melhor sexo que já fiz"; "Ele faz eu me sentir viva". Quando ouço esses chavões grandiosos, fico preocupada porque o que eu escuto depois normalmente são muitos altos e baixos — e demonstrações dramáticas de emoção. E mágoa.

Uma característica atraente oferecida em relacionamentos narcisistas é a sensação crônica de rejeição. A sensação de que você sempre está à beira de ser mandado embora. A rejeição pode ser igual àquela que recebia de seus pais. A dinâmica de ter que agradar o tempo todo e correr em círculos para conseguir que percebam você, ou nunca sentir que é suficiente, é familiar e provavelmente começou quando você era jovem. Quando essa familiaridade é ativada na idade adulta por um parceiro que o rejeita, é estranhamente reconfortante — como um momento de *déjà-vu* — o que pode torná-la quase mágica. Aquela antiga canção de rejeição é tão familiar que não conseguimos tirá-la da cabeça. É irracional, e, por ser "mágica" ou química, a irracionalidade é romantizada.

Muitas pessoas cometem vários grandes erros em nome da química. Suportar maus-tratos contínuos em um relacionamento é o mais comum. Reflita sobre seus relacionamentos mais "químicos". Eles vão em uma de duas direções: ou foram muito familiares — talvez uma rejeição narcisista similar ao que você experimentou com seus pais —, ou foram muito proibidos, um tapa com luva de pelica nos seus pais — um ato de rebelião —, mas você ainda estava fazendo escolhas em reação a antigos padrões. De qualquer forma, não era realmente química, mas familiaridade ou rebelião. Pode levar algumas voltas no rodeio com um narcisista para largar esse mito da "química" em favor da realidade do respeito, conforto, empatia e gentileza. Pode não ter frio na barriga nem palpitações, mas esses sintomas são mais provavelmente a ativação de roteiros antigos (e provavelmente disfuncionais), em vez de algo atemporal e mágico (apesar do que dizem os poemas e canções de amor disfuncionais).

Para os fãs de Jane Austen, pense no livro *Razão e sensibilidade*. Marianne Dashwood se apaixona pelo narcisista, bonito e oportunista John Willoughby e, depois que o destino lhe dá uma mão e ela o perde, silenciosamente ela se apaixona pelo gentil e estável Coronel Brandon, que, originalmente, ela considerava chato e enfadonho. Às vezes, os mocinhos e mocinhas têm sua oportunidade quando a pessoa já passou pelo tormento com um narcisista. Depois que a pessoa experimenta a picada do escorpião, o conforto de uma pessoa gentil pode se tornar um lugar macio e amoroso para aterrissar.

A cultura pop e, em particular, as canções de amor podem contribuir para nossa crença de que amor é sobre química e insanidade. "Crazy", "Crazy Love", "Crazy Little Thing Called Love" e "Crazy for You". Músicas de amor nunca se chamam "Amor saudável e respeitoso", "Coisa razoável chamada amor", "Cuidadoso com você", "Sejamos atentos" ou "Amo mutuamente". Esse sentimento "louco", novo, especial, único, abrangente, obsessivo, distraído é excitante e nos faz sentir vivos. Paixão louca é divertida, inesquecível e poética. No entanto, se ela se transformar em desrespeito, não use a química ou a loucura como uma desculpa para suportá-la.

Se você tiver sorte (e quero dizer muita sorte), terá a química (ou a magia, ou o brilho), e a colaboração e a reciprocidade também. Química não significa que você está em um relacionamento com um parceiro narcisista, de jeito algum. Algumas pessoas realmente têm aquela conexão profunda e sentimento excitante com um parceiro que as trata bem, assim como a confortável familiaridade do companheirismo. Elas acertaram e são uma combinação de sabedoria, sorte e podem simplesmente vir de um lugar onde buscaram por um parceiro conectado e respeitoso. É quando você está suportando palavras e comportamentos descuidados, negligentes, rudes e desconectados de um parceiro, e recorre à "química" como justificativa, que precisa olhar com atenção para a ideia de química como um fator que possa estar aprisionando você em um relacionamento narcisista unilateral.

Prêmios e imprevisibilidade

Uma ótima maneira de entender como você foi atraído é refletir sobre a magia da máquina caça-níqueis. Você pode testemunhar hordas hipnotizadas inserindo dinheiro ganho arduamente na esperança de tirar a sorte grande. Soa familiar?

Máquinas caça-níqueis nos atraem porque são imprevisíveis. Elas têm um cronograma de reforço variável: como não são previsíveis, são meio excitantes, e você cai na armadinha de *quem sabe dessa vez...* Psicólogos comportamentais dirão que é o tipo de padrão de reforço mais difícil de ser rompido. Você não sabe quando elas pagarão, mas, quando isso acontecer, pode ser *grande*. No geral, são prêmios pequenos, mas são eles que mantêm você no jogo. Resumindo: máquinas caça-níqueis funcionam com base na esperança.

Às vezes, depois de puxar a alavanca quarenta vezes sem ganhar nenhum prêmio, uma pessoa persiste porque acha que na quadragésima primeira vez será a vencedora. Isso é poderoso porque não sabemos quando o prêmio sairá e, como existe ali o potencial para um grande prêmio, persistimos — muitas vezes com um enorme custo financeiro, desperdício de tempo e perda de outras oportunidades (porque estamos ocupados demais esperando que a máquina caça-níqueis nos recompense). Imagine uma máquina caça-níqueis que premie consistentemente, e que, a cada cinco puxadas da alavanca, você recebe um dólar de volta. Rapidamente isso ficará chato, mesmo se você receber tudo de volta ou até ganhar algum dinheirinho. Se souber que a máquina caça-níqueis devolverá cinco dólares a cada cinco dólares que colocar nela, você jogará uns cinco minutos.

O que isso tem a ver com seu relacionamento? Tudo. Relacionamentos com narcisistas são a máquina caça-níqueis íntima suprema. Eles fazem você se apaixonar (e como fazem), e você vislumbra o grande prêmio. E, em especial no início, ganha prêmios pequenos e grandes (o cara é atencioso, leva você para uma viagem de férias, apresenta os amigos, compra presentes, fala sobre um futuro) e sabe que o prêmio maior virá em algum momento. Então, você continua colocando dinheiro na máquina e ignora o fato de que, para cada coisa adorável que ele fez, existiram dúzias de decepções e rejeições (em outras palavras, uma dúzia de vezes em que você coloca dinheiro e nada acontece). Mas aqueles prêmios ocasionais mantêm você voltando para a máquina.

Você continua pensando: *é isso, é hoje (essa puxada de alavanca), agora ele entendeu, nunca mais vai trair, ele será legal com meus amigos, chegará na hora, não mentirá, me ajudará com as crianças, apoiará minha nova carreira, passará a me ouvir, tudo vai se resolver.* Você persiste. Afinal, já colocou tanto dinheiro nessa máquina (energia emocional), uma hora ela precisa compensar. Você não vai embora porque tem medo de a próxima pessoa que puxar a alavanca ganhe o grande prêmio (a próxima mulher que ele namorar ganhe o anel de noivado). Uma máquina caça-níqueis que paga consistentemente todas as vezes que você coloca dinheiro pode ser chata, talvez como uma pessoa gentil e empática que sempre estará presente para você. Afinal, pode não ser sobre grandes prêmios, mas sobre respeito amoroso mútuo, que é, na verdade, o maior prêmio de todos.

Uma máquina caça-níqueis é uma máquina e, por definição, não tem empatia e não reconhece o que você precisa ou o que está pedindo a ela. Supõe-se que pessoas o façam. Reforço imprevisível, não ser recompensado ou mesmo reconhecido a maior parte do tempo, mas receber um pouquinho disso algumas vezes, e a esperança por mais, mantêm as pessoas no jogo.

Imprevisibilidade é hipnótica e sedutora. Esteja ciente disso antes de sucumbir profundamente a uma aposta idiota.

A história pregressa

Outra forma comum de ser apanhado na teia de um narcisista é por meio da história pregressa dele. Como são manipuladores, narcisistas sabem tecer uma história que vai despertar sua simpatia, fazer com que queira ajudar, e que também dificulte você criticar ou expressar sua desaprovação com relação a determinados comportamentos. Desculpas comuns incluem:

- ▶ Ele teve uma mãe que o ignorava e que era depressiva.
- ▶ Seu pai abandonou a família quando ela tinha 12 anos.
- ▶ O pai dela tinha casos amorosos e a mãe nunca superou.
- ▶ O pai dele era um bêbado e psicopata.
- ▶ A primeira esposa dele o traiu com seu melhor amigo.
- ▶ O namorado dela morreu em um acidente de moto.
- ▶ É parte da cultura dele: homens nunca são responsabilizados.

Todas essas são grandes causas, histórias tristes e provavelmente verdadeiras. Essas histórias tristes de outrora podem se tornar o "passe livre". Pessoas escrevem uma desculpa em torno de uma história pregressa (falaremos mais sobre narrativas). A história pregressa do parceiro narcisista muitas vezes é citada como um motivo pelo qual você continua lutando pelo relacionamento. E ela faz com que você queira "resgatá-lo" e consertar seu passado.

A história do narcisista, que geralmente é repleta de tramas familiares complexas, pode levar você a elaborar desculpas por décadas. Também faz com que dê murros em ponta de faca. Lembre-se: o passado não existe mais; você não pode derrotá-lo. Mas, quando você tem uma "explicação" para o mau comportamento dele, pode ignorá-lo e tentar lidar com ele, o que é mais fácil do que rejeitar o mau comportamento. Você continua elaborando desculpas em vez de abordar o comportamento que está afetando você. Muitas vezes, sente que ele é "mal compreendido". Sendo um casal, você ouviu a história dele mais do que a maioria e, quando seus amigos repreendem você por tolerar o mau comportamento de seu parceiro, muitas vezes você cai na crença de que ele é mal compreendido. Essa crença pode fazer com que se sinta mais protetora dele e lute ainda mais por seu relacionamento.

Sabendo que fatores do passado podem estar moldando o atual comportamento, nos sentimos culpados por assumir uma postura linha-dura em relação ao mau comportamento. Em um caso, uma mulher tinha um marido extremamente controlador e inseguro. O pai dele havia abandonado a família de uma forma muito pública. O marido acabou se tornando bem-sucedido e, como tal, era capaz de "comprar" fidelidade e lealdade dos outros. Ele monitorava as idas e vindas da esposa o tempo todo. Sempre que sentia que não podia tolerar aquilo, ela reformulava como "insegurança por causa do abandono do pai, ele deve ter medo de que eu o abandone", então ela suportava esse comportamento obsessivo, porque queria mostrar a ele que jamais o abandonaria. Brincar de psicóloga era uma nobre tentativa de entender o caos no qual ela estava vivendo, mas, no processo, isso cobrou um preço terrível dela e de sua saúde.

Isso alimenta a fantasia de resgate de "se eu apenas puder amá-lo o suficiente, e ele puder ver como meu amor é bom", então, a tragédia da mãe, do pai, da primeira esposa, da ex-namorada malvada irá evaporar e ele se transformará no amor que vislumbrei no início de nosso relacionamento.

As areias movediças

Narcisistas são, por definição, imprevisíveis. Talvez tenha sido esse o motivo de você ter sido atraído (porque eles sempre ganham com seu ponto forte) e por que tudo se tornou muito confuso rapidamente. Era uma vez, quando ele estava tentando conquistar você e tudo era sobre sedução, e ele acertava. Presentes, telefonemas, *playlists* que o faziam pensar em você, viagens de fim de semana. É gratificante para ele porque você gosta disso (e ele também), você é grata, o elogia e acredita que, embora seja extravagante para o resto da vida, será amoroso e atencioso. Mas não é.

A mudança de atencioso para desinteressado pode ser dolorosa e confusa. Pode fazer você batalhar ainda mais para trazer de volta "os dias bons" do início do namoro. Novamente, a maioria das pessoas tem muito mais empolgação no começo do relacionamento. Depois, isso se transforma numa rotina mais tranquila de companheirismo, mas ainda assim atenciosa. Paixão não é sustentável, ou, como Pamela Regan observa, pessoas morreriam de exaustão e negligenciariam todo o resto em suas vidas se tentassem manter a fase da paixão operando de forma indefinida em seu relacionamento. Com o tempo, ela se transforma em amor companheiro, que é gratificante, recíproco e saudável. Com um narcisista, realmente pode mudar de "jogo em andamento" para "suspensão" em uma questão de semanas ou meses. Nesse ponto, você pode se ver ficando estridente, chata e se sentindo quase dependente enquanto tenta fazer com que ele a note.

Outra mudança é que narcisistas começam se parecendo com o deus mitológico Jano — com duas faces. Existirá a face que mostram para o mundo — ainda o cara descolado, legal, feliz e bem-sucedido — e depois o rabugento, descontente, irritável e mal-humorado, que chega em casa do trabalho cheio de reclamações. Essa dinâmica se transforma em descobrir maneiras de agradá-lo, elogiá-lo, apaziguá-lo, acalmá-lo e ter também o parceiro feliz em casa. O que é ainda mais desestabilizador é que todos veem seu parceiro como uma pessoa ótima, animada e divertida porque estão vendo aquela versão diferente. Isso pode dificultar não apenas a obtenção de apoio e ouvintes empáticos, mas também pode levar você a duvidar de si, pois não pode ser a única pessoa que vê o parceiro "malvado".

Não é incomum que relacionamentos com narcisistas sejam de "idas e vindas". O comportamento dele pode se tornar tão intolerável que chega ao ponto de fervura e você recua. Às vezes, há um acontecimento que precipita isso — um caso amoroso, muitas faltas a eventos escolares, uma discussão sobre seu trabalho ou apenas excesso de negligência. Ele sai, você sai, ou você o coloca para fora, mas logo ele percebe que outras pessoas não estão tolerando seu mau comportamento, então ele volta. Após algumas semanas livre da negligência, da falta de empatia e de todo o resto, você esquece tudo isso e retorna àquele lugar compassivo de lembrar como o "abandono" é difícil para ele ou de refletir sobre a química entre vocês, e o aceita de volta.

E o ciclo recomeça.

A cultura do narcisismo

Não podemos deixar nossa cultura se safar. Acredito firmemente que as teorias de desenvolvimento do narcisismo explicam a maior parte dos "porquês" do narcisismo. Mas existem muitas pessoas que não têm essas origens e que ainda acabam nesse lugar narcisista. Cultura é o combustível que abastece esse fogo. Narcisismo é uma característica socialmente útil. Diferente das sociedades agrárias, as industriais não exigem muita cooperação; você faz seu trabalho, ganha seu dinheiro e não precisa se importar com as outras pessoas. Em um mundo onde o sucesso é medido pelo tamanho da sua casa, da sua conta bancária ou do poder do seu cargo, o narcisismo é reforçado, e características externas são desenvolvidas em detrimento das internas. Em nosso sistema educacional, pouco fazemos, em termos de valores e ética, ao passar mais tempo em preparação para o vestibular ou outros testes padronizados do que ensinando a diferença entre certo e errado. A unilateralidade da interação com um aparelho eletrônico ou uma rede social significa que podemos usar um "emoji" de sorriso para comunicar uma emoção e sair no meio da conversa. Uma geração inteira está crescendo com cada vez menos reciprocidade emocional com seres humanos e uma consequente falta de ter que lidar com emoções reais, com pessoas reais, em tempo real. Sintonizamos em programas de televisão que apresentam estilos de vida suntuosos ou busca de atenção, em vez de conquistas silenciosas de seres humanos comuns. Os modelos corporativos na economia global valorizam o lucro acima de tudo, incluindo os direitos humanos: legitimação é recompensada, empatia se torna ineficiente e a característica do narcisismo se torna valorizada socialmente.

O narcisismo que se desenvolve por meio de nossa constante dieta cultural de "mais, mais, mais", ou que pode evoluir em razão da riqueza, muitas vezes parece um "narcisismo adquirido". Ganhar dinheiro em nossa cultura é facilitado pelo narcisismo; o capitalismo de livre mercado não é desenvolvido com empatia. Sobreviver em uma estrutura corporativa e se destacar em um mercado competitivo é fomentado pelas inúmeras características incluídas no narcisismo. Na verdade, pode-se argumentar que, embora o narcisismo seja capaz de criar sucesso de curto prazo ou apenas individual, a erosão dos relacionamentos e traições de confiança, em última instância, não são bons para organizações ou pessoas, e que esses líderes narcisistas muitas vezes levam suas empresas (e a si mesmos) à ruína. Isso significa que todas as pessoas bem-sucedidas são narcisistas? Claro que não. As possibilidades são maiores? Sim.

Paul Piff, um professor assistente de psicologia e comportamento social da Universidade da Califórnia, conduziu uma série de estudos nos quais, falando de forma resumida, descobriu que pessoas em posições mais altas na hierarquia social ou financeira estão mais propensas a trair, mentir e se comportar de formas que podem ser vistas como antiéticas. Curiosamente, ele observou que motoristas de carros luxuosos estão mais propensos a cortar outros motoristas e não dar passagem a pedestres. Seu trabalho e linhas de pesquisa semelhantes sugerem que legitimação, riqueza e falta de empatia andam juntas e que os ricos são menos propensos a enfrentar as consequências de seu comportamento antiético. (Isso não é um bom presságio para o namoro, já que o cara rico muitas vezes conquista a garota, mas também é mais propenso a se comportar de modo antiético.) Além disso, uma vez que a riqueza é conquistada, o privilégio também é, e certa facilidade de se virar no mundo. Exposição crônica a um mundo de primeira classe e as expectativas que acompanham isso provavelmente resultarão em legitimação e alguma grandiosidade. Virtudes sociais, compaixão e boas maneiras se tornam um requisito menor para ter suas necessidades atendidas, e as pessoas são contratadas para atender as necessidades da riqueza. Como tal, narcisismo adquirido pode também transbordar para os relacionamentos íntimos com menos atenção a coisas como sentimentos e estar presente.

Então, há a questão maior da própria cultura. Ao redor do mundo, culturas diferentes socializam as pessoas de forma diferente. Quer isso ocorra através do sistema de castas, que rotula de maneira arbitrária as pessoas como "melhores" ou "piores", com base no nascimento e na família à qual pertencem, ou valorização diferenciada de pessoas com base no gênero, cor da pele, orientação sexual ou status econômico, cultura pode moldar isso de modo significativo. Isso é mais pronunciado como uma função de gênero em muitas culturas. Culturas patrilineares ou patriarcais (poder e nome transmitidos por meio dos pais) recompensam os homens simplesmente por serem homens. Isso é acentuado em determinadas culturas, como na Índia, boa parte da Ásia e Oriente Médio, nas quais a legitimação de gênero pode resultar em pouca percepção entre homens que operam com base em uma suposta superioridade, o que é reforçado pela cultura desde o dia de seu nascimento. No geral, isso não funciona bem quando esses homens são removidos de sua cultura de origem e colocados em outras mais igualitárias, nas quais a anatomia nem sempre se traduz em respeito, e sua legitimação e falta de empatia podem ser experimentadas e interpretadas como narcisismo. Nas culturas latinas, o conceito de "machismo" tem um sabor seme-lhante, e mulheres latinas me disseram que aquilo que antes ro-tulavam como "machismo" pode ser, na verdade, um narcisismo culturalmente preservado.

A tentação é de deixar alguém escapar quando isso é um sub-produto da cultura. É uma boa postura, mas, se você é parceiro de alguém cuja origem é uma cultura em que o status dele permi-tiu o desenvolvimento de características narcisistas, atribuir isso à cultura não torna, necessariamente, mais fácil de lidar com o tratamento desagradável.

Recentemente, um aluno perguntou: "O narcisismo não se-ria valioso da perspectiva darwiniana?". Basicamente, a pergunta foi: "Não é uma característica útil?". Sim, é. Até certo ponto. A simples vitória darwiniana de conquistar um parceiro e repro-duzir será maximizada por pessoas que têm "mais". Nós, seres humanos, evoluímos um pouquinho mais do que nossos primos primatas. Uma visão puramente evolucionária não leva em conta o que conhecemos sobre o valor da autenticidade, autorregulação, disciplina, lealdade e comunidade. Mas o aluno levantou uma boa questão: da perspectiva evolucionária, o narcisista realmente tem a melhor plumagem e parece ser o melhor parceiro. A pesquisa de Carrie Haslam e Tamara Montrose sugere que as características reprodutivas promissoras demonstradas pelo narcisista fazem dele muito tentador. Mas em nosso grande cérebro evoluído, as plumas duram apenas um tempo, e queremos algo mais de nossos parceiros do que comida, uma boa caverna e mais bebês. Uma vez que as penas são recolhidas ou caem, não há mais plumagem, e descobrimos que também não há sentimentos, empatia ou respeito.

Então, seja uma combinação de negação dos ambientes iniciais, falta de espelhos, desequilíbrio de poder, uma cultura distorcida, cultura de origem ou evolução, conhecer as origens do narcisismo pode ser útil (embora não tão útil após o fato). Entender a história pregressa pode fornecer um contexto e, talvez, até alguma compaixão pelo seu parceiro. Sim, nosso passado nos define mais do que gostaríamos, ou como disse Kierkegaard: "A vida só pode ser compreendida se olharmos para trás; mas só pode ser vivida se olharmos para a frente".

Suprimento narcisista

Não sou o suficiente. A maioria de nós não está confortável consigo mesmo. É uma triste constatação de como somos socializados. Talvez seja uma adesão a códigos de conduta que nos recompensam por sermos modestos (por exemplo, *caia com orgulho*). As pessoas tendem a não ter essa capacidade de expirar e dizer "Estou bem". Sendo assim, sentimos que precisamos racionalizar nossa existência fazendo algo que pareça "importante". Nosso mundo interno é desvalorizado porque os outros não podem observá-lo de maneira direta. Trazer para casa um boletim repleto de 10 é bom; passar tempo pensando em como resolver um problema não é útil, a menos que produza algo. Agora, para grande parte das pessoas, esse desconforto consigo é apenas sobre algumas coisinhas neuróticas (*Sou tímido*; *Queria que meu cabelo fosse mais longo*), mas nos acomodamos em nós mesmos, e tudo bem. No entanto, muitas pessoas continuam sendo "fazedoras". Fazendo coisas para compensar sua crença de que "não são suficientes".

Isso pode ser prejudicial no relacionamento, porque uma relação saudável não deveria demandar tanto "fazer". Ou, qualquer que seja o "fazer", que venha naturalmente. Cooperação, respeito, reciprocidade, valores compartilhados e gentileza não são atividades ou tarefas — são maneiras de ser. No entanto, se não estamos "fazendo", podemos sentir tédio; e isso é particularmente evidenciado em pessoas mais jovens. Na fase inicial de um relacionamento, o namoro é caracterizado por "fazer": dar presentes, levar a encontros criativos, descobrir novos restaurantes ou apenas uma nova pessoa. Com o tempo, na presença da reciprocidade, a necessidade de "fazer" começa a esmaecer, e a beneficência da vida cotidiana de um relacionamento entra em ação. Isso é o ideal.

Em relacionamentos em que seu parceiro não se envolve de forma recíproca, você sente que a única maneira de manter o relacionamento, e o parceiro contente, é continuar *fazendo* coisas — se manter em forma, ter uma boa aparência, limpar a casa, facilitar a vida dele, comprar coisas —, e isso se torna seu padrão. Além disso, você pode necessitar ser um mensageiro de admiração na vida de seu parceiro dizendo: "Você é tão atraente/inteligente/bem-sucedido/sexy/descolado/incrível".

Todas essas coisas que você precisa trazer dia após dia após dia podem ser rotuladas de *suprimento narcisista*. É como se, todos os dias, você estivesse em um navio de carga entregando suprimentos, que vão desde validação e admiração até mantimentos. Pense em um navio de carga que sempre retorna ao porto. O aspecto difícil do suprimento narcisista é que, para ele, nunca é o suficiente. O narcisista é como um balde com um furo no fundo: não importa quanto você coloque, nunca vai enchê-lo. A frase "nunca sinto que sou o suficiente" é o mantra de uma pessoa em um relacionamento narcisista. Porque, para o parceiro narcisista, você não é. Ninguém é. Nada é.

Então, você continua acumulando suprimentos narcisistas e os trazendo para seu parceiro. Durante meses, anos ou décadas. É exaustivo, mas dá a você algo para fazer — e é isso que mantém você preso. A crença errônea logo se torna: *Se eu entregar suprimentos com frequência suficiente, tudo ficará bem ou as coisas irão melhorar. Se as coisas não estão bem, vou entregar mais suprimentos.* Nesse processo, você para de cuidar de si e se torna alguém esgotado, atormentado pela dúvida e, por fim, exaurido. Esse navio de carga tende a ser um empreendimento de mão única, entregando importações em um porto que não oferece exportações, e seu navio sai vazio do porto narcisista todas as vezes.

O que é ainda mais cruel sobre o conceito de suprimento narcisista é o fato de que, com o tempo, ele fica obsoleto. Como comida em um depósito. Depois de anos ou décadas de fornecimento, seu narcisista pode começar a procurar outros fornecedores. Podem ser familiares, amigos, amantes, flertes com colegas ou subordinados no trabalho. À medida que seu fornecimento fica obsoleto, você sentirá que não importa quanto faça, o suprimento que outras pessoas oferecem é, de alguma forma, tido como "melhor". Depois de fazer isso por anos, pode ser angustiante ver seu trabalho ser descartado em favor de outros (ou ser desvalorizado, ou não ser bem-vindo como era antes).

Seres humanos psicologicamente saudáveis se nutrem a partir do interior. Não "precisam" de suprimentos, e as outras pessoas em seu mundo não devem exercer o papel de precisar servi-los dessa forma. No entanto, ao pensar sobre isso em termos de suprimento narcisista, você pode ter algum vislumbre sobre o motivo de esse relacionamento estar sendo tão exaustivo para você, bem como a tendência de seu parceiro de procurar ter suas necessidades atendidas fora do relacionamento. Nunca é o suficiente.

A narrativa

As pessoas amam contar histórias. É o que fazemos e pode ser a mais antiga das atividades humanas. Nós contamos, assistimos e lemos histórias. De certa forma, precisamos delas.

Narrativas se tornam perigosas quando começam a controlar nossa vida ou atuar como uma barreira para enxergarmos a verdade. Diariamente, dúzias de vezes por dia, escrevemos narrativas sobre nossa vida. Elas se tornam a forma de organizarmos nossos mundos e também as coisas que contamos a nós mesmos para atravessar nossos dias. Dessa forma, narrativas podem ser uma ferramenta para lidar com as coisas e uma maneira de extrair sentido de situações desafiadoras. Pare um momento e reflita sobre as narrativas que tem escrito em sua vida — sobre sua infância, sua carreira, seus relacionamentos e sobre si mesmo.

O desafio da narrativa é que, às vezes, podem nos distrair da autêntica verdade de uma situação. Há uma frase muito conhecida que diz que "as pessoas contam a si o que precisam ouvir para aguentar o dia". É uma forma simples de dizer que você pega os fatos e os transforma em uma história suportável para sobreviver.

A narrativa pode ser como você usa a história pregressa do narcisista para justificá-lo. Como você racionaliza o mau comportamento em nome do belo estilo de vida que vocês alcançaram. Como você realmente acredita que, como em um conto de fadas, um simples beijo transformará o sapo, e a fera finalmente será apaziguada. Você escreve uma narrativa em torno de um "felizes para sempre" (quando ele se aposentar, quando conseguir a promoção, quando as crianças estiverem crescidas) que nunca se materializa.

As narrativas também podem explicar como você entrou nessa, por que continua e o que pode fazer. Elas refletem as características que nos atraíram, explicam os mitos e equívocos, tais como química, elas explicam a fantasia do "resgate" (falaremos mais sobre isso no Capítulo 6), e nos permitem dar sentido ao panorama desafiador do relacionamento com uma personalidade narcisista. O maior desafio é olhar honestamente para sua narrativa e permitir que novas ideias sejam incluídas.

As narrativas mais perigosas são as ficcionais, ou que são uma tentativa de ligar os pontos e criam um cenário distorcido. Tenho ouvido repetidamente pessoas dizerem "acho que não estou mais apaixonada por ele há muito tempo, apenas amo a *ideia* desse relacionamento". Conforme escreve ou reflete sobre sua narrativa, descubra quanto disso é sobre a pessoa e sua consideração por ela, e quanto é sobre a entidade "relacionamento". Pode ser bem fácil amar e batalhar por um relacionamento — que é um lugar seguro para chamar de lar, uma imagem para o mundo, um futuro compartilhado —, mas, por ser uma "entidade", também é mais fácil encobrir suas falhas do que quando se está falando sobre uma pessoa. Um relacionamento pode se tornar uma construção de "ordem superior", como uma religião, à qual aderimos e nunca questionamos. Muitas vezes, as pessoas apenas querem o relacionamento, e a narrativa se torna sobre ela e não sobre o parceiro (porque se o parceiro for um narcisista patológico, não será uma narrativa agradável). No entanto, se você se concentrar no relacionamento, será mais fácil fazer com que ele seja sobre eventos, lugares, atividades, bens e outros fatores inertes que são possíveis de prever e que não podem rejeitá-lo nem o magoar. Dessa forma, uma narrativa pode aprisioná-lo porque você fica preso na ficção esperançosa e em um futuro não realizável.

Armado com o conhecimento de que seu narcisista nunca mudará, como isso impacta sua narrativa? O que significa para o modo como você pensa sobre isso? O que significa ficar? O que significa ir embora? O restante do livro se concentrará nestes dois cenários: ficar ou ir embora. Não existe resposta certa — e ela pode mudar.

O livro de você

Cada um de nós tem um *Livro de mim*. Eu tenho um *Livro da Ramāṇī*, minha irmã tem um *Livro da Padma*, e você tem um *Livro de você*. Nossos livros são a história de cada um de nós, nosso evangelho pessoal. Se tal livro existisse, mostraria nossas preferências, medos, vulnerabilidades, esperanças, desejos, necessidades, valores e visão de mundo, e forneceria informações para outra pessoa sobre como entender você (imagine ser capaz de entregá-lo no primeiro encontro!). Uma pessoa pode reconhecer que, após uma briga, precisa ser abraçada. Outra pode precisar dar uma volta. Outra ainda pode se sentir apavorada em ficar sozinha.

Imagine se você pudesse ler o *Livro de Alguém* e, então, tomar decisões de acordo com ele? A vida (ainda bem) não funciona desse modo. O período inicial de um relacionamento é quando temos contato com esse livro da outra pessoa. Nas primeiras semanas e meses (e até anos), aprendemos como nosso novo parceiro reage ao estresse, à raiva e ao medo, e temos contato com suas vulnerabilidades e pontos fortes, e ensinamos a ele o mesmo sobre nós. O desafio é que, muito frequentemente, editamos esse livro de uma forma que nos faz parecer "melhores" ou diferentes de quem realmente somos (porque gente demais deseja ser alguém diferente de quem é e evita os medos e vulnerabilidades). O fato é que, algumas vezes, nossos livros são mal interpretados e, não importa quanto tentemos explicar isso para outra pessoa, ela não entende (como aquele livro difícil que tivemos que ler na escola). Ou ela não quer lê-lo com atenção suficiente para entendê-lo. Todos fazemos isso em algum momento. Na maior parte do tempo, quando trabalhei ou conversei com casais, as pessoas no relacionamento reconheciam que seus parceiros nem sempre "entendiam" seus livros ou que o interpretavam cronicamente mal.

O desafio é que nem todo mundo é transparente com relação a seus livros. Isso acontece por causa da vergonha e do medo da rejeição ("Se ela realmente ler meu livro, vai fugir"). As pessoas nem mesmo cogitam se familiarizar com os próprios livros. O livro do narcisista é bem claro para quem está de fora — *Sou grandioso, sou controlador, não vou ouvir, não tenho empatia* —, mas uma pessoa narcisista também é um indivíduo distinto e terá seus medos, vulnerabilidades, hábitos e pontos fortes. A dificuldade é que tentamos editar o livro da outra pessoa, ou ignorá-lo completamente (por exemplo, se você sabe que seu parceiro não gosta de participar de eventos sociais em que não conhece as pessoas, por que ficaria surpreso quando ele se sente oprimido ou fica irritado depois de um evento assim? Você sabe o que diz no *Livro dele*, por que seria diferente?).

Em um relacionamento saudável, você edita o próprio livro quando traz alguém para seu coração ou sua vida. Você pode começar a assistir ao futebol, a fazer caminhadas, adotar um filhote de cachorro, passar a frequentar uma nova religião, se mudar ou se tornar mais paciente. Você também aprende que existem algumas questões "restritas" a seu parceiro e ajusta o comportamento de acordo — e, preferencialmente, ele faz o mesmo. É um processo gradual de aprendizagem, compromisso e crescimento. E, às vezes, vocês não conseguem alinhar os livros o suficiente (por exemplo, uma pessoa quer ter filhos e a outra não), e isso pode significar o fim do relacionamento.

Embora este livro tenha a intenção de ser um manual de sobrevivência no território narcisista, é também um alerta. Você está disposto a despertar uma reprodução fiel do *seu* livro? O que ele diz? Como você reage ao amor? À esperança? Ao estresse? Ao medo? Quais são suas necessidades e desejos? Quais são suas vulnerabilidades e seus pontos fortes? O que você espera de seu parceiro? De um relacionamento? Da vida? Qual é o livro de seu parceiro? Quais padrões já demonstrados por seu parceiro deram a você uma visão clara do *Livro dele*?

Reserve um tempo para explorar seu livro e seja honesto. Suas necessidades podem ser atendidas de modo significativo nesse relacionamento? O que você está disposto a editar em seu livro para fazer esse relacionamento funcionar? Existem coisas que você não pode mudar? Agora, pense sobre o livro de seu parceiro. Você já sabe o que diz o livro dele, se estiver disposto a se abrir para ele. Para ter um relacionamento honesto, você precisa ser honesto consigo mesmo sobre seu próprio livro e também sobre o de seu parceiro.

◆ ◆ ◆

Eis a conclusão sobre como você entrou e por que permanece nesse relacionamento: uma pessoa com características narcisistas ou transtorno de personalidade narcisista é um ser humano. Se fossem verdadeiros ogros, você não teria se envolvido. Você pode estar fazendo uma triagem entre os destroços de tudo isso, ou ainda tentando entender. A coisa mais humana e humanística a fazer é ver seu parceiro como uma pessoa "completa". Contudo, isso *não* significa que você deva ser um assistente social ou salvador. Você não é responsável pelas histórias dele, e não pode reescrevê-las. Em prol de sua própria saúde e bem-estar, seja solidário e reconheça-o como uma pessoa completa. Por fim, não tente consertá-lo. Agora é hora das próximas etapas: entender o que fazer. O primeiro passo no processo é reconhecer como o narcisista em sua vida faz você se sentir. É importante reconhecer se fica ansioso, incomodado, deprimido ou sem esperança com regularidade. O próximo capítulo ajudará você a classificar esses sentimentos e ilustrará alguns padrões comuns nos quais você pode se envolver, como dar desculpas, se isolar ou constantemente temer a decepção.

CAPÍTULO 5

COMO ELE FAZ VOCÊ SE SENTIR?

*Podemos ser mestres do que fazemos,
mas nunca do que sentimos.*

FLAUBERT

Listar as características narcisistas é uma forma de mapear *outra* pessoa. É uma descrição e, se alguém passar tempo o suficiente com o narcisista, observará os mesmos padrões. Uma lista muito mais importante é aquela relativa a você — como o narcisista faz *você* se sentir? É claro que aspectos como legitimação, falta de empatia, grandiosidade, negligência e raiva não são traços positivos, mas, em última análise, em um relacionamento, eles são significativos em termos de como impactam você. Outra coisa importante é observar se seus sentimentos tomaram conta de você aos poucos, esse é o motivo de serem tão desafiadores. Pessoas diferentes serão afetadas pelas características narcisistas de maneiras diferentes.

Sentimentos comuns em um relacionamento narcisista

Os sentimentos mais comuns em um relacionamento com um narcisista patológico são:

- Sentimento de não "ser bom o suficiente".
- Dúvida e questionamentos sobre si mesmo.
- Arrependimento crônico.
- Confusão e sensação de estar "perdendo a cabeça".
- Desamparo e desesperança.
- Tristeza ou depressão.
- Ansiedade e preocupação.
- Anedonia (não ser capaz de sentir prazer na vida e em atividades que antes lhe davam prazer).
- Vergonha.
- Exaustão mental e emocional.

Isso pode resultar em padrões que dominam você lentamente ao longo do tempo. Vamos explorar esses padrões mais adiante neste capítulo.

O conceito de "missão rastejante" é relevante aqui. Esse é um termo militar que se refere a mudanças não previstas que podem ocorrer em um ataque militar que resulta em um empenho não planejado e prolongado. Isso pode ocorrer em um relacionamento narcisista. As mudanças podem não acontecer no primeiro encontro, ou, às vezes, nem no primeiro ano; é um processo lento e gradual que rasteja e assume o controle. Se o distanciamento, a frieza e a negligência tivessem ocorrido desde o início, provavelmente você não teria continuado. Como rastejar é um processo lento, e o desgaste de seus sentimentos e comportamento acontece gradualmente, você se ajusta e se vê em uma batalha duradoura e mais conflituosa do que pretendia. Quando uma pessoa está em um relacionamento narcisista, aprende a calar seus sentimentos e emoções. Faz sentido. Pois seus sentimentos são negados ou, no mínimo, não reconhecidos por seu parceiro (e, às vezes, até postos em dúvida); então, a única forma de manter o relacionamento é negar esses sentimentos ou, pelo menos, entorpecê-los. Narcisistas são mestres da projeção (negar os próprios sentimentos ou comportamentos e projetá-los nos outros), e isso pode levar você a também vivenciar o vazio deles.

As mulheres, em especial, tendem a "assumir demais" a responsabilidade em determinadas situações, ainda mais quando se trata de emoções. Se essa for sua tendência, é provável que você "assuma a culpa" pelo conflito e se esforce para ser quem administra a situação, exaurindo-se no processo. Em um relacionamento com um narcisista, isso pode se manifestar como tentativa de "consertar" tudo — *Se ele não está feliz, vou me esforçar mais para fazê-lo feliz, vou manter a casa mais limpa, vou emagrecer, as crianças ficarão mais quietas. Serei melhor.*

O PARADOXO DO "SER BOM O SUFICIENTE"

Tentei de tudo: falei mais; falei menos. Limpava a casa constantemente. Me livrei dos amigos que ele não gostava. Cozinhei. Me mantive magra e fui conhecer os amigos dele. Mas, ainda assim, sempre era como se eu estivesse sendo testada. Sendo honesta, agora vejo que fiz de tudo, mas era no instante em que algo não estava perfeito que ele notava. Nunca foi "Obrigado por tudo o que você está fazendo", em vez disso, ele percebia o que eu não tinha feito da forma correta. Perdi tanto tempo e energia tentando ser "perfeita" e prevendo o que ele ia querer.

Somos criados para acreditar que, se trabalharmos duro em qualquer coisa, seremos bem-sucedidos. Estude muito e tire notas boas, trabalhe duro e consiga a promoção ou o aumento, capine o jardim toda semana e mais flores crescerão. É gratificante acreditar que nosso esforço se traduzirá em resultados e, em muitas áreas de nossa vida, resulta. A única área em que geralmente isso não acontece é nos relacionamentos humanos, e a única em que *nunca* funciona é em um relacionamento com um narcisista patológico. A presunção de "e se eu for melhor" pode destruir uma pessoa em um relacionamento narcisista, porque nunca será o suficiente. O "e se" nunca produzirá resultados.

O sentimento de "não me sinto bom o suficiente" é o mantra de uma pessoa em um relacionamento narcisista. Porque, é claro, se você fosse "bom o suficiente", seu parceiro estaria satisfeito, prestaria atenção em você e estaria presente, disponível emocionalmente e empático. Como isso não acontece, deve ser porque, de alguma forma, você está sendo insuficiente. A ideia de "bom o suficiente" ou, inversamente, "não ser bom o suficiente" é um tema quase universal entre pessoas em relacionamentos com parceiros narcisistas. Pense nisso. Se você tenta cada vez mais agradar alguém, mas nunca consegue, ou só consegue por curtos períodos de tempo, isso pode fazer com que se sinta inadequado. Afinal, se está despendendo tanto esforço e não está alcançando seu objetivo (de agradar seu parceiro), você deve estar fazendo algo errado, ou está faltando alguma coisa. Curiosamente, a maioria das pessoas não reconhece logo de início que, talvez, nada seja capaz de agradar o parceiro.

Todos nós somos bons o suficiente. Na verdade, eu argumentaria que todos somos mais do que suficientes. A ideia de não estar sendo "suficiente" é normalmente motivada por forças externas. Quando alguém diz: "Não sou bom o suficiente", minha resposta é: "Para quem?".

"Bom o suficiente" é um sentimento que atormenta muitas pessoas desde a infância. Se você tem pai ou mãe narcisista ou distraído, você ficou com a pergunta "Como posso conquistá-los?". Se a criança não consegue conquistar o pai ou a mãe, ou é valorizada apenas quando está validando seus pais, pode ficar presa ao roteiro de ser "boa o suficiente". Isso pode prepará-la para uma vida inteira de pular obstáculos para provar que é boa, rápida, bonita ou inteligente o suficiente.

Essa dinâmica é vivenciada como inadequação e com sensação de culpa. Ela surge na crença de que, se você tivesse determinadas características, seu parceiro ficaria satisfeito. Isso pode levar muitas pessoas em relacionamentos narcisistas a decisões extremas: perder peso, submeter-se a cirurgia plástica, manter uma aparência sempre jovem, comprar roupas novas, manter a casa incrivelmente limpa, organizar férias luxuosas, cozinhar refeições elaboradas, comprar presentes caros, buscar empregos ou cargos de alto status para que seu parceiro a valorize, ou comprar uma casa maior do que pode pagar. Basicamente, pode resultar em fazer ações para satisfazer seu "insatisfazível" parceiro, na esperança de superar o obstáculo e sentir que é "bom o suficiente". Muitas pessoas que passaram por relacionamentos narcisistas dirão que, literalmente, deram tudo o que tinham a ponto de não conseguirem tentar mais nada. Isso carrega um tremendo impacto para quem doa, pois essa pessoa agirá assim ao ponto da exaustão, de chegar a ter problemas de saúde, perder amigos, familiares e até o próprio sentido de identidade. Muitos se lembrarão de se transformar em alguém que não se reconhecia mais, com a finalidade de atender às infinitas necessidades de seus parceiros — em uma busca árdua para sentirem que são "suficientes".

Lembre-se sempre de que, como o narcisista é vazio, ele nunca estará satisfeito. Não é *você* que não é suficiente — *nada* é suficiente para ele. Como observamos na reflexão sobre suprimento narcisista, ele é como um balde com um furo no fundo. Não importa quanto você despeje, ele simplesmente vazará. Nunca será o suficiente. Você é mais do que o suficiente (por mais piegas que isso possa parecer). Se está passando uma vida com alguém e está parecendo o oposto, então o *relacionamento* pode não ser o suficiente.

O DILEMA DA DÚVIDA

O narcisista funciona de dentro para fora e é por isso que, com o tempo, a confiança se desgasta e a dúvida se instala. Quando está tentando se relacionar com alguém que raramente ouve, sente, se importa (características fundamentais de um relacionamento humano), ou que sempre o questiona, isso faz com que você comece a se questionar. A crença de que você não pode mudar a situação também pode gerar dúvidas sobre si mesmo.

É muito desafiador aceitar a mensagem central deste livro — que o narcisista nunca mudará. Intelectualmente, após ler estas páginas, você pode entender e concordar com essa premissa, mas, emocionalmente, a fantasia do resgate muitas vezes está arraigada. A cultura pode ser tão poderosa e o amor tão cego que, apesar de saber isso, você ainda persistirá na busca inútil de que o narcisista mude. Você pode até ser capaz de observar com clareza esses padrões nos relacionamentos de outras pessoas, mas acredita que você e seu relacionamento serão a exceção. Como consequência, pode continuar tentando, mas nada mudará. Se você batalha muito por alguma coisa e não tem resultado, é fácil acreditar que é por algo que *você* está fazendo (ou não). Em determinado nível, tentar diversas estratégias pode dar a você uma sensação de controle, mas, com o tempo, também pode enchê-lo de dúvida. Essa dúvida logo começa a saltar para outras áreas — trabalho, amigos, família e vida, em geral.

ARREPENDIMENTO CRÔNICO

Um dos padrões que acompanha a dúvida é o pedido frequente de desculpas. No geral, desculpas são pedidas quando você cometeu algum erro, mesmo que não tenha sido intencional (*Desculpe pelo atraso*). No entanto, outro uso do pedido de desculpas é reconhecer a decepção do outro (*Lamento muito por estar chovendo no dia de seu jogo de golfe*), com a total percepção de que você não foi a causa (é óbvio que algumas situações não são culpa sua — você não fez chover). Nesse caso, não é um pedido de desculpas, mas sim uma reação empática. No entanto, narcisistas são tão cronicamente legitimados e se decepcionam tão facilmente quando algo não os favorece que a tendência dos que estão ao seu redor é pedir desculpas. O "pedido de desculpas empático" começa a se tornar mantra; você passa a se desculpar cada vez mais, em grande parte porque descobre que não pode satisfazer seu parceiro e porque a vida dele nem sempre será do jeito que ele quer.

CONFUSÃO/PERDER A CABEÇA

É muito estranho. Às vezes, ele é muito atencioso — me leva para passear, diz que me ama, me pede para dormir em sua casa todas as noites da semana. Em outras, é muito distante e distraído, não retorna minhas ligações durante oito horas, faz planos sem me consultar. Eu só queria que isso fosse consistente para eu saber o que estou recebendo. Quando é distante, é horrível e posso me ver indo embora, mas, quando funciona, é ótimo. É confuso, porque, bem quando eu relaxo e vejo o potencial, ele muda novamente para frio e distante. Isso também afeta meu comportamento e me deixa ansiosa — uma vez que nunca sei como será.

A confusão causada por um parceiro narcisista é um subproduto direto de sua inconsistência. Muitas pessoas com quem conversei disseram: "Se ele sempre fosse distante, faria sentido e eu saberia meu plano de ação". Mas estar com alguém com quem se sente conectado em um momento e profundamente distante em seguida, às vezes no intervalo de um dia, pode ser confuso. Ouvir que "você é o amor da minha vida" e o ver sentado planejando uma vida com você, mas depois vê-lo sendo reservado sobre você com amigos e entes queridos, ou notar que ele não está disposto a apoiar seus desejos e aspirações, pode ser, na melhor das hipóteses, perturbador.

Isso pode acontecer por diversos motivos. O vazio do narcisista costuma significar que ele está focado apenas no que lhe é útil ou interessante no momento. Se naquela ocasião for interessante para ele dizer que ama você, ele diz. Na verdade, não é um jogo de longa duração para ele e, quando a próxima coisa interessante surge, ele parte para ela. A objetificação dos outros — ver outras pessoas como objetos úteis para suas necessidades — também pode desempenhar um papel. Quando você é a única coisa no ambiente, ou a mais interessante, o carisma e charme do narcisista podem fazer parecer que você é tudo para ele. Mas é uma consideração superficial, e isso resulta em inconsistência; e, para uma pessoa narcisista, emoções sempre variam de intensas a distantes. Essa oscilação pode ser observada nos relacionamentos do narcisista com pessoas (conhecidos, amigos, família e parceiros), trabalho e experiências. Um relacionamento saudável deve parecer com um porto seguro em sua vida. A vida nos lança bolas curvas no formato de problemas financeiros, questões profissionais, problemas de saúde, questões domésticas e até o clima. Infelizmente, um relacionamento com um narcisista pode ser mais uma fonte de caos em sua vida, em vez de um lugar de conforto e consistência.

DESAMPARO E SAÚDE MENTAL

Martin Seligman, professor de psicologia da Universidade da Pensilvânia, desenvolveu um conceito chamado "desamparo aprendido", que é a ideia de que, com o tempo, quando uma pessoa é forçada a suportar de maneira repetida situações desagradáveis ou adversas das quais não pode escapar ou mudar, ela se torna incapaz de evitar (ou não quer) essas contínuas situações adversas, mesmo aquelas das quais pode escapar. Basicamente, se você aprende que não pode mudar ou evitar alguma coisa, você tolera, mesmo quando pode escapar. Seligman e outros acreditam que isso está relacionado tanto ao condicionamento, quanto ao aprendizado. A pessoa aprendeu que não pode controlar a situação, então nem mesmo tenta evitar a circunstância dolorosa. O trabalho inicial nessa área foi conduzido com estudos em animais, nos quais Seligman e outros pesquisadores observaram que cães que não tinham permissão para escapar dos choques (dos quais, por instinto, fugiam), com o tempo os aceitavam passivamente e não se mexiam, mesmo quando tinham a possibilidade de fazê-lo.

Dessa forma, eles cederam, aceitaram o desconforto e não tentaram mudar o destino.

Desamparo aprendido pode colocar uma pessoa em risco de apatia e depressão, levando-a a aceitar a crença de que nada que ela faça vai melhorar as coisas. Desamparo aprendido também tem implicações tremendas nos motivos por que as pessoas persistem em relacionamentos prejudiciais com narcisistas. Se, após anos tentando se comunicar com alguém, se conectar e ser ouvido, nada acontece e você nunca é ouvido, então, com o tempo, haverá a tendência a ficar e aceitar esse destino passivamente.

Pode-se argumentar que uma pessoa em um relacionamento com um narcisista não está, de fato, "presa" e pode escapar (diferente dos cães na pesquisa de Seligman ou de um prisioneiro na cadeia). No entanto, nossas narrativas e histórias pregressas podem contribuir para uma sensação de que um relacionamento é para sempre, não importa quão mal você é tratado (portanto, em essência, mentalmente você não pode escapar). Ou há a mensagem de que, se você se esforçar e amar seu parceiro o suficiente, pode mudar a maré. A pressão social diz às pessoas para "persistirem", ou elas têm medo de não encontrarem outro parceiro. Essas presunções podem criar "prisões mentais" que nos levam a entender que não há escapatória e que devemos aceitar nossa situação, ou que nada que fizermos vai melhorá-la.

Um curioso padrão que o desamparo, com frequência, cria é o uso de e-mails em relacionamentos. É claro que e-mails são as cartas de amor modernas, e são usados para enviar informações e conteúdo, bem como mensagens, poemas e palavras de paixão e amor. No entanto, também são usados como uma forma de expressar sentimentos fortes e conflitantes. Chamo isso de "teste decisivo do e-mail", e frequentemente é um sinal de que sua frustração e desamparo em ser incapaz de se comunicar com seu parceiro chegaram a um ponto em que você precisa colocar por escrito, porque o narcisista nunca ouve, e, de alguma forma, colocar por escrito pode deixar isso mais claro.

Além disso, como personalidades narcisistas tendem a ser debatedores e combatentes muito melhores do que o restante de nós, sua bem ensaiada demanda por comunicação pode muitas vezes ser rejeitada e debatida com tanta habilidade que você acaba se sentindo o vilão. Narcisistas, com seus mundos emocionais muito rasos, tendem a argumentar a partir da lógica, algo que pode ser frustrante se for uma discussão emocional (como é o caso da maioria das discussões em relacionamentos). Em um confronto lógica *versus* emoção, a lógica sempre vence, mas isso não significa que a questão é resolvida, e a pessoa que está vivenciando a emoção durante a discussão sempre fica se sentindo idiota. Então, você escreve um e-mail amoroso que, claro, é uma maravilha literária e poética, porque apenas quer ir mais fundo e não ser interrompido ou rebatido.

Quando ouço pacientes falarem sobre esses e-mails, reconheço que são um símbolo de sua frustração e que raramente alcançam seu objetivo. Em geral, o parceiro narcisista dá uma resposta curta, com poucas palavras, ou não responde, ou fala somente das partes mais irrefutáveis, e a demanda ou súplica reflexiva pode se tornar mais uma oportunidade para experimentar a raiva dele. Não há saída quando alguém não escuta você — o e-mail pode até ser catártico, mas não faz milagres. Sua melhor opção é escrever e enviar para um amigo de confiança. Ou arquivá-lo, ou deletá-lo — apenas não o envie para seu parceiro narcisista. Li dúzias desses e-mails ao longo dos anos, de diversos clientes e amigos. Nunca vi nenhum funcionar. O desamparo é parte do cenário, e o e-mail é um sintoma, não uma solução.

Quando o desamparo persiste, ele pode descer para o lugar mais sombrio da desesperança. Desesperança pode ser associada a muitos comportamentos e sentimentos insalubres e até mais perigosos, incluindo depressão e ansiedade, afastamento de responsabilidades (trabalho, casa) e de outras pessoas, comportamentos insalubres, incluindo alimentação inadequada, redução de exercícios, hábito de sono irregular, métodos de enfrentamento perigosos — como drogas e álcool —, não adesão a medicamentos ou falta de acompanhamento das recomendações médicas e, em casos extremos, pensamentos e/ou comportamentos suicidas. Em mais da metade das pessoas que entrevistei e com as quais trabalhei ao longo dos anos, desesperança era uma grande parte do cenário de um relacionamento de longo prazo com um parceiro narcisista, e observei padrões que incluíam ganho de peso extremo, dependência química, depressão, pensamentos suicidas e até internações psiquiátricas longas. Relacionamentos narcisistas destroem as pessoas de dentro para fora, e esses desdobramentos podem arruinar a vida delas.

TRISTEZA, DEPRESSÃO E ANSIEDADE

Embora os sentimentos e sintomas de depressão e ansiedade vivenciados possam ser resultado do desamparo gerado pelo relacionamento, também podem ser gerados pela contínua falta de reciprocidade emocional e espelhamento na relação. Depressão é um transtorno complexo, mas os sintomas característicos da depressão — tristeza, falta de prazer em atividades tipicamente prazerosas, sentimentos de inutilidade e culpa, isolamento social, falta de concentração, mudanças no sono e no apetite — são padrões observados em pessoas que estão em um relacionamento com um parceiro narcisista. Em alguns casos, serão sintomas de baixo grau que prejudicam a qualidade de vida, em outros, evoluem para uma depressão profunda que demanda tratamento clínico. O desamparo induzido pelo relacionamento narcisista pode colocar uma pessoa em risco de depressão, e a depressão também pode minar a energia ou a mentalidade necessária para enfrentar os desafios desse relacionamento. Também é fácil mergulhar nesse poço de depressão e não buscar ajuda. Depressão é uma doença que reage a tratamento; não veja isso como um fardo a ser carregado.

De modo semelhante, sintomas de ansiedade, como preocupação crônica, sensação de tensão, dúvida, inquietação, fadiga e até sintomas físicos, como dores de cabeça e tensão muscular, também são observados em pessoas que estão em relacionamentos difíceis, em especial quando sentem que nada funciona para consertar a relação. Quando a ansiedade está a todo vapor, pode parecer pânico, o que muitas vezes inclui coração acelerado, dificuldade de respiração, tonturas e um sentimento de que algo terrível vai acontecer. Como a depressão, ansiedade extrema também é muito passível de tratamento e administração, e não precisa ser aceita como parte da vida. A falta de uma estratégia, ou a falha das que você usou para lidar com os desafios de seu relacionamento com um narcisista, pode ser frustrante e deixar você com uma ampla gama de sintomas psicológicos.

SENTINDO-SE PERTURBADO

Não importava o que eu dissesse, sempre estava errado. Não importava o que eu fizesse, era cedo demais, muito rápido, muito pouco ou em excesso. Cheguei ao ponto em que gastava muito tempo para formular uma frase, a fim garantir que estivesse certa. Então, após um tempo, eu simplesmente ficava ansiosa ao vê-lo, sabendo que não era SE eu diria alguma coisa errada, mas QUANDO. É interessante — nunca tive pressa que as pessoas próximas a mim o conhecessem. Acho que sabia que elas entenderiam. Me sentia inquieta desde o início, mas estava buscando um relacionamento havia tanto tempo e com tão pouca sorte. Esse estava ali, mas veio com um preço. Acho que não respirei durante todo o relacionamento.

Pense nos conceitos como gaslighting, dúvida e o sentimento de estar "enlouquecendo". Estar com um narcisista é perturbador. Eles tendem a jogar sujo. São inconsistentes. Estar com um narcisista é, na verdade, "pisar em ovos" (embora muitos argumentariam que é como "andar sobre cacos de vidro"), e pode ser perturbador estar em um relacionamento com alguém tão desconectado. Na história de John e Rachel, a nuvem que crescia conforme ela se tornava cada vez mais perturbada no relacionamento era clara. Para ela, "algo não parecia certo". Muitas pessoas com quem conversei descrevem essa sensação de perturbação como ter "um buraco no estômago" e uma sensação crônica de desgraça iminente. As coisas estão sempre dando errado, sempre há uma discussão, sempre existe mais uma decepção. Manter uma sensação constante de mau presságio e melancolia não é incomum em pessoas que sobreviveram ao trauma.

Curiosamente, muitas pessoas em relacionamentos narcisistas descrevem um fenômeno semelhante.

ANEDONIA

Um sintoma central da depressão é a "anedonia", ou a incapacidade de sentir prazer em atividades que antes eram prazerosas. Isso pode incluir trabalho, hobbies, família e filhos, e atividades cotidianas. Pessoas que sentem anedonia a descrevem como a sensação de viver a vida em preto e branco e não têm motivação para fazer nada. Essa sensação de anedonia muitas vezes também é vislumbrada em pessoas que estão em relacionamentos com narcisistas, porque sentem que não vale a pena se preocupar. O relacionamento pode se tornar tão preocupante e insatisfatório que as outras coisas da vida também perdem o brilho.

VERGONHA

A vergonha é uma das emoções humanas que mais provoca comportamentos ruins. Ela é um conflito central para o narcisista. Para eles, é um sentimento de origem antiga, e vem de um lugar psicológico profundo; suas escolhas moralmente questionáveis e insensíveis podem ser uma resposta a uma sensação interna de vergonha. Além disso, eles não conseguem suportá-la, então, quando fazem algo "vergonhoso" ou inadequado, e são repreendidos, costumam reagir com raiva extrema ou até com comportamentos piores.

Para a outra parte, a vergonha funciona de forma diferente. A maioria de nós tem consciência suficiente para reconhecer que há determinadas coisas em nossa vida que podem não parecer boas para o mundo exterior. Podemos tomar atitudes das quais não nos orgulhamos, mas assumimos a responsabilidade, aprendemos com elas e seguimos em frente. Outras vezes, recuamos do mundo exterior, porque não queremos ser julgados, ou estamos envergonhados. Um simples exemplo pode ser alardear os benefícios de um estilo de vida saudável, mas consumir alimentos não saudáveis às escondidas. Podemos não comer um hambúrguer na frente dos amigos, mas pedimos um quando estamos sozinhos. Porque nos sentimos ligeiramente envergonhados.

A vergonha que você pode sentir em um relacionamento com um narcisista muitas vezes é algo que você vivencia com o tempo. Você, seus amigos e familiares se conscientizam de que as palavras e ações de seu parceiro não são legais. Isso pode acontecer porque você compartilha sentimentos ou histórias com eles sobre seu relacionamento, pois suporta coisas que não parecem boas, ou porque eles observam essas coisas acontecerem. Pode parecer vergonhoso reconhecer que você está sendo maltratado. Essa vergonha também pode levantar preocupações sobre ser julgado por permanecer em tal situação, ou não lidar com isso, e, como com frequência fazem pessoas em relacionamentos narcisistas, você também pode querer proteger seu parceiro. Você pode sentir-se "envergonhado" por ele estar sendo duramente julgado por apenas um subconjunto de seu comportamento (a essa altura, você está sendo maltratado duplamente: por seu parceiro e por si mesmo quando tenta superar a vergonha da situação). A vergonha ataca você de vários lados: por tolerar maus-tratos, por não ter "coragem" suficiente para ir embora, por ser visto como fraco, pelo modo como seu parceiro é visto pelos outros, pela escolha ruim. É muita vergonha.

O problema é que essa vergonha pode conduzir a um padrão ainda mais perigoso: o afastamento de outras pessoas. Se você sente vergonha de seu relacionamento ou de como seu parceiro trata você, pode nem mesmo querer ter um bate-papo leve com amigos e familiares, que lhe farão perguntas básicas do tipo "como vocês estão?". Mentir é o que revela a vergonha; pois, se não fosse vergonhoso, você contaria a verdade. Para a maior parte das pessoas com consciência e um sistema nervoso autônomo, mentir não é legal. Então, passa a ser mais fácil evitar ter essas conversas, não querer se explicar nem explicar o relacionamento. Isso é complicado porque, para pessoas nesse tipo de relacionamento, interação social é muito importante, pois pode ser a única fonte de bondade, espelhamento e empatia. Quando a vergonha leva ao afastamento social, isso deixa você mais isolado e vulnerável ao vazio do relacionamento narcisista.

Pessoas não gostam de sentimentos ruins como vergonha. Então, o que fazemos? Como no caso da maioria das coisas que não parecem boas, as evitamos, se possível. E como as evitamos? Não falando sobre elas. Esse é outro fator que contribui para o afastamento social e até mesmo de outros espaços importantes e úteis, como a psicoterapia. Falar sobre esses sentimentos significa *confrontá-los*. Seus amigos que gostam de bancar o terapeuta muitas vezes lhe dirão que você não precisa suportar isso e que deve ir embora. Mas nem sempre é tão simples e, por diversos motivos, ir embora talvez não seja uma opção. Portanto, a vergonha pode ser pior. Você se sente envergonhado, não gosta de como está sendo tratado, não sente que pode ir embora, não quer ouvir que deve ir embora e, em meio a essa confusão, pode se isolar ainda mais do mundo.

EXAUSTÃO MENTAL E EMOCIONAL

Isso é absolutamente exaustivo. Nunca coloquei tanto esforço em nada. Não consigo pensar. Não consigo dormir. Eu era uma pessoa tão divertida e feliz. Agora me sinto exausta o tempo todo. Quero meu "eu divertido" de volta.

Esses relacionamentos são exaustivos. Como a maioria das pessoas nesses relacionamentos não entende o que está vivenciando, passa grande parte do tempo "tentando entender". Elas também se percebem tendo as mesmas conversas e discussões de maneira repetida. Por fim, os padrões (como você está prestes a ler) nunca mudam. Então, pessoas em relacionamentos com narcisistas dirão que não parece justo ou que há um "duplo padrão" crônico. É fácil passar muito tempo obcecado por esses sentimentos, e isso significa que você está desperdiçando massa cinzenta que poderia (e deveria) usar para outras coisas. Essa exaustão é real e muitas pessoas relatam que se sentem cansadas, não estão mentalmente afiadas, não conseguem acompanhar o ritmo no trabalho e na escola e estão deixando a peteca cair em outras responsabilidades importantes.

Os padrões

Dado que o relacionamento faz com que se sinta mal, você pode tentar evitar se sentir assim (não gostamos de nos sentir mal, então, tentamos evitar sentimentos ruins quando possível — em especial quando são crônicos). Esse conflito ajuda a refletir sobre seus padrões com a finalidade de obter alguma consciência de como está administrando tudo isso. Esses padrões de "adaptação" permitem que a dinâmica narcisista distorcida permaneça. São soluções que você desenvolveu ao longo do tempo para sobreviver a esse relacionamento, em resposta aos sentimentos que abordamos até aqui. Alguns dos padrões mais comuns são:

- ▶ Dar desculpas, inclusive mentir porque está envergonhado e protegendo seu parceiro.
- ▶ Ter dificuldades com tomada de decisão.
- ▶ Pedir desculpas com frequência ("Me desculpe" se torna um mantra).
- ▶ Ter medo crônico de decepção, o que se traduz em medo de fazer planos ou expressar esperanças e objetivos.
- ▶ Viver em um isolamento social, evitando outras pessoas e fontes de apoio.
- ▶ Anestesiar suas emoções; isso pode incluir comer, beber, gastar demais, usar drogas e excesso de exercício.

Algum desses padrões soa familiar? Se você se vê preso em muitos dos padrões acima e seu parceiro possui os traços narcisistas que já foram expostos, então é ainda mais provável que você esteja em um relacionamento com um narcisista.

DAR DESCULPAS

Você pode se flagrar dando desculpas como uma forma de neutralizar a vergonha que está sentindo nesse relacionamento, ou como uma forma de mostrar um lado melhor — não apenas para o mundo, mas para você mesmo. Desculpas são uma extensão das narrativas que já abordamos no Capítulo 4. Qualquer história pode ser contada de diversas formas; a mesma história pode ser recontada para fazer com que o vilão pareça o herói. Seu relacionamento é um investimento — de tempo, recursos e emoções — e pode envolver crianças, outros familiares e finanças. Há muito o que "proteger", então dar desculpas pelo mau comportamento de seu parceiro se torna uma forma de proteção. Rachel se viu fazendo isso regularmente com John: *Ele é médico, tem uma agenda cheia.* No início, é fácil fazer porque você pode até acreditar naquelas desculpas iniciais: *Ele está ocupado, está cansado, posso não ter falado de maneira tão clara quanto deveria.* Com o tempo, a realidade fabricada das desculpas se torna sua única realidade.

Há uma diferença entre dar desculpas e "ser compreensivo". Tive clientes que revidaram e disseram que não estavam dando desculpas, mas sim tentando manter a perspectiva e entender que seus maridos, esposas ou parceiros tinham tido um dia difícil e não estavam no melhor momento. Obviamente, em parte, isso é verdade, empatia significa reconhecer e reagir aos sentimentos e experiências do outro, como tal, monitorar suas reações aos sentimentos do outro é uma boa higiene empática. No entanto, com o tempo, *dar desculpas* reflete um padrão, não apenas um dia ruim no escritório. Dar desculpas envolve pegar fatos semelhantes e contar uma história que nega seus sentimentos enquanto protege os do seu parceiro. E isso é um padrão que acontece repetidamente, ao ponto de acreditar mais nas desculpas do que em seus sentimentos. Compreensão é uma via de mão dupla — uma via construída por comprometimentos compartilhados e ofertados pelos dois. Dar desculpas é uma estratégia de sobrevivência à falta de empatia e uma longa viagem por uma via de mão única.

REPAROS: DAR DESCULPAS

Seja consciente e se controle. Reflita sobre a situação atual; antes de dar uma desculpa, pense sobre o motivo de isso ter acontecido. Seja empático, reconheça os dois lados, mas pare e se controle antes de dar uma desculpa.

Comece mantendo um registro delas. Em um dia qualquer, é fácil dar uma desculpa pelo comportamento inaceitável de alguém. Por exemplo, imagine que você está lidando com um parceiro que não se comunica e que está sempre atrasado. Sua lista de desculpas pode ser assim:

DIA 1: Atrasado para o jantar. Não ligou. Desculpa: reunião até tarde da qual não conseguiu escapar.

DIA 2: Atrasado para o jogo de futebol do filho. Mandou mensagem de texto depois. Desculpa: engarrafamento para sair do centro da cidade.

DIA 3: Não assinou documentos importantes. Desculpa: está cansado por causa de um prazo apertado no trabalho.

DIA 4: Cancelou o jantar com seus amigos de outra cidade. Desculpa: depois de uma longa semana, não quer socializar.

Olhando as desculpas desse exemplo, algumas são práticas e reais, porém outras são você antecipando dificuldades na vida dele. Sim, uma longa semana pode dificultar as coisas, mas não dê desculpas por ele. Prazos apertados acontecem, mas uma assinatura não demora. Algumas vezes damos desculpas por outra pessoa porque é mais fácil do que termos que nos comunicar diretamente e lidar com sua ira e raiva.

DILEMAS DE TOMADAS DE DECISÃO

Muitas pessoas entram e permanecem em relacionamentos com narcisistas por causa da dúvida. Além disso, a dúvida será desenvolvida e crescerá enquanto você estiver em um relacionamento com um narcisista. Diversas dinâmicas podem atuar nisso: ser questionado por seu parceiro, ser ignorado ou ser ridicularizado por ele (e, muitas vezes, as três juntas). A dúvida prejudicará sua capacidade de tomar uma decisão. Se você duvida de sua capacidade de fazer alguma coisa, ou mesmo de seus sentimentos, sua confiança será corroída, e se sua confiança está corroída, será desafiador tomar uma decisão.

William James certa vez disse: "Não existe ser humano mais miserável do que aquele em que a única coisa habitual é a indecisão". Indecisão é uma característica pouco atraente e ineficiente. Pode ser bem doloroso se tornar indeciso ao longo do tempo, ou ser decidido em algumas áreas da vida (por exemplo, no trabalho), mas ser atormentado pela constante indecisão em seu relacionamento. A dúvida inerente que colore o relacionamento com um narcisista, o comportamento imprevisível e a desconexão com você (e com todos os outros) implica que você é frequentemente privado da confiança e da consistência necessárias para tomar uma decisão. Os próprios narcisistas são bastante indecisos, porque passam a vida cobrindo suas apostas, esperando a próxima coisa melhor e, muito raro, se comprometendo com algo além deles mesmos.

Ser indeciso é exaustivo, ineficiente e pode resultar em dificuldades em sua casa, com seus filhos, com seus entes queridos e em suas atividades profissionais e voluntárias. Pode também levar você a se sentir mal consigo mesmo e potencializar o sentimento de dúvida. Como você passa a maior parte do tempo do relacionamento questionando a si mesmo, fará isso em outros espaços de sua vida também.

À medida que você domina o mecanismo de um relacionamento com um narcisista e começa a entender como isso impacta sua capacidade de tomar decisões, terá um melhor controle sobre sua indecisão e, talvez, comece a retomar o comando dessa habilidade. Sua dúvida provavelmente veio de fora, de seu parceiro, da confusão de seu relacionamento. A indecisão vem do mesmo lugar. Ao observar como a dúvida se infiltra em você de fora para dentro e leva à indecisão, pode voltar a um lugar de convicção.

REPAROS: DILEMAS DE TOMADAS DE DECISÃO

Confie em seu instinto. É provável que você tenha parado de fazer isso há muito tempo (quando sua autoconfiança é minada, seu instinto também é). Embora seus instintos nem sempre estejam certos, muitas vezes estão, e, se o seu relacionamento com um narcisista está transformando cada decisão em uma bagunça complexa — pergunte a qualquer criança que está fazendo uma prova de múltipla escolha —, seu primeiro palpite geralmente é o melhor.

Liste os prós e os contras. Essa é uma ferramenta antiga, porém boa. Sua falta de confiança pode ter diminuído sua capacidade de tomar decisões focadas e afiadas, e listar os prós e contras pode ser uma forma de racionalizar a tomada de decisão. Mas vamos dar uma sacudida nisso. Muitas vezes você tem certeza do que fazer, mas acha que seu parceiro narcisista pode discordar, então, adicione uma terceira

> coluna à lista de prós e contras — que pode ser rotulada de "medos". Medo de como seu parceiro irá reagir, ou como pode sabotar sua decisão. Ao permanecer ciente de seu medo, conseguirá reconhecer como ele está bloqueando seus poderes de tomada de decisão.

PEDIR DESCULPAS COM FREQUÊNCIA

Me desculpe. Gostaria de poder inventar um aplicativo de identificação linguística que pudesse registrar o número de vezes que uma pessoa diz "me desculpe" por dia. Estaria disposta a apostar uma boa quantia que as pessoas que mais dizem isso estão em relacionamentos com narcisistas. Como já ficou claro, nada é suficiente para o narcisista. Quando nada é suficiente, há uma tendência a pedir desculpas. (É quase como se, em cada pedido de desculpas que você faz, dissesse "Me desculpe por não ser suficiente".) Narcisistas têm olhos e ouvidos treinados para elementos negativos de seu mundo e voltados para a decepção e a traição. Como regra, se você procurar alguma coisa, vai encontrar. Um exemplo pode ser: em vez de seu parceiro narcisista dizer "Obrigado por fazer o jantar. Sei que ultimamente você tem estado muito ocupada", ele diz "Vamos comer massa de novo?". Na segunda opção, sua resposta mais provável é "Me desculpe".

É óbvio que alguns pedidos de desculpas são genuínos e necessários. Se você disse uma besteira, algo desagradável, se envolveu em um comportamento insensível ou cometeu um erro, um pedido de desculpas é uma resposta altamente adequada. Desculpas são um reconhecimento adequado e também devem ser um sinal de alerta para permanecer ciente e evitar uma transgressão semelhante no futuro. É provável que sua taxa de desculpas esteja alta demais — e esse número de desculpas que você está pedindo por erros "reais" seja infinitamente menor do que aqueles que está pedindo para apaziguar ou desarmar seu parceiro narcisista.

O medo pode estar por trás dessas desculpas que está pedindo. O simples "Me desculpe" pode, na verdade, ser "Me desculpe, por favor, não exagere". Ou "Me desculpe, por favor, não deixe isso arruinar o restante de nosso fim de semana". Ou "Me desculpe, por favor, não relembre os erros que cometi no passado". O pedido de desculpas se torna defensivo. Como narcisistas não lidam bem com desapontamentos ou inconveniências, seu pedido de desculpas pode ser de autoproteção. Por fim, como narcisistas raramente assumem responsabilidade por qualquer coisa e se desviam de tudo (inclusive dos próprios sentimentos), seu pedido de desculpa é resultado de passar tempo com alguém que nunca assume responsabilidade, deixando você na posição de se desculpar por você e por ele. No geral, o vazio, a falta de empatia e a falta geral de calor do narcisista podem significar que até mesmo a menor fraqueza, descuido ou erro desperta medo em você e raiva nele, que é incapaz de ver o cenário como um todo. Até que o aplicativo que mencionei seja inventado, você deverá monitorar esse comportamento sozinho.

REPAROS: PEDIR DESCULPAS COM FREQUÊNCIA

Embora não exista nenhum aplicativo monitorando as desculpas, você pode ter mais dados do que imagina. Reveja as mensagens de texto e e-mails que manda para seu parceiro. Há muitos "me desculpe" neles? Observe a função deles (para apaziguar seu parceiro e evitar uma briga ou foram desculpas sinceras?). Considere os padrões.

Aqui, a atenção plena também é importante. Quando surgir a tentação de dizer "me desculpe", comece a pensar em respostas alternativas e mais produtivas. Em vez de se desculpar diante da decepção de seu narcisista, reconheça a experiência dele. No exemplo do jantar e da crítica por outra noite de massa, em vez de pedir desculpas, você pode reconhecer o comentário dele e dizer: "Sim, sei que é repetitivo, mas foi uma solução simples para uma noite agitada". Essa resposta reconhece a questão e a contextualiza sem sua contrição. Guarde seus pedidos de desculpas para transgressões reais e vigie essas respostas de "Me desculpe". Quebre o ciclo de apaziguar a fera.

MEDO DE DECEPÇÃO

Por definição, um relacionamento com um narcisista é decepcionante. Como não são orientados às necessidades dos outros, suas escolhas normalmente refletem apenas o que funciona para ele. Quando as escolhas dele estão alinhadas com as suas, é um dia bom e todos ganham. É um pouco como jogar "cara ou coroa", o que significa que, em pelo menos 50% do tempo, você pode contar com a decepção.

Se sua vida com seu parceiro é atormentada por decepções programadas com regularidade, pode ser difícil fazer planos, seja a curto ou longo prazo. Até mesmo fazer a reserva para um jantar se torna um rolar de dados emocional. É ainda mais difícil com decisões de longo prazo, porque decepções rotineiras podem levar você a acreditar que o mundo é imprevisível, e isso torna desafiador expressar sonhos, aspirações ou planos. O tema recorrente em sua vida se torna "por que se importar?".

A decepção regular pode tirar o vento de suas velas. Pode ser uma montanha-russa ficar animado com algo que, em última instância, nunca irá fruir. Decepção também pode se estender a outras questões. Pode ser bem doloroso se animar em compartilhar uma ideia ou aspiração e encontrar indiferença. Essa reação decepcionante pode levar você a recuar e guardar sua ideia, considerá-la "ridícula" e que não vale a pena tentar. Pense em quantas vezes você teve uma ideia ou aspiração e foi ridicularizado ou, no mínimo, ignorado por seu parceiro, quantas vezes desistiu por causa disso, e quantas oportunidades perdidas isso pode representar.

Obviamente, decepção faz parte da vida. Às vezes, chove no dia do jogo; outras, as coisas não funcionam. Mas, quando decepções se tornam uma parte regular de seu mundo, facilitadas por um parceiro que toma decisões descuidadas com frequência, ou nem mesmo apoia suas tentativas de fazer algo, isso pode resultar em você se conter e perder a alegria de viver e estabelecer objetivos de longo prazo que podem encher a vida de significado, propósito e esperança.

REPAROS: MEDO DE DECEPÇÃO

Não tenha medo da decepção. Isso é um pouco de correção cognitiva. Decepções podem não ser boas, mas não vão matar você. Acontecem e, nessas ocasiões, as pessoas têm uma tendência a ficar tristes e começam a ver o mundo através de uma lente negativa de vitimismo. Como a decepção faz parte do cenário com um parceiro narcisista, e é até mesmo difícil se ajustar a ela, é útil parar de lhe dar tanto poder. As dicas a seguir também ajudam a neutralizar um pouco do poder emocional da decepção, mas comece não tendo tanto medo dela. Decepção é uma ótima maneira de aprender a ter graça e deixar as coisas para lá.

O melhor ataque é uma boa defesa. Tenha um time reserva ou um plano B. Quando puder, encha sua vida com experiências ricas e maravilhosas por conta própria e esteja preparado para concretizar algumas delas sozinho. Muitas vezes as pessoas ficam decepcionadas porque o parceiro não quer ver um filme com elas, então não o assistem e não fazem mais nada. Se prepare para ver o filme sozinho, com um amigo, ou tenha outra atividade planejada. Pode ser desanimador planejar algo com seu parceiro, mas ter que fazer sozinho ou com alguém do seu ciclo de amizades (aquele cruzeiro com bebidas ao pôr do sol pode parecer romântico, mas pode ser um tipo diferente de diversão com um amigo). É verdade que talvez seja cansativo porque, em algumas noites, você pode acabar fazendo vários planos, mas pelo menos isso lhe dá algum ponto de segurança se estiver planejando algo em torno de um parceiro narcisista.

FECHAR A PORTA PARA OUTRAS PESSOAS

Pessoas em relacionamentos com narcisistas são notoriamente isoladas. Como já debatemos, pode ser por vergonha ou medo de julgamento. Esse é um padrão psicologicamente perigoso. É provável que pouquíssimas necessidades emocionais sejam atendidas em seu relacionamento. Se você se isola do único outro lugar onde a conexão e reciprocidade podem ocorrer — ou seja, com outras pessoas —, está rompendo com uma necessidade humana fundamental. A dúvida que surge em um relacionamento narcisista pode fazer você sentir menos confiança e "valor" em *todos* os outros relacionamentos.

Seu isolamento social funciona muito bem para seu parceiro narcisista; ele pode até querer isso. Ele pode ter compartilhado opiniões negativas ou insultos sobre seus amigos e familiares, ou ter percebido o desdém com que seus entes queridos o veem. Quanto mais isolado socialmente você fica, mais a realidade distorcida se torna sua *única* realidade. Você perde as caixas de ressonância que podem ajudá-lo a voltar a reconhecer seu valor, que o lembram o que é empatia, que fornecem perspectiva e o envolvem na forma mútua e recíproca que os relacionamentos humanos deveriam operar. Apoio e conexões sociais são bons para a saúde e o bem-estar. Perdê-los, em especial quando vive em um deserto psicológico de um relacionamento narcisista, pode ser excepcionalmente desafiador.

Isolamento pode estar por trás de muitos dos temas que debatemos, em particular, indecisão e dúvida. Como outros padrões, o isolamento acontece de maneira gradual. Não é como se um dia todos estivessem em sua vida e se retirassem no dia seguinte. Pode ser sutil: dizer não a uma saída com amigos, passar as festas de fim de ano longe da família, evitar receber pessoas em casa para que não testemunhem o comportamento de seu parceiro, não querer ouvir as críticas de seu parceiro sobre pessoas próximas, então você lentamente as corta de sua vida. Em alguns casos, seu desejo por contato social pode se tornar tão profundo que você talvez fique animado em ir trabalhar para socializar com os colegas, ou desfrutar o simples prazer do jogo de futebol de um filho, porque isso significa uma breve oportunidade de conversar com outros pais.

Esse isolamento pode levar meses ou anos, mas, muitas vezes, você levantará sua cabeça e verá que está em uma sala vazia. Se perceber que começou a se afastar de seus amigos e familiares, dê alguns passos para se reconectar.

REPAROS: FECHAR A PORTA PARA OUTRAS PESSOAS

O mais simples é não fechar a porta. Você não precisa compartilhar com eles os detalhes difíceis de seu relacionamento ou mesmo falar sobre isso, mas o companheirismo saudável e amoroso de pessoas empáticas pode ser mais curativo do que quase qualquer outra coisa a essa altura. Entre em contato com familiares e amigos verdadeiros que sempre apoiaram você e que conseguem ouvi-lo sem julgamento. Esses tipos de interação podem ajudar a fortificá-lo, lhe dar o apoio essencial e lembrar a você como comunicação, reciprocidade e mutualidade funcionam em um relacionamento.

Marque um almoço com um amigo ou se comprometa a passar um feriado com sua família, mesmo se seu parceiro não o acompanhar. Como verá mais adiante neste livro, ter relacionamentos externos é fundamental para sua sobrevivência e felicidade — se você escolher ficar ou ir embora.

CONFORTAVELMENTE ANESTESIADO

Quando usamos coisas como comida ou álcool para lidar com nossa mágoa ou sentimentos, estamos administrando-os "de fora para dentro" — em essência, anestesiando-os. Essa é uma abordagem comum de pessoas que se sentem tristes, ansiosas, magoadas ou desamparadas, e tira o foco da situação e dos sentimentos. Quando você está em um relacionamento narcisista, é fácil escapar para esse lugar. Ter uma vida em que não se é ouvido pode ser extremamente doloroso, e lidar com essa dor através de qualquer meio disponível, não é incomum. A lista de reparos rápidos e "insalubres" inclui:

- ▶ Comida
- ▶ Álcool
- ▶ Drogas
- ▶ Cigarro
- ▶ Compras

No entanto, algumas das formas como nos anestesiamos podem estar, na verdade, escondidas em "pacotes" mais virtuosos e também podem ser bastante poderosas:

▶ Trabalho
▶ Exercício
▶ Limpeza e tarefas domésticas
▶ Manter-se freneticamente ocupado com filhos, família, amigos, vida

Quando se está tão ocupado, é como se fosse uma abelha zumbindo de uma atividade para a próxima e nunca parando, tudo para evitar o relacionamento desafiador em sua vida e os sentimentos associados a ele. Anestesiar se torna um escape para não ter que pensar sobre o que você está vivenciando. De tempos em tempos, é uma compreensível estratégia de curto prazo. É claro, beber demais não é uma estratégia de longo prazo viável ou adequada. No entanto, atividades como trabalhar demais podem parecer virtuosas para o mundo, mas também significam adiar o inevitável: enfrentar os sentimentos e a situação. Sentimentos são como uma grande quantidade de água contida por uma represa — a represa vai segurar por um tempo, mas, quando se romper, cidades serão varridas do mapa.

No entanto, sentimentos não podem ser anestesiados de verdade. É como colocar um perfume para encobrir o fato de não tomar banho há dias; você ainda cheira mal. E os sentimentos ainda estão ali. Com o tempo, não importa quanto você se empenhe em anestesiar ou mascarar os sentimentos, você acabará experimentando coisas mais profundas e destrutivas como fadiga, apatia mental, tristeza, dúvida e desconexão. Em vez disso, tente acessar seus sentimentos de maneira honesta e encontre formas mais saudáveis de lidar com eles. Os próximos capítulos deste livro lhe fornecerão as estratégias concretas necessárias para ajudá-lo a lidar com alguns desses sentimentos.

> ## REPAROS: CONFORTAVELMENTE ANESTESIADO
>
> Em vez de se anestesiar ou se distrair, outra abordagem é integrar meditação de atenção plena à sua vida. Atenção plena traz inúmeras recompensas para uma pessoa em um relacionamento narcisista, pois permite que você seja autorreflexivo, faça uma pausa antes de descer pelos mesmos becos sombrios com seu parceiro e acabe com o ciclo de ruminação. Além disso, se você vai se "distrair", tente fazer isso de maneiras que permitam autocuidado e conexão: se exercite ao ar livre ou com amigos, prepare e compartilhe uma refeição saudável, vá a cinemas e museus. Há uma diferença entre anestesiar um sentimento e cuidar de si. Autocuidado pode fortalecer seu senso de identidade e sua determinação, de modo que você consiga cuidar de si mesmo. Ficando ou indo embora.

A maioria das pessoas não quer falar sobre esses sentimentos de dúvida, depressão, ansiedade, vergonha ou desamparo porque significa que pode ser a hora de encarar a verdade. Este livro é sobre encarar a verdade — e lembrar a você que sempre existem dois caminhos disponíveis: ficar ou ir embora. Você pode escolher um por enquanto, e o outro mais tarde. Permita-se reconhecer as escolhas de modo que possa sentir seus sentimentos, mas não se sinta pressionado a dar os passos para um lado ou para o outro. Mais importante, este livro é sobre novas abordagens e estratégias que lhe permitam experimentar esses sentimentos, atender suas próprias necessidades e se preparar para as consequências de qualquer decisão que tomar, em vez de viver em negação ou asfixia.

Este capítulo foi pensado para encorajar você a refletir sobre como essa pessoa o fez se sentir — uma experiência muito pessoal — e as coisas que você fez para lidar com esses sentimentos (incluindo não lidar com eles). Neste ponto, deve estar bem claro como é um narcisista patológico, como ele faz você se sentir e por que isso acontece. O próximo passo é descobrir o que fazer.

CAPÍTULO 6

É HORA DE ABANDONAR A FANTASIA DO RESGATE

Nos contos de fadas, as princesas beijam os sapos e os sapos se transformam em príncipes. Na vida real, as princesas beijam os príncipes, e os príncipes se transformam em sapos.

PAULO COELHO

Vamos dar uma olhada em *A Bela e a Fera*. Originalmente um conto popular francês, recontado ao longo dos anos até ser "disneyficado". Mas é uma história atemporal que lança uma tremenda percepção no mito culturalmente universal do resgate e redenção que aprisionou um grande número de pessoas em relacionamentos narcisistas.

Uma adorável jovem chamada Bela (ou alguma variante de bonita) vive com seu pai (e em algumas versões com duas irmãs mais velhas egoístas e gananciosas). Quando a sorte do pai falha, ele sai para resolver algumas questões de negócios e, enquanto as irmãs mais velhas gananciosas pedem que ele traga roupas chiques e joias de suas viagens, Bela pede apenas uma rosa, pois seu jardim secou durante o tempo difícil.

O pai se perde na floresta, tropeça no palácio da Fera, e a criatura o recebe com roupas, joias e comida. O pai coleta uma rosa do jardim, o que enfurece a Fera, que o acusa de roubar um dos bens mais valiosos da casa. O pai tenta explicar que é um singelo presente para sua filha mais nova e mais bonita, e a Fera, então, diz que o pai pode levar a rosa, mas precisa retornar.

Bela, sendo a filha solidária e assumindo a culpa pela rosa, se entrega à Fera no lugar do pai e é mantida prisioneira. A história tem variações sobre como as coisas acontecem para ela nesse momento, mas, basicamente, a Fera a enche de presentes e permite que ela viva de maneira luxuosa — comida, vinho, joias, roupas —, mas o problema é que ela é uma prisioneira (controle). A Fera é propensa a ataques de *raiva* de tempos em tempos, mas Bela sente que, com gentileza e apoio, ele vai cair em si (fantasia do resgate). Na fantasia de Bela, ela lida com esse estado abaixo do ideal, imaginando que está vivendo em um castelo com um belo príncipe que está aprisionado em algum lugar, e ela permanece convicta de que ele aparecerá e a resgatará.

A Fera, em uma demonstração incomum de gentileza, permite que Bela saia por um breve período para visitar a família, com a promessa de que retornará em uma semana. Ele lhe entrega alguns objetos para levar, incluindo um espelho encantado que permite que ela observe o que acontece no palácio durante sua ausência. Após uma semana, ela não retorna porque as irmãs a fazem sentir-se mal por deixar o pai doente. Mas ela se sente culpada por quebrar a promessa que fez para a Fera, e olha o espelho. Nesse momento, ela vê que a Fera entrou em colapso devido à decepção e ao abandono, e está desaparecendo.

Bela volta correndo para o palácio e encontra a Fera agonizando. Ela se inclina sobre ele e chora, reconhecendo sua gentileza e hospitalidade, e se desculpando por não ter retornado quando disse que o faria. Ela se inclina e o beija com amor verdadeiro, na concepção de que ele é vulnerável e amável, apesar de seu exterior animalesco. E *voilà!* Ele se transforma em um lindo príncipe. A raiva desaparece e ele é amoroso e gentil. E explica que, alguns anos antes, uma bruxa lançou sobre ele um feitiço que só seria removido por meio do amor de uma mulher pura e boa.

O palácio também se transforma magicamente do estado de abandono para imaculado, e a Bela e o Príncipe... vivem felizes para sempre.

Ah! Se uma ação coletiva pudesse ser movida contra os perpetradores desse conto. O que essa fantasia do resgate significa para você? Ainda está se agarrando a alguma forma de esperança de que seu parceiro narcisista se transforme em um príncipe? Acha que, com bastante amor, atenção e perfeição, pode, de alguma maneira, mudá-lo? Se está preso em uma fantasia do resgate, não espere um final feliz.

A fantasia do resgate

Sem exceção, tanto para homens quanto para mulheres, a fantasia do resgate é o que mantém relacionamentos narcisistas vivos, ano após ano. A esperança mantém o navio flutuando porque, uma vez que a esperança acabe, nada mais existe para lutar. A esperança pode ser real e pode ser uma ilusão, mas na maioria dos casos, é um pouco de cada. A dinâmica do gaslighting mencionada antes é um tijolo essencial na fantasia do resgate. Questões como dúvida, culpa, medo e o predominante conto de fadas de que "se você ama alguém o suficiente, ele mudará", levam pessoas a passar *décadas* batalhando por esses relacionamentos. Cada dia se torna uma nova oportunidade de "acertar", "tentar mais", e, quando você dá uma olhada em livros a respeito de relacionamentos típicos, eles falam sobre se comunicar *com mais clareza*, ser *mais amoroso* e reservar um *tempo* para seu relacionamento. Todos são ótimos conselhos *apenas se a outra pessoa estiver percebendo* ou ouvindo!

Kierkegaard observou que o "Amor é a expressão de quem ama, não de quem é amado". O desafio é que, quando essa expressão não é recebida com reciprocidade, mas o oposto, pode ser exaustivo e desmoralizante. A fantasia do resgate está inserida no senso comum. Além disso, se você cresceu com pais que precisavam de resgate ou se você se viu num papel de cuidador precoce (por exemplo, seus pais não estavam disponíveis emocionalmente de nenhuma forma, ou teve que cuidar de um pai/uma mãe doente ou deficiente, ou precisou cuidar de crianças mais novas a ponto de perder momentos de sua vida), então, é fácil pensar que mais amor é melhor. Se você fizer mais, cuidar mais, amar mais, receberá mais em troca. Não é tão proporcional assim e, embora isso possa se aplicar a uma fábrica — trabalhe mais, produza mais —, não funciona dessa forma em relacionamentos, muito menos com um narcisista.

Quando você remove essa opção (de "se esforce mais e seu parceiro notará"), você pode ficar com raiva, confuso e frustrado. Pessoas viverão em um lugar de futilidade em seus relacionamentos por muito tempo. A maioria das pessoas com quem conversei foi clara sobre qualquer outra área de sua vida: "Se eu ficasse frustrado tanto tempo em qualquer outra área, teria pedido demissão do emprego, terminado uma amizade, parado de falar com um familiar, ou simplesmente teria ido embora". Algo sobre relacionamentos íntimos nos mantêm presos, mesmo após todas as evidências nos dizerem para fugir.

A fantasia do resgate está em nosso DNA e permite que as feras em nossa vida escapem impunes. Nossa cultura *ama* a história de redenção, e muitos querem assumir o papel de salvador. Embora esse relacionamento possa ter corroído sua autoestima, seu amor-próprio, sua capacidade de tomada de decisão e tenha lhe proporcionado uma vida de dúvidas, você ainda continua se esforçando por ele. Amor é uma experiência redentora e, quando vivenciado por pessoas saudáveis, pode fornecer possibilidades interiores, favorecer o crescimento e proporcionar força em momentos de adversidade para as pessoas envolvidas. É uma parte essencial da experiência humana, embora nos concentremos demais no amor "fora" *versus* amor "dentro". Isso não é uma crítica ao amor.

O desafio surge quando você está em um relacionamento e suportando todos os padrões insalubres que temos discutido. Se você se mantém fiel à crença de que seu amor, doação e apoio *mudarão* seu parceiro narcisista patológico, repense. Os padrões de personalidade tendem a ser bem arraigados — e as regras de resgate não se aplicam. Também é bem provável que você siga trocando de estratégia. Durante um tempo, você tenta apoiar, então amar, depois se afastar, em seguida ficar quieto. Do ponto de vista da pesquisa, isso faz sentido; você tenta diversas estratégias, reúne dados e entende o que funciona melhor (as chances são de que nenhum padrão único funcionará, uma vez que o narcisista é imprevisível; é como tentar ganhar na roleta). Mas, como o objetivo final — esperar que seu parceiro mude — não é possível, você não verá a mudança. E estará preso em um padrão de testar diversas estratégias para ver qual funciona. As chances são de que nada funcione.

Vulnerabilidade e resgate

Mudanças temporárias em seu parceiro podem ser confusas. Por mais desconectados psicologicamente que sejam os narcisistas, sob determinadas condições — fatores de estresse severo, uma grande perda, medo —, eles ouvirão, irão se animar e andarão na linha. Narcisistas, ao contrário da sabedoria popular, podem ser bastante vulneráveis. E esses momentos de vulnerabilidade se encaixam perfeitamente na fantasia do resgate. É claro, não é muito interessante tentar resgatar uma pessoa grandiosa, arrogante e cheia de legitimação. Mas, quando essa mesma pessoa se sente ameaçada e se mostra vulnerável, nesse momento você realmente pode se sentir útil. Com frequência, o narcisista vai te atrair para perto nesses momentos, contando com sua segurança e apoio, e pode até parecer normal e conectado por um tempo. Esses momentos vulneráveis podem ressuscitar a fantasia do resgate. Então, em semanas, meses e, às vezes, anos, eles deslizam de volta para sua dinâmica usual. Vulnerabilidade é uma parte do complexo e sutil quadro clínico do narcisismo e talvez sejam esses episódios de vulnerabilidade que mantêm os parceiros no jogo durante anos e até décadas, pensando: "Ele chorou, está diferente". Não. Mesma música, tom diferente.

O desafio

Isso levanta a ideia de "desafio". É estranho e, de alguma forma, perturbador que pessoas vejam seus relacionamentos como lugares de "desafio" ou algo a ser vencido. Isso pode ser um triste subproduto de uma sociedade competitiva, ou um eco darwinista de conseguir o parceiro "mais forte". A ideia de ter que vencer o parceiro narcisista "invencível" inicialmente pode ser encarada com um desafio. Se você pudesse vencer essa pessoa desapegada, assumiria um papel de "vencedor" ou "salvador". Você será o único que poderá resgatá-lo. É claro, essa é uma postura doentia a ser tomada em um relacionamento íntimo. Mas muitos de nós somos competitivos e um desafio pode nos manter alertas. Na verdade, toda uma indústria de palestrantes e livros sobre relacionamento é baseada nas premissas que ligam namoro a *Arte da guerra*. Em nossa cultura, o namoro é expresso em termos de "desafio", e, como narcisistas jogam esse jogo melhor do que qualquer um, eles marcam um gol de placa na fase de namoro, o que fisga e cega você.

O conceito de desafio pode ser atraente no início, mas isso só funcionará se o seu esforço de fato resultar em consideração consistente e recíproca. Por exemplo, você faz algo legal para seu parceiro e isso lhe dá prazer, ele percebe e valoriza, e então faz algo legal em troca e, antes que você perceba, isso é um padrão. Um *pas de deux* perfeito. Mas isso pode levar a anos ou décadas tentando agradar seu parceiro narcisista antes que você perceba que essa é uma via de mão única. Você vai fazer, fazer, fazer, fazer. No começo, ele pode até retribuir, mas é provável que nunca mais o faça. Depois que o desafio tiver passado e você estiver preso, a mutualidade e reciprocidade também passarão.

Assim como é perigoso se deixar levar pela fantasia do resgate, pode ser igualmente doloroso permitir que o desafio da conquista mantenha você investido no relacionamento. Você se verá frustrado e começará a vivenciar aqueles sentimentos de depressão, ansiedade e dúvida dos quais falamos no capítulo anterior.

Então, qual é a única abordagem que vai funcionar quando todas as outras se esgotarem? Depois que a terapia de casal foi rejeitada ou não resultou em nada? Depois que os vinte livros de relacionamentos sobre comunicação e amor que você comprou não deram em nada? Depois de anos mantendo a casa limpa, as crianças quietas, o corpo em forma, a conta bancária cheia ou bem administrada, suas necessidades não atendidas, e nada mudou? É dolorosamente simples, mas também desafiador de executar porque demanda uma reescrita, uma nova interpretação, uma reinicialização e uma reformulação. E a melhor parte é que não demanda nada de seu parceiro — está totalmente sob seu controle. É o conselho menos romântico que você receberá: *Gerencie suas expectativas*.

Vamos explorar essa sugestão com mais detalhes no próximo capítulo. Por enquanto, um dos pontos mais importantes a lembrar é que você precisa abandonar 100% a fantasia do resgate. Caso não o faça e decida ficar, ela apenas destruirá você aos poucos. E se você escolher ficar, mesmo sabendo que a fera jamais se transformará em príncipe? O próximo capítulo fornecerá a você algumas ferramentas úteis para deixar sua vida mais fácil, se esse for o caminho que você escolher seguir.

CAPÍTULO 7

DEVO FICAR?

Quando não somos mais capazes de mudar uma situação, somos desafiados a mudar a nós mesmos.

VIKTOR FRANKL

É uma pergunta complicada nesse tipo de relacionamento. E é altamente pessoal. Mas tudo se origina da premissa central de que eles não vão mudar.

Esta parte do livro é focada em administrar o relacionamento, caso você decida ficar. Há uma infinidade de motivos para uma pessoa decidir permanecer em um relacionamento — filhos, finanças, negócios compartilhados, religião, cultura, medo, questões de saúde —, e todos são fatores importantes e verdadeiros. O fato é que você pode simplesmente estar apaixonado por essa pessoa, e tudo bem. Se tem esses sentimentos, não vai querer ir embora. A agonia que muitos enfrentam quando estão em um relacionamento com um narcisista é que estão suportando uma situação difícil, mas não conseguem pensar em nenhuma outra solução além de ir embora. E não têm a menor intenção de partir. Esse vínculo duplo pode levar a um profundo sentimento de confusão, desamparo e aprisionamento. Por que permanecemos nesses relacionamentos? Como uma pessoa pode ficar e aliviar um pouco do desconforto?

Para reiterar um ponto anterior, se você está em um relacionamento fisicamente abusivo ou que coloca você e/ou outras pessoas em perigo, isso é uma questão diferente. Nesse caso, procurar instituições contra violência doméstica para garantir sua segurança é essencial. Esta parte do livro aborda dia a dia, ano a ano de negligência e mau comportamento que uma pessoa enfrenta em um relacionamento narcisista, não foi pensado para abordar situações de perigo extremo.

Todos podem dar opiniões, mas a resposta certa reside dentro de você. Em especial, quando pessoas estão casadas, senso comum é "lutar" pela relação, a menos que as condições tenham evoluído para algo tão tóxico que se tornam insuportáveis. Essas situações podem ser óbvias, como abuso físico, verbal, financeiro, uso de drogas e álcool ou infidelidade recorrente. Sob essas condições, você pode ter aliados que o encorajarão a ir embora. O fato é que, se o dano psicológico que o narcisista causa a uma pessoa ficasse aparente em seu rosto e corpo, as pessoas ligariam para a polícia. As mudanças lentas e sutis causadas pelo relacionamento narcisista, como desconexão e dúvida, resultam em feridas internas que não são visíveis para outras pessoas, e pode ser mais desafiador angariar apoio. Tendo auxílio ou não, ficar ou ir embora, em última instância, é sua decisão. Se a decisão por enquanto for ficar, continue lendo.

Narcisistas não mudam

Obviamente, existem determinados padrões humanos que são difíceis de mudar, como hábitos e vícios, mas por causa do impacto direto desses padrões sobre o viciado, em algum momento, é provável que ele tente mudar (e podem ser necessárias algumas tentativas para chegar lá). O narcisismo funciona para o narcisista. Como é um padrão de personalidade, não é passível de mudança. Além disso, vivemos em uma cultura que apoia e celebra o narcisismo: as redes sociais são um salão de espelhos que fornecem constante validação, e riqueza e grandiosidade são indicadores fundamentais de sucesso. Quando o mundo apoia e as necessidades estão sendo atendidas, eles não acham que há qualquer coisa errada e são incapazes de ver, escutar ou sentir as necessidades dos outros, com isso, a possibilidade de mudança é próxima a zero.

Tenha em mente que, como falamos na fantasia do resgate, narcisistas podem ser bastante vulneráveis, às vezes oscilando entre grandiosidade e fragilidade. Nesses momentos, você pode até se sentir útil no relacionamento com ele, consolando-o e encorajando-o, o que ele vai absorver até não precisar mais de você ou de encorajamento. Exatamente quando está vulnerável, o narcisista pode estar disposto a buscar terapia, mas o resultado do tratamento talvez não beneficie você como parceiro.

E a terapia?

Na literatura sobre narcisismo, praticamente não existem evidências de tratamentos com bons resultados. Participei de inúmeras palestras e workshops, li artigos e livros — tudo o que consegui — esperando encontrar a resposta para o enigma: como você trata com sucesso um narcisista? A resposta nunca veio.

Como psicóloga, provavelmente não é bom para o meu ganha--pão reconhecer que existem alguns padrões humanos que não mudam. Esse é um deles. Uma análise da literatura sobre tratamento de narcisismo patológico e transtorno de personalidade narcisista revela que há pouca evidência de quaisquer tratamentos bons, consistentes e sustentáveis para o transtorno de personalidade narcisista. O dr. Joel Paris, professor de psiquiatria na Universidade McGill e autor de diversos livros sobre transtornos de personalidade, sugere, inclusive, que, a menos que o terapeuta seja cuidadoso, a terapia pode até promover o narcisismo. Evidências de melhoras foram sugeridas em um punhado de relatos de casos, mas, ao final, narcisistas radicais, patológicos, certamente não mudarão de maneira espontânea e, mesmo que façam tratamento (ao que, no geral, são resistentes), não há muita evidência de que fará alguma diferença e, definitivamente, não a longo prazo.

Pesquisas sobre tratamento de narcisismo ou de transtorno de personalidade narcisista sugerem o valor de algo que a professora de psiquiatria Elsa Ronningstam chama de "eventos de vida corretivos", e isso não vem necessariamente por meio de tratamento, mas de ocorrências da vida. Esses eventos corretivos podem ajudar a administrar a necessidade do narcisista de manter grandiosidade e arrogância em seus relacionamentos e sua sensação de desilusão. Basicamente, ela argumenta que ter esses relacionamentos corretivos pode conduzir o navio de forma um pouco diferente. Por exemplo, se uma pessoa narcisista consegue ter experiências que mostrem que suas manobras usuais de grandiosidade, arrogância e legitimação podem ser desafiadas ao alcançar excelência de verdade por conta própria (rejeitando assim a grandiosidade) ou tendo um relacionamento corretivo consistente (rejeitando assim a legitimação e a arrogância), ou experiências de desilusão que lhe permitam desenvolver alguma humildade e abandonar um pouco do autoconceito de grandiosidade, então podem existir mudanças significativas na persona narcisista.

Minha principal preocupação aqui é que, por vezes, contribui para a fantasia do resgate de que seu amor infindável pode ser essa experiência de relacionamento corretivo. Pode, mas provavelmente não será. Muito disso pode se resumir ao momento certo e ser apenas a alquimia de entrar na vida do narcisista na hora certa para que a experiência corretiva se desenrole. O *timing* é uma questão de sorte, e se esforçar mais não significa que essa sorte vai acontecer. À medida que você se esforça para ser essa pessoa "corretiva", isso também cobra um preço (e, quando a experiência "corretiva" não ocorre, pode fazer com que você se culpe). Essas mudanças espontâneas e experiências corretivas são mais propensas a acontecer com pessoas cujo narcisismo patológico é menos extremo. O mais provável é que ocorram breves mudanças em alguns desses padrões, com a maioria deles se mantendo. No entanto, a boa notícia é que, se você decidir "ficar", existe alguma possibilidade de mudanças sutis que deixem as coisas mais suportáveis.

Uma observação final sobre terapia e personalidade narcisista: minha convicção é de que o transtorno de personalidade narcisista causa seu maior dano em relacionamentos próximos e íntimos (como casamentos). Muitas pessoas têm chefes, colegas, irmãos, amigos e vizinhos narcisistas. Não são situações fáceis, mas não têm o impacto que um parceiro romântico teria. A natureza primitiva e emocional de um relacionamento pessoal próximo significa que a falta de empatia, a raiva, a distância, o controle e a inconsistência têm um tremendo poder de moldar a vida e o mundo interior de uma pessoa em um relacionamento narcisista. Relacionamentos próximos podem ativar o melhor e o pior em nós, mas as demandas profundamente emocionais de um relacionamento íntimo estão fora do alcance de uma pessoa com transtorno de personalidade narcisista. No geral, a terapia não consegue fazer uma pessoa ser menos superficial. Além disso, a personalidade narcisista se aproveita de relacionamentos próximos e simplesmente drena sua vida de maneira lenta e gradual.

O foco principal da terapia de casal está na aceitação e no compromisso, uma forma poderosa e importante de pensar sobre o casamento e relacionamentos em geral. Sem aceitação, uma relação íntima não pode prosperar. Não somos perfeitos, e, para seguir em frente e manter um relacionamento recíproco, respeitoso e amoroso, aceitação é uma parte essencial (e muitas vezes desafiadora) da visão holística de uma parceria comprometida. Esse foco em aceitação, no entanto, pode se tornar perigoso quando um dos parceiros é narcisista. Aderir muito firmemente a um modelo de aceitação leva parceiros em relacionamentos narcisistas a sentirem que não estão se esforçando o suficiente, que não são resilientes, ou que não são pessoas que perdoam. Esta é uma ladeira escorregadia de autoculpabilização e perpetuação de ciclos viciosos. Uma vez que esteja claro que você está em um relacionamento com um narcisista patológico, eu encorajo a aceitação, mas prefiro pensar nisso como uma aceitação informada (que ele não mudará, que não existe fantasia do resgate) que levará você de um lugar de dúvida e autoflagelação para um lugar de autoestima e autovalorização, que irá preparar você para tomar as decisões mais saudáveis, não de forma cega, mas com sabedoria. Isso não é sobre ver seu parceiro como um monstro, mas talvez *aceitar* o cenário complexo do narcisismo e tomar decisões adequadas.

Como resultado, mesmo quando uma pessoa com transtorno de personalidade narcisista está em terapia, e até se algumas mudanças são observadas por amigos, familiares ou colegas de trabalho, ninguém sente mais os impactos do que aquele que está em um relacionamento íntimo com o narcisista. É *muito* improvável que essas mudanças pulem dentro dos trilhos de seus relacionamentos íntimos. As demandas emocionais, a empatia e a consistência que são necessárias para um relacionamento íntimo estão fora de alcance, e as pequenas mudanças no comportamento de um narcisista têm o potencial de suavizar as explosões, mas não impedir que ocorram. As mudanças comportamentais podem facilitar alguns aspectos de sua vida cotidiana, mas o vazio emocional e a superficialidade são muito mais difíceis de serem mudados, e esses são fatores que podem prejudicar um relacionamento. Agora, em vez de regularmente se atrasar para o jantar e ignorar você, a terapia pode fazer com que seu parceiro narcisista passe a chegar na hora do jantar e ignorar você. No entanto, ser pontual pode ser suficiente para você — e só você saberá isso.

Outros diagnósticos

Transtornos de personalidade, como o transtorno de personalidade narcisista, ocorrem simultaneamente com outras doenças mentais, em particular a depressão e transtornos por uso de substâncias. Pesquisas mais antigas que a de Ronningstam sugerem que quase metade das pessoas com transtorno de personalidade narcisista tinha também um diagnóstico de depressão, 25 a 50% tinham um diagnóstico de transtorno por uso de substância. Outros transtornos comumente observados de maneira simultânea ao de personalidade narcisista incluem transtorno bipolar e alimentar. Pessoas com transtorno por abuso de substâncias também têm altas taxas de transtorno de personalidade narcisista. Isso torna ainda mais complicada uma situação clínica difícil. E pode também dificultar a sua saída.

Não é de se admirar que pessoas com transtorno de personalidade narcisista se tornem viciadas em drogas e/ou álcool. Como não conseguem regular a autoestima ou emoções, e dependem de validação externa para manter sua identidade, drogas e álcool se tornam mais uma "ferramenta" externa para ajudá-los a fazer isso. É uma solução superficial e rápida que pode sair do controle. Um relacionamento com um viciado é uma situação desafiadora e pode levar uma relação ao extremo. Muitas das características do uso de drogas/álcool são semelhantes às do transtorno de personalidade narcisista: negação, mentira, projeção e egoísmo generalizado. Se uma personalidade narcisista também é viciada, essas características podem ser ainda mais fortes e difíceis de administrar. Seu julgamento ruim, problemas de limites e violações de confiança podem ser ainda mais pronunciados quando estão embriagados, e isso também pode aumentar sua raiva e o desafio de controlar qualquer uma de suas emoções.

Dado que os narcisistas podem ser bastante vulneráveis, de novo, porque sua autoestima é muito frágil e dependente do julgamento de outras pessoas, depressão não é uma parte surpreendente desse cenário. Às vezes, quando estão deprimidos, em especial os homens, é muito possível que seu humor fique mais irritável do que o normal, ou que se tornem mais retraídos e concentrados em si mesmos. O foco em características superficiais e os problemas com regulação também podem resultar em transtornos como o alimentar, tanto em homens como em mulheres. No entanto, transtorno bipolar é o mais sério dos transtornos que podem ocorrer simultaneamente ao de personalidade narcisista. Os altos e baixos da mania e depressão, e os sintomas sobrepostos, tais como grandiosidade e legitimação, podem deixar os sintomas ainda mais intensos e perturbadores.

Abuso de drogas e álcool, depressão, transtorno bipolar e alimentar são todos administráveis. Pode levar algum tempo e, muitas vezes, uma combinação de medicamentos e psicoterapia, mas as pesquisas sugerem bons resultados de tratamento. Então, se você tratar depressão ou abuso de álcool em uma pessoa com transtorno de personalidade narcisista, terá um narcisista mais alegre, ou cheio de energia, ou sóbrio. Isso é bom, mas você ainda tem que administrar os sintomas do transtorno de personalidade narcisista. Com o tempo, se você estiver em um relacionamento com alguém que está vivenciando transtorno de personalidade narcisista junto a mais algum outro diagnóstico, pode perceber que certas questões talvez melhorem com tratamento, mas que alguns padrões, em particular os sintomas principais do narcisismo, nunca melhoram. No entanto, a culpa sobre outros problemas de saúde do parceiro, tais como vício ou outra doença mental, também pode estar associada ao conflito de comunicação com eles ou à ponderação sobre deixar o relacionamento.

Os sintomas mais importantes que gostaríamos de mudar — a falta de empatia, a legitimação crônica, a grandiosidade — tendem a ser mais resistentes à mudança, uma vez que estão fortemente ligados aos principais déficits do transtorno, tais como uma incapacidade de regular autoestima. Esses são sintomas que podem ser divertidos em pequenas doses, mas raramente agradáveis para um parceiro que precisa conviver com a personalidade narcisista todos os dias. Você pode observar uma mudança temporária nesses padrões se o narcisista for pego numa grande mentira, como infidelidade, mas, como esses padrões estão ligados à patologia central da pessoa com a personalidade narcisista (busca de admiração e validação), ela provavelmente retornará logo a eles.

Se não vão mudar, e agora?

Foi esta seção, a "Devo ficar?", que deu início ao projeto deste livro. Seria mais fácil oferecer somente uma opção, ou usar *Seu parceiro é um idiota, vá embora* como título do livro. Mas nunca é tão simples assim. Trabalhando com clientes e apenas ouvindo sobre casos de pessoas em relacionamentos narcisistas, uma tremenda batalha era o Ardil-22[*] de não querer ou sentir-se incapaz de sair, mas se sentir desconfortável e magoado por ficar.

---

[*] Referência ao romance satírico histórico de Joseph Heller, de 1961, cujo título original é *Catch-22*. Essa expressão serve para descrever uma situação paradoxal na qual nenhuma solução é suficiente para resolver ou evitar um problema. [N. T.]

Quando trabalhei com clientes que estavam lutando com o cenário de uma relação narcisista, eles achavam útil compartilhar e debater os padrões da relação. Ao debatê-los, descobriam que o que parecia um caos era, na verdade, bastante previsível; incômodo, mas previsível. Identificamos os padrões narcisistas que estavam criando angústias e fomos realmente capazes de prevê-los. Muitos clientes ficaram gratos pela estrutura, mas também desapontados porque isso era, de fato, um padrão, e todo o pensamento positivo do mundo não iria mudá-los. No entanto, também relataram o fato de que, por diversas razões, sabiam que não iriam ou não poderiam ir embora. Preparar pessoas para ficar é uma questão mais delicada. Muitos dos clientes com quem trabalhei, pessoas que entrevistei e pessoas com quem conversei que estão em relacionamentos com padrões profundamente narcisistas não estão prontos para ir embora. Minha abordagem não é dizer às pessoas "Você precisa sair desse relacionamento" — minha responsabilidade clínica é trabalhar com os clientes onde eles estão, apoiá-los, ajudá-los a ligar os pontos, fornecer informação sobre as dinâmicas em jogo, e então trabalhar com eles para desenvolver ferramentas que os ajudarão a levar uma vida mais saudável e gratificante. A seguir, darei a você essas mesmas ferramentas.

Administre suas expectativas

Poxa! Essa não é uma maneira atrativa de pensar em relacionamento. Relacionamentos saudáveis são sobre crescimentos, experiências compartilhadas, respeito e alegria (e, se tiver sorte, algum romance e sensualidade também). Expectativas saudáveis em um relacionamento também saudável estão relacionadas a excelência, novas oportunidades e reciprocidade. Se você está lendo este livro, é provável que essas expectativas saudáveis nunca existiram ou tenham sido abandonadas há muito tempo. Agora você está em um lugar de sobrevivência, apenas passando pelos dias. Se colocassem a barra mais baixa, você teria que cavar um buraco no chão para poder passar. Seu parceiro tem dado opiniões e feito pedidos, e você tem aceitado sem pedir nada em troca. Você aprendeu a viver com migalhas há muito tempo, se moldou e remodelou para se manter nesse relacionamento, se dispôs a viver uma série de condições — incluindo controle, mentira, raiva, negligência, insultos, gaslighting — e agora está acostumado a viver sob esse regime.

Lembro-me de conversar com um casal e, certo dia, em um encontro com um deles, o marido deixou bem claro o que esperava da esposa. Disse: "Espero ser sua única prioridade para todo o sempre. Tudo, incluindo nossos filhos, deve ficar em segundo plano. Espero que façamos tudo juntos, fora de nossos locais de trabalho. E espero que ela nunca guarde um segredo de mim. Em troca, eu nunca guardaria um segredo dela. Também acredito que qualquer tempo com amigos só deve acontecer quando nós dois estivermos juntos, porque não quero que ninguém mais assuma o primeiro lugar". O que eu achei reconfortante sobre isso (sim, reconfortante) é que foi absolutamente honesto. Essa pessoa demonstrou seus desejos um tanto extremos. Eles foram articulados antes mesmo de o casal se casar. Ele disse também: "Nunca vou abrir mão disso. Nunca". É desnecessário dizer que as coisas não acabaram bem para eles. Mas, em algum nível, ela acreditava que, com o tempo, ele mudaria seu tom um tanto extremo. Os tons raramente mudam. As pessoas nos deixam saber o que querem, mas, com muita frequência, acreditamos que, se permanecermos por perto tempo suficiente, elas mudarão suas respostas. No caso da personalidade narcisista, isso não costuma acontecer.

A dinâmica mais sombria do narcisismo sugere que uma pessoa no relacionamento entrega praticamente tudo, e a outra, a narcisista, apenas toma e lança migalhas quando lhe convém, como uma Maria Antonieta da contemporaneidade. Pessoas em relacionamentos com narcisistas enquadram sua rendição crônica como "compromisso", mas também se sentem frustradas porque é muito unilateral e elas ainda têm expectativas. Como lhe foi dito que "compromisso" é parte de um relacionamento, sentem culpa por estarem frustradas, e isso se torna um ciclo vicioso. Se o relacionamento é recíproco, o compromisso é natural. Dar e receber se torna uma dança elegante e deixa de parecer compromisso, porque o que se entrega é recompensado.

Depois de meses ou anos de altos e baixos em uma vida com um parceiro narcisista, você toma ciência de que suas necessidades não estão sendo atendidas, mas ainda não está pronto para desistir. Esse tipo de relacionamento é muito desgastante e destruidor de almas, porque é repetitivo. Quando suas expectativas são frustradas de maneira constante, cada dia pode parecer uma festa de aniversário à qual ninguém comparece. Enquanto a maioria das pessoas nessa situação acredita que apenas "se adaptou" à decepção diária, você provavelmente não fez isso. É quase doloroso demais para encarar.

Podem ser decepções pequenas: seu parceiro se atrasa, não vem jantar em casa, cancela a saída noturna ou não te ouve; ou grandes: cancela as férias de verão, chega tarde para a festa de aniversário do filho ou não apoia você em uma decisão profissional.

Elas magoam e se acumulam como lenha. Decepções se tornam seu novo normal, mas, dito isso, nunca acontece de ficar normal de verdade, porque, a cada momento, surge uma nova oportunidade para acertar, e você acredita que ele fará direito. Você acredita que, dessa vez, será diferente.

Mesmo que suas expectativas costumem ser frustradas, você ainda pode ter um dia a dia regular em sua vida juntos, com rotinas matinais, horário de dormir, responsabilidades de trabalho ou de família, refeições, e é bastante provável que elas saiam do cronograma na maior parte dos dias. Expectativas frustradas são meramente parte dessa agenda. E você está tão envolvido nisso que não consegue ver o preço que estão cobrando. Na história de John e Rachel apresentada no início do livro, ela se acostumou tanto a comer jantares frios que começou a acreditar que aquela lasanha era para ser comida em temperatura ambiente.

Mas nem todas as expectativas frustradas são "processuais". É fácil entender a decepção que está embutida no comportamento (chegar tarde, não aparecer, esquecer um aniversário). As decepções mais desafiadoras são a falta de empatia, de conexão, de apoio. Quando uma pessoa entra em um relacionamento, ela está esperando por um sentido compartilhado de propósito, empatia e respeito. Quando isso é o que está faltando dia após dia, ano após ano, é mais impactante do que uma festa ou um jantar perdido. Isso pode fazer você se sentir completamente sozinho. A única coisa pior do que estar sozinho é estar sozinho em um relacionamento.

Então, você continua esperando que seu parceiro reaja de uma forma que é provável que nunca fará. E se você pudesse conscientemente encontrar uma forma de parar de esperar por um ônibus que nunca passará nesse ponto? E se você pudesse ter suas necessidades atendidas, e não se deixar levar pela negatividade, indiferença e desconexão? Grande parte de alcançar isso tem a ver com administrar suas expectativas. E começa com o modo como você compartilha informações em seu relacionamento. Um pouco mais adiante neste capítulo, fornecerei algumas ferramentas ou "soluções" sobre como compartilhar diferentes tipos de informações em seu relacionamento, de modo que você receba o apoio que precisa, se proteja e evite ou aprenda a se afastar de algumas das piores reações de seu parceiro.

O território e o preço de admissão

Por mais que associemos relacionamentos a paixão e novidade, a familiaridade é a cola que mantém duas pessoas juntas. Então, vamos pensar nisso como um território familiar. Muitos de nós vivemos em um lugar durante um tempo e, se for montanhoso, nos acostumamos a pedalar mais forte. Se for quente, usamos roupas mais leves. Relacionamentos se dão da mesma forma. Qualquer um que tenha vivido muito tempo em um lugar não espera que a geografia mude da noite para o dia. Quando você acorda em uma manhã de fevereiro em Chicago, não espera que esteja 26 graus. Quando vive em Los Angeles, não espera que as avenidas não estejam congestionadas numa manhã movimentada. Quando vive em Iowa, não espera ver picos de 300 metros pela janela. E, quando vive com um narcisista, não deveria esperar que ele começasse a se comportar com respeito e empatia. Familiaridade nem sempre é fácil; ela também pode ser acompanhada por sentimentos e padrões desagradáveis. Mas familiaridade ainda é o que você conhece e, mesmo se for abusiva, é estranhamente sedutora e reconfortante.

Infeliz e cinicamente, relacionamentos cobram um "valor de entrada". Você começou a reconhecer esse valor no primeiro dia, mas o afastou porque não parecia bom pensar dessa forma. Agora, queira ou não, você está ciente do preço de seu relacionamento em particular. Em uma relação comum, podem ser pequenos aborrecimentos — ele quer assistir ao futebol todos os domingos, ela não gosta do frio, ele não gosta de seus primos de Pittsburgh, ela deixa a toalha molhada em cima da cama —, e você os contorna (ou não). Na verdade, isso pode nem parecer um "preço". Se essas coisas fossem decisivas, você daria um jeito ou iria embora. No relacionamento com um narcisista patológico, esse preço pode ser um pouco mais alto, mas, de certa forma, não é diferente da toalha na cama. No entanto, como as "demandas" do narcisista exigem mais do nosso psicológico, elas também podem ser menos óbvias.

Sim, a comunicação é sempre a primeira parada desse trem, mas o "valor de entrada" com um parceiro narcisista pode acionar gatilhos que te deixam vulnerável: relações inapropriadas, problemas com limites, críticas, indiferença. Em meu trabalho com clientes que estão tentando tomar decisões sobre como seguir em frente com um parceiro narcisista, um dos maiores obstáculos é reconhecer esses "valores de entrada" e entender que são reais. Pessoas estão tão apegadas à ideia de que seu parceiro pode mudar que o conceito de um valor de entrada fixo ou de um território imutável é difícil de aceitar (e também parece cínico). Além disso, um parceiro narcisista altamente bem-sucedido fornece uma vida confortável e, em momentos de exuberante grandiosidade, pode ser amoroso e generoso. Isso pode ser sedutor, mas talvez exista aí um valor de entrada. Essa riqueza e esse conforto podem vir com o preço da inconsistência, imprevisibilidade e de altos e baixos. Então, quando você reflete sobre sua vida confortável, talvez não seja confortável refletir sobre o que *realmente* está custando para você.

Em meu trabalho, ouvi muitos casos de mulheres se envolvendo com cavalheiros (em geral, mais velhos), que podem oferecer riqueza, acesso, conforto e a não necessidade de trabalhar. Em termos de probabilidades, esses homens possuem mais traços de narcisismo do que a média. As mulheres se sentem bastante ofendidas quando os parceiros ricos começam a se envolver com outras mulheres jovens. E nunca ficam muito satisfeitas quando lhes é dito que isso é simplesmente o preço a ser pago. A maioria das mulheres é educada para acreditar que, dentre todas as outras, elas serão a "escolhida", aquela que encantará o príncipe. Você pode encantar o príncipe, mas pense em um harém em vez de monogamia. Existe um cinismo que acompanha esse pensamento, mas também existe uma realidade — e embora o preço de admissão possa ser claramente financeiro ("Vou manter você confortável, mas vou continuar fazendo minhas coisas"), também pode ser psicológico (tolerar controle, frieza ou distanciamento) para manter o relacionamento.

Isso é bastante observado na área dos relacionamentos "inapropriados" — relacionamentos que podem não ter evoluído para casos amorosos plenos, mas é improvável que passem no "teste do olfato" de conduta adequada por uma pessoa em um relacionamento sério. Lembre-se, o narcisista precisa de navios cargueiros de suprimentos chegando ao porto todos os dias. Nenhuma pessoa ou situação pode fornecer isso e, como estão numa busca frequente por novidade e formas de validação, esgotarão muito rápido o que você pode oferecer e logo precisarão de mais. Além disso, como narcisistas são muito maquiavélicos (você se lembra da Tríade Obscura?), também tendem a ter vários ovos no cesto. Se vocês brigarem, ele tem uma equipe B a quem recorrer para conseguir validação, motivação e mensagens de flerte, em vez de serem autorreflexivos ou se comunicarem sobre o crescimento de seu relacionamento juntos ou lidar com os momentos difíceis. Um cenário comum é o narcisista que mantém limites confusos com ex-parceiros, colegas de trabalho flertadores e pessoas aleatórias que ele encontra aqui e ali. Muitas vezes, nada "aconteceu" fora dos flertes virtuais, mas o teor das mensagens, o fato de que chegam no meio da noite e a conduta misteriosa de seu parceiro são coisas perturbadoras para você. O narcisista "precisa" das brincadeiras de flerte, de fotos inadequadas e outras futilidades para passar o dia.

Logo, você faz o que a maioria dos livros sobre relacionamentos sugere (e é um primeiro passo essencial): você se comunica. Preferencialmente, não faz isso de uma forma emocional, errática ou acusatória, mas, em vez disso, é colaborativo e assume a responsabilidade por seus sentimentos. Você informa seu parceiro que essas mensagens inadequadas da madrugada deixam você desconfortável. Seu parceiro pode até melhorar por um tempo, mas o suprimento narcisista supera tudo, e a probabilidade é a de que ele mude a senha do telefone ou o nome do remetente das mensagens. Tenho trabalhado com inúmeros clientes e testemunhado litros de lágrimas de frustração sobre "o que encontrei no celular dele/dela". Com frequência, eles admitem que monitorar o telefone do parceiro se tornou um vício, um misto de medo, nojo e obsessão sobre o que encontrarão em seguida. O relacionamento aos poucos se encaminha para monitoramento e ansiedade e traz à tona o pior deles. O narcisista não mudará; ele manterá ou, pelo menos, encorajará esses relacionamentos inapropriados. Então, ou se ajuste às travessuras digitais dele, ou saia fora — não existe uma terceira opção. Desafio todos os relacionamentos por aí a passarem no "teste do telefone". Muito simples, você se sentiria confortável em entregar seu celular para seu parceiro com todas as senhas e acesso irrestrito? Ele estaria disposto a fazer o mesmo? Se a resposta é não, então dê uma boa olhada no que ambos estão fazendo.

Reflita também sobre isso em relação à criação dos filhos. Se você tem filhos, já sabe disso; houve momentos em que se sentiu, de fato, um pai solteiro ou uma mãe solteira. De certa forma, com um parceiro narcisista pode ser pior do que ser um pai solteiro ou mãe solteira, porque você precisa fazer todo o trabalho pesado e ainda ter que lidar com ele tentando exercer controle quando for conveniente. Se você ainda não tem filhos, talvez não consiga a família de comercial de margarina que imaginou. Essa decepção pode ser assustadora, porque uma criança implica compromisso permanente e um senso de responsabilidade muito mais alto. Se você tem um filho com um narcisista patológico, pode precisar começar a planejar mentalmente ser um pai solteiro ou uma mãe solteira (pelo menos quando se tratar de coisas sérias). Ele pode aparecer nos dias de diversão, mas as tarefas do dia a dia provavelmente serão todas suas.

Então, aqui estamos de volta ao valor de entrada. Independentemente do comportamento que você está tentando mudar, o de um narcisista é capaz de melhorar um pouco quando você se comunica, mas pode estar certo de que ele não vai parar. O valor da entrada é que seu parceiro narcisista continuará a fazer isso e, se você decidir ficar, será nesse campo minado. Isso não é sobre julgar o comportamento dele, e sim sobre monitorar sua reação. Se não parece bom para você, então pense em como lidar com sua reação. É aqui que administrar as expectativas pode ser particularmente desafiador, porque uma coisa que você não pode fazer é administrar sentimentos. Susan Sontag certa vez disse: "Nunca se pode pedir a alguém que mude um sentimento". Ela está absolutamente correta — você sente o que sente. Esperar que seu parceiro se comporte dessa forma, esperar que você se sinta dessa forma, e entender que esse é o preço a pagar por estar nesse relacionamento. Resumindo: se você pretende ficar, se acostume ao território. Não se surpreenda quando estiver frio no inverno; se pretende ficar, coloque um casaco.

A regra de três partes

Como mencionei antes, parte de administrar suas expectativas está relacionada a como você compartilha informações em seu relacionamento. Isso é fácil de lembrar. Existem apenas três partes:

1. Bom
2. Ruim
3. Indiferente

A premissa das três é a mesma. Pare de se preparar para a decepção. Um dos elementos mais desafiadores da dinâmica narcisista é que ele não está sintonizado com você e, nos raros momentos em que isso acontece, vai criticar, minimizar você, enxergar seu sucesso como uma ameaça (lembre-se: ele é desprovido de autoestima), e/ou vai zombar, rebaixar ou humilhar você. No entanto, você continua voltando, contando a ele as "coisas" de sua vida, sendo ridicularizado ou ignorado, sentindo-se desanimado, e fazendo tudo de novo no dia seguinte. Ensaboe, enxague e repita.

Vamos analisar a regra de três partes e ver como você pode compartilhar as notícias da melhor forma possível — as boas, as ruins e as indiferentes.

AS BOAS

Algo bom acontece com você. Recebe um prêmio no trabalho. Alguém elogia seu vestido. Recebe uma promoção. Você teve um bom dia.

➡ **Regra:** Não compartilhe nenhuma das boas experiências de sua vida com seu parceiro narcisista. Sei que isso parece uma posição extrema. Trate como um exercício. Reflita sobre as últimas cinco vezes que contou a seu parceiro algo maravilhoso que aconteceu com você — pode ser uma grande promoção, uma pequena delicadeza de um balconista ou encontrar um trevo de quatro folhas enquanto arrancava ervas daninhas. Como essas notícias foram recebidas? Faça uma lista e, ao lado de cada uma, qual foi a reação dele. Como um exercício realmente útil, tente fazer isso nos próximos dias. Compartilhe algumas coisas boas com ele e veja o que acontece.

É óbvio que não conheço suas respostas, mas estou disposta a apostar que, se você realmente tem um parceiro narcisista, pelo menos quatro de cinco, se não todas, foram respostas desagradáveis ou você foi totalmente ignorado. Elas foram qualquer coisa desde "não estar ouvindo" e dizer "O que você disse?" a "Já estava na hora", a "Essa promoção significa mais dinheiro ou apenas um título de merda?", ou "Aposto que vai ficar mais importante do que realmente é", "Tenho certeza de que vai começar a transar com seu chefe", "O balconista só elogiou seus olhos porque queria uma gorjeta", "Por que você precisa tanto de validação de outras pessoas?" ou simplesmente não respondendo à mensagem de texto que você enviou compartilhando a notícia boa. Parece familiar?

Curiosamente, pesquisas sobre memória, lembranças e viés cognitivo sugerem que você se lembrará mais clara e frequentemente de eventos negativos e palavras desagradáveis do que de palavras ou experiências positivas. Certifique-se de fazer esse exercício honestamente. Vá fundo. Tente se lembrar se houve momentos em que seu parceiro foi seu torcedor, o que é fantástico, porque pode haver padrões aí. Ele pode estar mais disposto a elogiar você como pai/mãe, por exemplo, pois isso pode ser menos ameaçador do que seu papel como profissional.

Isso levanta a questão: se suas respostas a esse breve exercício demonstram que é um padrão, por que você ainda faz isso? Por que continua compartilhando as boas notícias com seu parceiro? A título de exemplo, imagine que você tem um tesouro precioso e frágil como uma peça de cristal que era de sua bisavó. Você o entregaria para alguém que poderia quebrá-lo? Por exemplo, o entregaria a alguém que estivesse bêbado? A uma criança pequena?

Provavelmente não. Por quê? Porque sabe que haveria uma enorme possibilidade de que tal pessoa o quebrasse. Pode ser que ela não o quebre deliberadamente, mas apenas porque ela não sabe, e, mesmo se você dissesse ao bêbado ou à criança de 3 anos sobre a preciosidade desse objeto, eles ainda o quebrariam, porque não têm a habilidade de fazer de outro modo.

Suas notícias boas ou aspirações não são exatamente uma taça de cristal ou o tesouro de um museu. Na verdade, eu diria que são mais preciosas; taças de cristal e tesouros são apenas coisas. Isso remonta à ideia de descuido, e, assim como em um tribunal, não saber que era errado ou não saber que foi vivenciado como algo ruim ou doloroso não é uma defesa plausível. Adultos sabem bem disso.

Então, mais uma vez, vamos voltar à questão: por que você faz isso? Por que continua contando a seu parceiro as coisas boas que estão acontecendo em sua vida apenas para que sejam ignoradas, ridicularizadas ou criticadas?

Você faz isso porque acha que agora será diferente (aquela maldita esperança dando sinal de vida outra vez). Você está com o brilho da boa notícia ou experiência, e não imagina que alguém não veja isso como positivo. Uma interpretação mais sombria poderia ser, talvez, que você não acha que merece a boa notícia, e a leva para a única pessoa que sabe que irá estragá-la. Também pode ser uma dinâmica familiar para você: seu parceiro rir ou minimizar sua promoção pode ser semelhante à quando seu pai ou sua mãe zombavam de você ou o colocavam para baixo. Esses padrões tendem a ser enraizados.

Embora seja triste, a familiaridade, mesmo a abusiva, mantém as pessoas no jogo. Há algo perversamente satisfatório sobre alguém se comportar da mesma forma todas as vezes. Mesmo se estiverem sendo críticos. Você sabe que as boas notícias serão recebidas com sarcasmo, zombaria, menosprezo ou insultos, e, inevitavelmente são. Como o sol que nasce todos os dias, você pode contar com isso.

Não é bom para você. Críticas crônicas corroerão sua autoestima, encherão você de dúvidas e podem contribuir para sintomas de ansiedade e depressão, incluindo preocupação, desamparo, desesperança, inutilidade, culpa e uma sensação de vazio e falta de propósito.

Há outra camada nisso. Temos falado sobre compartilhar "notícias boas" (algo que já aconteceu com você), mas existe algo ainda mais importante que pode ser muito mais frágil: compartilhar suas aspirações. É incrível como somos displicentes com relação aos nossos sonhos, em particular desejos, ideias ou projetos novos. Nós os compartilhamos de maneira negligente com outra pessoa, abanando nossos rabos como filhotinhos, enquanto esperamos que ela fique tão animada quanto nós. Levar uma nova aspiração para um parceiro narcisista é uma receita para o desastre psicológico. Ele pode atacar a boa notícia que já aconteceu (como uma promoção ou um aumento) de uma forma diferente. A maioria das boas notícias é um reflexo de alguma entidade externa validando você. Então, você já recebeu um sinal e, embora doa ter seu parceiro minimizando ou insultando você, a notícia boa é um fato. Isso é bem diferente de compartilhar um sonho ou uma esperança. Os narcisistas não são bons filtros de sonhos. Suas próprias questões não deixam que sejam torcedores autênticos e entusiastas. E isso pode ser letal.

Sonhos são como crianças. Para pais ou cuidadores de animais de estimação, isso soará verdadeiro. Normalmente somos cuidadosos ao verificar as qualificações e/ou reputação de qualquer pessoa com quem deixaremos nossos filhos ou animais. Fazemos um enorme esforço para escolher pessoas que nós e nossos filhos conhecemos, ou com determinadas credenciais. Você pode gostar de passar incontáveis horas no fim de semana com seus amigos de bar ou seu amigo distraído, mas não confiar seus filhos a eles, porque não é a melhor decisão para as crianças ou os animais. A mesma responsabilidade se aplica aos sonhos. Pode ser um erro crítico confiar suas esperanças e aspirações à pessoa errada, com receio que as maltratem ou negligenciem. Mas não somos nem de perto tão cuidadosos com nossos sonhos quanto deveríamos ser.

Em um relacionamento saudável, seu parceiro é um grande "filtro de sonhos". No entanto, quando esse sonho, que ainda está tomando forma, é ridicularizado, questionado ou menosprezado, pode não se recuperar. Pior, você pode descartar a ideia toda. Aprenda com esses erros e não pense em continuar a levar essas aspirações para um parceiro narcisista.

Você não quer deixar esse relacionamento, mas está, aos poucos, sendo drenado por não ter suas boas notícias e aspirações recebidas da maneira que merecem. Elas merecem congratulações, encorajamento, alegria, apoio e interesse. Você pode, no entanto, nunca conseguir isso de seu parceiro narcisista. Então, o que faz?

A SOLUÇÃO

Ela o conheceu e se apaixonou por sua visão criativa. Ele era um profissional sênior e experiente em um campo no qual ela estava apenas começando, mas já recebendo elogios. No início, ele era um fã, dando a ela feedback e apoio, e ela sempre o valorizava e elogiava pela excelência de suas entregas. Com o passar do tempo, ele foi se tornando cada vez mais crítico em relação ao trabalho criativo dela, enfraquecendo-a e zombando dela. Conforme percebia que ele estava cada vez mais desinteressado, ela tentava atraí-lo, compartilhando com ele as coisas maravilhosas que estavam acontecendo em sua carreira. Porém, ficou claro que, cada vez que contava coisas boas a ele, ou pedia sua opinião, ele era frio e crítico. Ela ficou decepcionada e começou a duvidar de sua performance, deixando passar oportunidades e se vendendo mal. Ela parou de compartilhar com ele qualquer coisa sobre sua carreira, apenas para se poupar das críticas e da tristeza. Às vezes, ele se surpreendia quando o trabalho dela era exibido publicamente. Ela se viu mais calma e aproveitando sua carreira como nunca. Ela contava sobre os avanços da carreira na terapia e para amigos e colegas, e percebeu que novamente sentia-se inspirada, no controle das coisas e serena frente às muitas demandas e altos e baixos profissionais. Ela reconheceu que o parceiro jamais seria capaz de comemorar seu sucesso de maneira colaborativa e encontrou uma forma de celebrar sua carreira e parar de duvidar de si mesma: simplesmente deixando de envolvê-lo.

Lembre-se: isso é sobre administrar suas expectativas. Passo um: faça uma lista com sua "turma das boas notícias" — os torcedores, os que apoiam, aqueles que acreditam em você nos dias bons e nos ruins. Podem ser amigos, familiares, colegas de trabalho ou membros de um clube, de uma comunidade religiosa ou acadêmica. Quando chegarem as boas notícias, conte *primeiro* para eles. Compartilhar as boas notícias com essa turma pode se tornar um hábito de forma mais rápida do que imagina. Ao levar seus sonhos e experiências positivas para eles em vez de para seu parceiro, você está se protegendo e crescendo. Fazer isso dará a você a oportunidade para desfrutar as notícias e se valorizar o suficiente para compartilhá-las com quem o apoia.

Então, o que fazer com relação a seu parceiro e as boas notícias ou novas aspirações? Você tem aqui dois caminhos em potencial:

1. Não diga nada a ele. Ou:
2. Conte a ele depois que tiver compartilhado com os outros de forma cuidadosa e alegre.

A primeira opção é um pouco mais arriscada. Seu parceiro talvez descubra, e isso pode levar ainda mais tensão e estresse para o relacionamento. Em especial, se a boa notícia ou os novos objetivos tiverem implicações para a casa, ou seja, algo que será mencionado ou notado por outros e, em algum momento, ele terá que saber. No caso da segunda opção, como você levou a boa notícia primeiro para melhores "receptores", pode estar mais bem equipado para suportar a indiferença, insultos ou menosprezo que seu parceiro expressará ao ouvir o que você tem a dizer. Pode ser que você seja capaz de se manter firme ou não fique abalado com as reações de seu parceiro.

Em última análise, a solução é não levar as coisas boas primeiro para seu parceiro narcisista. Saboreie, aproveite, compartilhe com aqueles que se importam e cuide primeiro de você. Somente depois compartilhe as notícias com ele, mas não com a vulnerabilidade de uma criança pequena que está prestes a enfrentar a rejeição dos pais, e sim como um adulto forte, com a cabeça erguida, que já tem consciência de seu valor e que não deixará a rejeição do outro macular sua experiência, suas esperanças ou suas conquistas.

AS RUINS

Notícias ruins também acontecem. Empregos perdidos. Pneus furados. Janelas quebradas. Contas atrasadas. Essas notícias são duas vezes mais desafiadoras para uma pessoa em um relacionamento com um narcisista patológico. Diferente das boas notícias, as ruins não apenas são um desafio por si mesmas, como também seu parceiro provavelmente não será uma fonte de consolo e pode trazer ainda mais estresse. Assim como com as coisas boas, vamos falar de estratégias para minimizar seus danos.

➡ **Regra:** Assim como com as coisas boas, não compartilhe. E, quando o fizer, se prepare.

Muitas das questões em relação às "boas notícias" se aplicam aqui também. No entanto, quando compartilha notícias ou informações ruins, você está mais vulnerável. Há uma ampla variedade de questões que se qualificam como notícias ruins: perda do emprego, doença de um familiar, discussão com um amigo, problemas com o carro, notas ruins do filho. Se você acha que um narcisista é cruel ao receber boas notícias, pode ser muito pior com as ruins.

A primeira questão a ser abordada aqui é o "tipo" da notícia ruim. Infelizmente, como você pode estar em um relacionamento com um narcisista, precisa de tempo para fazer esse tipo de "avaliação da notícia ruim" (em outro tipo de relacionamento, você simplesmente compartilharia as notícias — boas, ruins ou indiferentes). As notícias ruins podem, em geral, ser classificadas em três grupos diferentes:

1. Notícias ruins que afetam quase que exclusivamente você e que representam uma inconveniência (dificuldades no trabalho, discussão com um amigo, trânsito que precisa enfrentar no trajeto).

2. Notícias ruins que têm implicações para sua família, casa ou finanças e que, consequentemente, afetam seu parceiro (por exemplo, perda do emprego, carro com defeito, defeito na máquina de lavar louça, criança suspensa da escola por mau comportamento, problemas com o formulário do imposto).

3. Notícias ruins que aumentam vulnerabilidades pessoais extremas (doença de um familiar, morte de um ente querido, você com algum problema de saúde).

Cada um desses tipos pode demandar uma abordagem diferente.

I. Notícias ruins que afetam quase que exclusivamente você e que representam uma inconveniência

Uma citação frequentemente atribuída a Tchekhov diz algo assim: "Qualquer idiota pode enfrentar uma crise; o que é desgastante é a vida do dia a dia". Tráfego, problemas financeiros, eletrodomésticos quebrados, pneus furados, colegas de trabalho desafiadores, impostos. Essas são coisas da vida, e a maioria de nós se ajusta a elas na maior parte do tempo, mas, às vezes, essas inconveniências podem nos afetar. Normalmente desabafamos e, em um mundo ideal, compartilhamos nossos desafios com nosso parceiro. Conversamos e seguimos em frente.

No entanto, se há uma coisa que uma pessoa narcisista não tolera é ser incomodada. Até ouvir sobre seu dia ruim é uma inconveniência. Isso pode ser agravado se seu dia ruim resultar em uma inconveniência para ela (tráfego ruim faz com que você chegue tarde, o eletrodoméstico quebrado pode resultar em falta de roupa limpa). A palavra conveniência parece ser mais aplicável a aparelhos e objetos — um telefone celular é uma conveniência, uma máquina de lavar louça também. Uma pessoa não deveria ser classificada assim. Mas, quando está em um relacionamento com um narcisista, você pode lentamente perceber que as coisas funcionam bem, desde que você seja conveniente. Assim, nas vezes em que você não é funcional, útil ou conveniente, pode se tornar inexistente. Quando você é conveniente para um narcisista (por exemplo, o pega no aeroporto, pede um favor em benefício dele, mantém a casa funcionando, faz sexo com ele, se mantém bonita), não espere muito mais do que um mero obrigado. No entanto, quando você é inconveniente, e isso pode ser por qualquer coisa, desde pedir algo para ele, não estar disponível devido a um compromisso anterior, pedir um pouco de seu tempo ou que apareça em algum lugar ou apenas compartilhar algo problemático com o qual ele não pode ou não quer lidar, a reação típica é irritabilidade ou pura maldade.

Então, aí está você, tendo vivenciado algo desafiador e apenas querendo falar sobre isso ou resolver um problema e, em vez de abordar a situação estressante, na verdade está adicionando outro fator de estresse à sua lista: a irritabilidade ou indiferença de seu parceiro. Não é incomum, sob tais condições, quando você compartilha esses tipos de problemas da vida diária (problemas que afetam mais a você do que a ele), que ele mal ouça, fique olhando para o computador, TV ou celular, boceje, fique frustrado ou simplesmente saia da sala.

Esse tipo de negligência e desconsideração diária por seus fatores de estresse é uma das questões destacadas como uma das mais exaustivas, porque as pessoas sentem como se estivessem sozinhas em um relacionamento.

2. Notícias ruins que têm implicações para sua família, casa ou finanças e que, consequentemente, afetam seu parceiro

Esse é um cenário muito mais desafiador, porque, antes, a notícia ruim era um problema seu — seu tráfego, sua reunião de pais e professores, seu eletrodoméstico. Portanto, seu parceiro poderia ignorá-la ou apenas ficar um pouco rabugento por você ter feito ele perder tempo.

Neste caso há mais em jogo, porque agora a vida de seu parceiro será afetada. A perda do emprego pode significar menos dinheiro em casa, uma criança desordeira quer dizer tempo gasto em uma reunião com um professor, algo quebrado em casa significa chamar alguém para consertar e pagar por isso. É provável que você já teve um longo ciclo no qual compartilhou esse tipo de notícia "perturbadora" e seu parceiro ficou zangado, e, então, com o tempo, você se tornou cada vez mais relutante em compartilhar essas informações, por causa do medo e desconforto com a reação dele. E, então, você fica encurralado, porque, no fim, a informação precisa ser compartilhada e demorar para falar só vai agravar o problema.

Lembre-se da premissa inicial: narcisistas detestam ser incomodados. Eles também detestam qualquer coisa que fure o balão de "perfeição". Portanto, tudo que manche a fachada de suas vidas pode receber uma reação desproporcionalmente negativa e forte de uma pessoa narcisista. De certa forma, pode parecer que seu parceiro está transformando algo que não é pessoal (um aparelho quebrado) em algo que pareça uma vingança do mundo (e sua) contra ele ou ela.

3. Notícias ruins que aumentam vulnerabilidades pessoais extremas

Esse é o mais doloroso dos três cenários, porque é aqui que uma pessoa quer e precisa de um parceiro presente e conectado. É aqui que você precisa de um abraço, de palavras de conforto, de esperança, de ouvir que tudo ficará bem, que seu parceiro está a seu lado.

Infelizmente, ao trazer informações pessoais ou tristes para um narcisista, muitas pessoas encontram frieza emocional ou indiferença. Me lembro de uma pessoa me dizer que, quando sua mãe estava em seus últimos dias, seu marido narcisista continuou a importuná-la para ir à loja de material de construção. Embora isso tenha ocorrido há anos, ela ainda está mergulhada em pensamentos sobre a frieza do marido durante alguns dos piores dias de sua vida. Isso é emblemático do mundo emocionalmente superficial do narcisista — ele simplesmente não consegue ir mais fundo. Então, quando confrontado com algo profundo e terrível — uma doença séria de seus entes queridos, uma crise de saúde sua — ele não tem estofo emocional ou capacidade para estar ali. Sua completa obsolescência em tais momentos, e, uma vez mais, a sensação de que está sendo "incomodado", não apenas o leva a não ser solidário em tais momentos, como também muito desagradável. Enquanto você tenta lidar com uma situação deprimente, como a deterioração da saúde de seus pais e a administração de seu plano de saúde, seu parceiro pode estar reclamando sobre quanto tempo você ficará fora da cidade e quem vai alimentar o gato. Isso pode ser devastador se você já está tentando lidar com o que parece ser uma crise intransponível.

Esses padrões também podem aparecer em situações de perda. Durante o período de luto, a empatia é essencial. O luto é um momento de extrema vulnerabilidade e, quando confrontado com crueldade, negligência ou indiferença, pode parecer um tapa na cara. Novamente, seu luto e sua dor podem representar uma inconveniência. Narcisistas não têm o vocabulário emocional necessário para ter conversas desse tipo. A última coisa que você quer fazer quando está em luto é confortá-los ou acalmá-los, porque eles não querem encarar a própria tristeza. Emoções fortes deixam narcisistas desconfortáveis, e o luto pode ser uma delas. Como o ciclo em seu relacionamento é sempre garantir que o narcisista está "sendo cuidado" (para apaziguar a fera), em seus momentos mais sombrios talvez você tenha que acalmar o parceiro narcisista. Ironicamente, se eles estão vivenciando a perda, vão parar tudo e entrarão em seu próprio período de luto autocentrado e autorreferenciado, esperando que a vida de todos pare para eles e com a crença de que sua experiência de luto é única em toda a experiência humana.

A falta de apoio frente a uma crise representa uma das mais devastadoras condições que uma pessoa em um relacionamento narcisista enfrenta. Muita gente espera que seu relacionamento seja, de fato, seu porto seguro em dias chuvosos, a pessoa que será sua rocha durante tempos de luta. É muito desmoralizante saber que após décadas investidas em um relacionamento, quando a coisa realmente pega fogo e uma crise de verdade acontece, seu parceiro não apenas não pode ser encontrado, como também não está disponível no momento em que você mais precisa.

É extremamente desafiador quando é você que está enfrentando um problema de saúde. Essa é uma situação única e específica, porque a doença de um parceiro pode gerar uma ampla gama de reações no narcisista, desde raiva e irritabilidade, porque seu suprimento narcisista está preocupado com outra coisa, até ressentimento pela atenção que sua doença está atraindo para você, ou a ficar ansioso, e até mesmo útil, porque está preocupado em perder sua disponibilidade e presença. Ele pode chegar a se concentrar por alguns dias ou semanas. Como regra, narcisistas não são bons cuidadores de adultos; não são feitos para isso e, novamente, pode haver uma sensação real de decepção no momento em que você não tiver força mental, emocional e física para lidar com a desconexão dele.

A SOLUÇÃO

I. Notícias ruins que afetam quase que exclusivamente você e que representam uma inconveniência

Reflita sobre os quatro ou cinco últimos fatores de estresse que você compartilhou com seu parceiro e as reações dele. Muito provavelmente foram indiferença ou, talvez, irritabilidade. Você também pode ter recebido pouco em termos de apoio, solução ou estratégia para lidarem juntos com o problema.

Não espere nada e pare de levar as "coisas da vida" diárias para seu parceiro. Você já está frustrado com esses fatores de estresse e compartilhá-los com seu parceiro apenas aumentará a frustração, ou até deixará pior. Suas habilidades de enfrentamento já estão esgotadas e, agora, estão sendo eliminadas. Pode ser frustrante ou mesmo desolador não compartilhar esses fatores de estresse do dia a dia com seu parceiro, porque você fica se sentindo sozinho no relacionamento. Você já está sozinho e lidando por conta própria com esses fatores de estresse, e agora estamos tirando um fator adicional do seu colo. Ao não compartilhar as coisas com seu parceiro, você não precisa lidar com a indiferença, a falta de empatia e a desconexão dele ou dela. É um fator de estresse a menos para lidar.

Assim como com as coisas boas, encontre pessoas empáticas com quem compartilhar esses estresses diários. Ligue para um amigo solidário no caminho para casa. Converse com colegas de trabalho sobre questões profissionais. Converse com outras mães sobre problemas ligados às crianças. Converse com pessoas que realmente se importam e podem oferecer apoio ou até soluções. Compartilhe e, com sorte, solicite soluções via redes sociais. Encontre outras saídas, incluindo exercícios, meditação e distrações. Eles podem não resolver o problema, mas talvez preparem você para lidar com os estresses cotidianos.

Em última análise, perceba que você está sozinho na maior parte do tempo. Atualmente, você está esperando que seu parceiro seja um parceiro. Um parceiro saudável ajuda a encontrar soluções, ouve suas preocupações, deixa você desabafar e oferece apoio. No geral, isso não acontece com um narcisista e o resultado é que o ressentimento se torna um visitante frequente em sua vida. Seu parceiro não vai reagir dessa forma; não faz parte do vocabulário do narcisista. Seu relacionamento não é um processo colaborativo e, com um parceiro narcisista, provavelmente nunca será. A exaustão vem de esperar eternamente que seu parceiro finalmente acerte. Isso *nunca* vai acontecer. Existe uma honestidade, por mais dolorosa que seja, de cuidar de você e, talvez, retomar um pouco de seu poder.

2. Notícias ruins que têm implicações para sua família, casa ou finanças e que, consequentemente, afetam seu parceiro

De todas as situações, essa pode ser a mais difícil de lidar em termos de administração de expectativas. Se você está nesse relacionamento, algo precisará ser compartilhado, em especial se envolve um problema que tenha ramificações como filhos, sua casa ou questões financeiras de longo prazo.

A "solução" aqui é preparação. Ingmar Bergman certa vez disse: "Apenas alguém bem preparado tem a oportunidade de improvisar". Então se prepare, e parte disso é tirar a emoção e a expectativa da equação com calma e de maneira consciente. Dessa forma, você também pode estar mais bem preparado para lidar com os altos e baixos da conversa. Você sabe muito bem que as notícias ruins e a inconveniência serão mal-recebidas. Muitas vezes pessoas usam uma longa introdução para notícias ruins na esperança de que suavize o impacto. Não vai.

Eis um exemplo de uma abordagem "ruim" para dar esse tipo de notícia a um narcisista: "Sei que você teve um dia difícil e, depois de um dia assim, não é fácil ouvir mais coisas ruins. Detesto ser o portador de más notícias, mas não se preocupe, vou cuidar disso, mas queria que você soubesse o que aconteceu com o carro. Não é grande coisa e já falei com o seguro, e espero que você não ache isso um problema porque sei quão ocupado você está".

Depois de uma introdução dessas, seu narcisista já está rangendo os dentes e isso não o amolece, deixa-o mais endurecido. Sua introdução faz sentido. Você já esteve nessa situação e sabe o que vem por aí. De certa forma, sua tentativa de "cuidar dele" e prepará-lo para as más notícias é, na verdade, uma tentativa de se preparar para o que está prestes a acontecer. Você não pode controlar a reação dele, só pode administrar a maneira como a absorve.

Você precisa canalizar seu mestre zen interior e ir direto ao ponto:

"Caí em um buraco e danifiquei o pneu dianteiro da SUV. O carro precisou ser rebocado e terei o orçamento final amanhã, mas a estimativa é de que custe aproximadamente 2 mil dólares. A franquia custa mil."

Então deixe os estilhaços voarem. Você sabe que estão vindo, por isso se prepare para a explosão. Se você espera a birra, e *sabe que não tem ferramenta de comunicação para mudar ou redirecionar isso,* recite com calma seu mantra interior, deixe seu parceiro fazer o discurso dele, ouça qualquer solução que ele tenha a oferecer, se tiver, e esteja preparado para encontrar outro meio de transporte para o dia seguinte. Basicamente, essa estratégia envolve ir direto ao ponto e fornecer respostas imediatamente. Você tem "massageado" e administrado seu parceiro há tanto tempo por medo da reação dele ou dela. Esse barco já zarpou. Com introdução ou não, haverá uma reação, então se prepare e improvise. Você sobreviverá à reação dele. Pense nisso como puxar de uma vez o curativo.

A essa altura, você já confirmou que essa pessoa não vai mudar (e, caso ainda não tenha feito isso, vou lembrar mais uma vez: ela não vai mudar). Portanto, soluçar, chorar e intensificar isso ainda mais representa uma perda de poder e energia, e não resultará em um desfecho diferente ou melhor. Você já pode antecipar a reação dele, e não há evidência para assumir que será outra. É sua responsabilidade solucionar o problema antecipadamente (sim, tudo recairá sobre você). O medo da reação dele atrasou você no passado e permitiu que as coisas ficassem piores, e sua frustração com relação à indisposição dele em ajudar devastou você no passado. Com essa estratégia, você: (a) para com a procrastinação e o adiamento; (b) para com os longos preâmbulos para "prepará-lo" para a notícia inconveniente (o que resulta em reações mais dolorosas); (c) não espera nada e não fica mais desapontado, e (d) pode ser mais eficaz porque não está mais desperdiçando tempo e esforço esperando por outra pessoa, mas, em vez disso, está abordando o problema em questão.

3. Notícias ruins que aumentam vulnerabilidades pessoais extremas

Se vai se manter nesse relacionamento, você precisa cuidar de si mesmo — em especial sob essas circunstâncias. Quando está enfrentando experiências profundas, como a doença de um de seus pais, de um filho ou de outro ente querido, ou a perda de uma pessoa especial, você se sente vulnerável, fraco e esgotado. Isso é ainda mais forte quando a pessoa que está com problemas de saúde é você. Esse é um momento em que precisa encontrar alguém em sua rede de apoio que o ajude; não espere que seu narcisista suba em seu cavalo branco e salve você. Ele pode ser capaz de bancar o cavaleiro por um dia ou dois, mas o luto, a cura e o cuidado são jogos de longa duração, e, para se envolver nesses processos, você precisa de recursos e apoio. Nesse momento você pode manter a fachada prática de seu relacionamento, mas recorrer a lugares de onde sabe que a ajuda virá. Não tente tirar água do poço seco do narcisismo.

Veja isso como uma longa jornada e comportamentos de autocuidado (como sono, boa alimentação, exercício, meditação) devem agora estar em seu arsenal. Autocuidado é como alimentar uma conta da qual você irá sacar recursos no futuro. É uma suposição razoável acreditar que, se você está em um relacionamento, seu parceiro estará lá para você no futuro. Infelizmente, com um parceiro narcisista, planeje que essa conta estará cronicamente no vermelho e indisponível. Como tal, hoje é um ótimo dia para começar a cuidar de você, e assim poderá enfrentar os desafios pequenos e grandes (até mesmo sem o apoio de seu parceiro). Essa seção pretende ser um alerta de que você precisa cuidar de si mesmo. Isso também significa que precisa cultivar sua rede de apoio agora. Como observado ao longo do livro, a ausência de profundidade e consistência de seu parceiro significa que você precisa disso vindo de outras fontes. Estar presente para elas como estarão presentes para você. Esses relacionamentos serão importantes em todos os momentos de sua vida. Quando uma pessoa está em um relacionamento narcisista, outros relacionamentos saudáveis são essenciais e pagam dividendos que podem salvar sua alma. É nessas relações que sua empatia é espelhada e reforçada. É fundamental que você cuide de si mesmo e se mantenha conectado com os que estão a seu redor. Não como meio de preparação para crises, mas para enriquecer sua vida, e, sim, é provável que esses relacionamentos estejam presentes para você (quando seu parceiro não estiver).

AS INDIFERENTES

Essas são todas as minúcias neutras: o clima, o novo supermercado que está sendo construído na cidade, o passarinho que acabou de pousar na janela. É melhor você prestar atenção nisso, porque são os únicos assuntos sobre os quais você pode conversar com seu parceiro narcisista. As questões indiferentes — e existem muitas em nossa vida — são o preenchimento. São essas futilidades neutras que acontecem entre grandes eventos. Normalmente, são tópicos que podemos conversar com um estranho — são temas universais e observações sobre o mundo ao nosso redor. Pense quando você começa a conversar com um estranho no ponto de ônibus ou no aeroporto. Provavelmente, falará sobre um voo atrasado, a chuva ou um donut que está comendo.

➡ **Regra:** Preste atenção a tudo sobre o que antes parecia não valer a pena conversar (por exemplo, o clima); isso será seu "tema" quando se tratar de iniciar uma conversa com seu parceiro, porque é seguro e permite minimizar a crítica. Esses tópicos aparentemente "triviais" possibilitam um lugar de conexão entre você e seu parceiro, e mesmo que ele permaneça desconectado em tais momentos, a desconexão perde poder porque o assunto não importa.

Quando você fica e está fazendo isso "funcionar", então as partes indiferentes da vida se tornam uma espécie de salva-vidas. É "irrelevante", ou seja, tem pouca relevância ou emoção pessoal. Embora possa magoar ser criticado, zombado ou negligenciado sobre uma conquista, uma aspiração, um evento importante ou uma perda, você não pode, na verdade, levar o clima para o lado pessoal. Poucas pessoas desejam viver em silêncio se estão em um relacionamento, e o preenchimento indiferente pode manter a conversa sem dar ao narcisista um alvo doloroso. É provável que ele encontre formas de inserir aqui algum negativismo, talvez zombando de sua opinião, alertando que você não tem conhecimento sobre o assunto ou até mesmo chamando você de "chato". Sorria serenamente e siga em frente. Seu narcisista não percebe o triunfo — você simplesmente se esquivou de uma bala e não repetiu os velhos padrões habituais. Ele pode até ficar frustrado, uma vez que não consegue as mesmas reações de sua parte, pode precisar encontrar um novo saco de pancadas psicológico.

A SOLUÇÃO

De certa forma, existe um benefício secundário em abordar os aspectos "indiferentes" de seu mundo como alimento para conversas, porque força você a prestar atenção ao ambiente. Você realmente terá que prestar atenção às pequenas coisas ao seu redor para ter algo sobre o que conversar. O foco se torna evitar de maneira consciente assuntos que o deixe vulnerável, e também respirar e refletir se está pronto para compartilhar sobre a briga que teve com sua irmã, ou apenas conversar a respeito da tempestade que está prevista. Cultivar o preenchimento pode permitir que você interrompa a repreensão unilateral que enfrenta regularmente, assim como as decepções crônicas por ser ignorado ou não ser ouvido. Também pode ajudar você a evitar o silêncio desconfortável. De qualquer forma, narcisistas nunca estão ouvindo, então responder ou não a seus relatos meteorológicos diários ou outras observações prosaicas agora é oficialmente irrelevante. Dessa maneira, você estará cuidando de si mesmo e não mais caindo nas armadilhas usuais.

A regra de três partes funciona?

Sim, funciona. A administração de expectativas pode ser feita em dois níveis. Primeiro: não compartilhar informações significativas ou vulneráveis com seu parceiro; e segundo: compartilhar e estar pronto para a reação e a decepção. Em ambos os casos, você pode e deve ter outras caixas de ressonância — amigos, familiares, colegas, membros de sua comunidade, terapeuta, conselheiros pastorais — para lhe dar a oportunidade de participar da experiência humana de uma vida compartilhada.

Ao longo dos anos tive diversos clientes com cônjuges narcisistas, e percebi que ninguém os ouvia havia anos. Eles tinham ricos mundos internos, esperanças, histórias e experiências únicas que não eram compartilhados com ninguém. Vê-los contar suas histórias e receber feedback foi curativo por si só. Terapia pode ser um primeiro passo para a cura de não estar sendo ouvido. Nunca mantive um roteiro para que fossem embora, e nosso trabalho os preparava para ficar, mas para não mais cultivar decepção. Lentamente encontraram formas de nutrir novas amizades, se envolver em suas comunidades e retomar contato com velhos conhecidos. À medida que suas necessidades estavam sendo atendidas — na terapia, com amigos e, mais importante, em encontrar significado e propósito em suas vidas que não mais eram zombadas ou minimizadas por seus parceiros (pois não estavam mais colocando sobre a tábua de corte ao compartilhar) —, eles agora eram mais capazes de suportar os rigores unilaterais de seus relacionamentos, e relataram que, surpreendentemente, as coisas estavam melhores agora que não esperavam mais por um relacionamento equilibrado.

Na realidade, você não precisa contar a ninguém que está fazendo isso — que está administrando expectativas e reagindo de novas maneiras —, pode somente fazer. Quando essa abordagem é debatida com outros, é rotulada como cínica, e muitas pessoas questionarão qual é o sentido do relacionamento, se você não compartilha nada com seu parceiro. Não deveríamos estar ajudando o narcisista a ouvir seu parceiro em vez de fazer o parceiro se calar? Não tenho dúvidas de que essa abordagem será rotulada como fria, calculista e cínica. E ela poderia ser rotulada como "passivo-agressiva" ou "jogar duro para conseguir o que quer" (ao que minha pergunta seria: "O que exatamente você está tentando conseguir?"). Reiterando: o objetivo ideal é a comunicação, mas você está lendo este livro porque a comunicação não funciona e provavelmente nunca irá. Não adote a regra de três partes para que seu parceiro mude ou preste atenção. Se sua abordagem for essa, então é, de fato, passivo-agressiva e também provavelmente produzirá a mesma velha decepção. Quando você adota a regra de três partes, precisa fazê-lo de uma forma que reflita que você está ciente das limitações de seu parceiro, está evitando as mesmas armadilhas dolorosas de comunicação, está tentando desenvolver uma rede de apoio e não mais está esperando pela fantasia do resgate. Assim como não existe um comprimido mágico para perder cinco quilos, também não existe nenhuma técnica terapêutica mágica para transformar um narcisista em alguém empático e disponível. Um relacionamento caracterizado pela censura, falta de compartilhamento e distanciamento não é para qualquer um e não é o ideal. No entanto, como o parceiro narcisista não é capaz de mudar, e você quer manter o relacionamento, essas técnicas podem facilitar a salvação de si mesmo, enquanto permanece em uma situação longe do ideal. Cínico? Talvez. Sobrevivência raramente se parece com um conto de fadas.

Isso será fácil?

Não. O narcisista em sua vida pode, na verdade, ficar um pouco esquivo se você não lhe der alguma munição. Sua paranoia pode despontar e ele pode acusar você de estar escondendo coisas ou assumir algo mais sinistro.

No entanto, você sempre terá uma carta na manga: *deixe ele falar sobre si mesmo*. Sorria, acene, demonstre compreensão, entregue um pouco de suprimento narcisista e palavras de encorajamento. Afinal, você decidiu ficar. Lembre-se de uma regra básica: você sempre traz o melhor para o relacionamento. Não mergulhe na lama e o critique, repreenda ou mesmo questione. Apenas sorria, acene e encoraje. De qualquer forma, ele nunca ouviu você ou se importou com o que tinha a dizer, então focar em verbalizações positivas como encorajamento é bom para sua saúde psicológica e pode manter uma sensação de paz em seu relacionamento e um lugar de honra para você. Quem sabe ele pode até aprender um pouquinho observando você. Como você aprendeu a não mais tentar ter suas necessidades atendidas por ele e, em vez disso, está focando os elementos positivos do relacionamento, ele pode, na verdade, espelhar esse comportamento de vez em quando (só não permita que isso o induza à complacência e comece a deslizar de volta aos antigos ritmos).

Como você está cultivando sua capacidade de ter suas necessidades atendidas fora de seu relacionamento principal, em termos de apoio, conexão, encorajamento e gentileza, não está mais tão esgotado. Você pode ouvir o que seu parceiro narcisista tem a dizer e, talvez, até achar interessante, ou mesmo querer apoiar. Durante anos, você imaginou reciprocidade: você me conta os seus, eu conto os meus, e, compartilhando, cresceremos juntos. Isso é altamente improvável. Os anos de frustração na busca dessa esperança deixaram você esgotado.

Eu seria relapsa se não mencionasse alguns dos "riscos" de construir uma rede de apoio para, finalmente, abordar suas necessidades. Depois de ser ignorado, negligenciado, criticado ou silenciado por anos, você começa a entrar em contato com outros e construir uma conexão, e passa a se dar permissão de ser ouvido. Uma dinâmica fundamental que mantém relacionamentos narcisistas no lugar é a negação — tanto de sua parte, quanto da parte de seu parceiro narcisista. O narcisista tem pouca percepção ou empatia, então há uma negação generalizada do tratamento que ele dá ao parceiro, e a outra pessoa na relação precisa se manter em negação para acordar todos os dias e permanecer em um relacionamento com alguém que não é presente. Quando você começa a desenvolver outras conexões sociais, a negação começa a ser descartada. As outras pessoas começaram a perceber você, muitas vezes pela primeira vez em anos. Elas podem ouvir, ser empáticas, se importar, apoiar seus sonhos e protegê-lo de seus medos. Esse pode ser um terreno fértil para se apaixonar por alguém, muito porque, pela primeira vez em muito tempo, você está sendo visto. Isso não significa que você é uma pessoa ruim ou amoral, mas pode ser desconcertante. Esteja atento, estabeleça limites com os quais se sinta confortável, e reflita sobre o que essas mudanças podem significar. Podem ser um alerta ou um tapa na cara. Também pode ser apavorante. Uma recomendação fundamental é solicitar a orientação e apoio de um profissional de saúde mental para ajudar você a navegar nesse território. Vivenciar esses sentimentos não é necessariamente uma coisa ruim, como você atua com relação a eles é uma decisão pessoal. Não importa o que aconteça, esses despertares são informações importantes a considerar enquanto navega nessa nova forma de estar em seu relacionamento. Pessoas em relações com narcisistas começam a negar a si mesmas, um dia de cada vez; gradualmente se desvalorizam. Quando você finalmente começar a sair desse espaço, o mundo percebe.

A versão apoiada e mais sábia de você pode ser mais capaz de suportar os desafios cotidianos e os muitos padrões que debatemos, incluindo a dúvida de si mesmo, a frustração, a confusão e a raiva. Mais importante, você não está esperando por algo que nunca acontecerá, suas necessidades estão sendo atendidas e você não vai permitir que suas esperanças, sonhos e conquistas sejam criticados ou minados. Em essência, você aprendeu a "consumir" seu parceiro de uma forma nova e realista.

O paradoxo do "Eu te amo"

Esclarecer as três palavras mais confusas e mal compreendidas da língua portuguesa pode ajudar você a permanecer (ir embora, ou apenas a se manter são). O significado dessas palavras frequentemente está relacionado ao emissor. Todos as dizemos — para pais, filhos, amigos, irmãos, amantes, cães e gatos.

Em um relacionamento romântico, as palavras "eu te amo" podem carregar suposições: se você me ama, então vai me apoiar, me manter seguro, me ouvir, me respeitar, me honrar, fazer sexo comigo, rir comigo, cuidar de mim quando eu envelhecer, me beijar, ficar comigo.

Muitas suposições para três pequenas palavras. Então, reflita agora sobre o que "eu te amo" significa para você. Quando diz essa frase para alguém, o que isso quer dizer? Pode significar as coisas listadas acima, ou não. Um dos maiores desafios que encontro ao trabalhar com casais, mesmo se um dos parceiros é narcisista, são mal-entendidos sobre a afirmação "eu te amo" e dúvidas sobre quem a diz. Uma regra de ouro é que você não tem permissão de questionar quem diz "eu te amo" para você. No que diz respeito àquela pessoa, ela falou porque quis dizer isso. A dificuldade é que a definição de "eu te amo" varia de uma pessoa para outra.

Casais podem cair na armadilha de discutir a crise do "eu te amo". "Se você age assim, então não me ama de verdade." O verdadeiro desafio não são as palavras, ou se a outra pessoa realmente ama, mas a definição estar clara, sua expectativa e, em última análise, como quer ser tratado. Pense sobre como se sente nesse relacionamento, a qualidade de sua comunicação e colaboração, e o comportamento de seu parceiro. Se essas coisas não lhe agradam, então todos os "eu te amo" do mundo podem não ter significado. No entanto, quando seu parceiro diz isso, ele está sendo sincero. Não perca tempo com o argumento errado. Refletir sobre o "eu te amo" pode ser uma das maneiras mais úteis de entender como você se sente nesse relacionamento. "Eu te amo" pode ser uma frase descuidada e desleixada — pare de dar a ela tanto significado e preste atenção às ações e à consideração da outra pessoa. Dizer "eu te amo" é fácil; estar presente e envolvido em um relacionamento é uma questão diferente. Evite esse argumento dizendo essas palavras se você realmente quer dizer isso, e não presumindo que elas significam a mesma coisa para seu parceiro.

A revelação

Diversas fantasias mantiveram você nesse relacionamento. Desmascará-las não significa que você precisa ir embora, mas esteja ciente das principais fantasias clássicas que o fizeram refém.

- ► Meu parceiro vai mudar.
- ► Um dia ele verá como sou maravilhoso e o que temos juntos.
- ► Um dia cairá a ficha, ele verá a luz e pedirá desculpas.

Nada disso é provável de acontecer. Na verdade, seu parceiro pode ser uma pessoa legal por dias ou meses, mas, assim que um grande fator de estresse aparecer, você voltará ao habitual. Sempre que surgir algo mais interessante — um trabalho, uma pessoa, uma oportunidade —, ele voltará a ignorar você. Quando isso acontecer, a decepção poderá ser paralisante. A cada dia bom que vocês têm, as esperanças aumentam, e quanto mais elas aumentam, mais haverá pedaços a recolher quando tudo desabar novamente. Uma trajetória típica aqui é aproveitar as férias agradáveis durante as quais vocês relaxam, e então você toma um pouco de coragem e começa a tentar conversar sobre assuntos significativos novamente, e percebe que ele não está escutando. Ou ocorre um evento no qual ele, de alguma forma, se sente decepcionado, e vai tudo por terra de novo. No mínimo, você precisa encarar os dias bons como um tipo de "feriado", e, como nem todo dia pode ser um feriado, aproveite e se prepare para a rotina na maior parte do tempo.

No capítulo anterior, apresentei a ideia de ser "suficiente". Lembre-se sempre: você é *mais* do que suficiente, sempre foi e sempre será. O narcisista também nunca se sente suficiente, e sempre busca atenção e afirmação de fora. Se ele nunca é suficiente, logo ninguém é, mas ele não tem consciência dessa dinâmica. Seria uma experiência completamente diferente se ele se sentasse com você e dissesse: "Sou muito vazio e nunca vou me sentir suficiente, então sei que sempre tratarei você como se não fosse suficiente, embora seja". Se o seu parceiro tivesse esse nível de compreensão, não seria um narcisista.

Isso leva à maior esperança de todas: que um dia ele irá "entender", e você receberá o grande pedido de desculpas, o momento Hollywood, o ato de contrição, a esperança de redenção. Isso não vai acontecer. Foi esse mito que levou você a se destruir por anos. A crença de que algum dia ele verá como você é maravilhoso, pedirá desculpas e agradecerá por você permanecer a seu lado.

A redenção está embutida em textos religiosos, na mitologia, nos contos de fada (nossa Fera, o Príncipe-sapo) e nos filmes. É uma das mensagens principais de todas as religiões do mundo: a redenção vem por meio do amor. É uma venda perigosa, porque pode ser verdadeira e miraculosa, mas, no caso do narcisismo, a redenção quase nunca ocorre. Amar cada vez mais não traz a mudança que você espera. Nunca vi redenção verdadeira em um narcisista patológico ou uma pessoa com transtorno de personalidade narcisista. Nunca. Mas é um mundo grande e tenho certeza de que existem tais histórias. O trabalho de Elsa Ronningstam que sugere a possibilidade de uma experiência emocional corretiva e um relacionamento corretivo é bem possível, mas demanda sorte e tempo consideráveis. As probabilidades não estão a seu favor.

Por definição, é quase impossível mudar um transtorno de personalidade e a natureza do narcisismo é tal que o insight é altamente improvável, a menos que seja egoísta. Então, não projete em seu parceiro patologicamente narcisista as histórias de redenção que você observa nos outros. Sua esperança desperdiçou muita energia emocional. Talvez a redenção nessa história seja voltada para você. Cuidar de você. Aproximar-se de pessoas que apoiam e amam você. Você pode não ouvir o canto do cisne de seu parceiro, mas pode começar a cuidar de si mesmo agora.

Deixar de lado esses mitos e esperanças não é fácil, mas é essencial, se você deseja manter esse relacionamento. Os mitos e esperanças o esgotam, deixam-no esperando por algo que nunca chegará. No processo, você se esforça cada vez mais e tem cada vez menos necessidades atendidas, e começa a se perder. Você pode ter acreditado até agora que a esperança é o que o mantém; na verdade, remover a esperança pode ser a sua maneira de sobreviver nesse relacionamento.

Remover a esperança o ajudará a encontrar o caminho para cuidar de si mesmo (em vez de tentar fazer com que seu parceiro ou alguém o note). Levará você a parar de despender recursos para fazer o impossível acontecer, mas, em vez disso, garantir que você receba o apoio, o encorajamento e as caixas de ressonância de que necessita. Administrar expectativas é tão romântico quanto ganhar meias no Dia dos Namorados, mas compreender essas regras permite que você fique e salve o que puder, ainda mantendo uma vida tão autêntica quanto possível enquanto está nesse relacionamento.

CAPÍTULO 8

DEVO IR EMBORA?

Um dia tudo será bom, eis a nossa esperança.
Tudo hoje está bom, eis a nossa ilusão.

VOLTAIRE

Você decidiu ir embora de um relacionamento que não está mais funcionando. Isso deveria ser uma coisa boa. Mas, ainda assim, pode ser tão confuso e desafiador quanto permanecer nessa teia emaranhada. Você está em um relacionamento com um narcisista, se arrastando pela Tríade Obscura, sua confiança foi traída, você não é ouvido ou notado há meses/anos/décadas, tem sido ignorado e a vida tem sido vazia. Você ansiava por conexão com a única fonte que não poderia fornecê-la. Você pode ter muitos torcedores a essa altura, mostrando a linha de chegada e apoiando você a cada passo do caminho.

Esse relacionamento se tornou uma prisão invisível, com sua dúvida servindo como as barras da cela. Existem muitas forças operando ao mesmo tempo: um estranho tipo de proteção de seu relacionamento danificado (pode estar ruim, mas é seu), sentimentos sobre o investimento de tempo e recursos na relação e o medo do desconhecido (o diabo que você conhece pode parecer melhor do que o anjo que não conhece). O ponto principal é que, apesar do mau tratamento e das condições tóxicas, você pode ainda estar profundamente apaixonado por essa pessoa.

A questão, então, se torna: "O que você tem medo de deixar?". O mais difícil pode ser abandonar a ilusão. Ilusões são mais sedutoras do que a realidade, e durante anos você foi um executivo de publicidade, expondo seu relacionamento para o mundo de forma tão magistral que até começou a acreditar nele. Você precisava, e é por isso que permaneceu.

Mas lembre-se: parte do que você está deixando é uma ilusão, uma miragem — algo que, na verdade, não está lá. Não é real.

Mas, ainda assim, dói.

O relacionamento com um narcisista patológico é muito ativo porque você o mantém vivo escrevendo uma narrativa vibrante a seu redor. Sua história pode, de fato, ter sido mais real do que o próprio relacionamento. De certa forma, é mais difícil deixar uma ilusão do que uma realidade. Além disso, a parte mais difícil de todas é deixar a esperança. É provável que você tenha permanecido nesse relacionamento por causa do poder da esperança. Ela tem sido seu suporte há tanto tempo que terminar o relacionamento significa se afastar tanto de seu parceiro quanto daquilo que sustentou você.

Como percebe agora, esse relacionamento estava funcionando mais na esperança do que na realidade. A orientação futura de fazer a coisa certa, de "tentar ser perfeito", de tentar ser "suficiente", de criar estratégias e descobrir como manter o interesse de seu parceiro e a esperança de que ele, por fim, percebesse que você continuaria. Talvez nesse ponto, com o reconhecimento de que esse padrão narcisista nunca mudará, a esperança, finalmente, tenha sido arquivada. Esse reconhecimento não é um lugar fácil para aterrissar. Embora seja uma forma de resignação e, por fim, aceitação silenciosa, não é fácil.

O que significa terminar?

Terminar um relacionamento é estressante, desafiador e psicologicamente difícil. Não importa se são meses ou anos, terminar é difícil. Também é possível que você venha refletindo sobre isso há muito tempo e, lentamente, chegou a esse ponto. Enquanto pensa sobre terminar o relacionamento, você deverá considerar tudo o que vem a seguir. Primeiro, estão os fatores muito reais e práticos:

- ▶ Filhos
- ▶ Dinheiro
- ▶ Famílias
- ▶ Fatores culturais
- ▶ Crenças religiosas

Em seguida, os fatores psicológicos — as barreiras e variáveis que podem ser menos visíveis:

- ▶ Medo
- ▶ Vergonha
- ▶ Raiva
- ▶ Remorso
- ▶ Nostalgia
- ▶ Paixão

Dependendo de sua situação, muitos desses fatores provavelmente contribuíram para manter você por mais tempo do que queria ou do que fosse saudável. É claro, a sabedoria popular em nossa cultura, em especial para casados, é fazer funcionar. Para a maioria dos relacionamentos, essa solução é mais conveniente em termos fiscais, familiares e culturais. Na verdade, o divórcio é difícil para as crianças e para as pessoas dentro do casamento. Existem ainda inúmeras proibições culturais e religiosas com relação ao divórcio. Quanto mais desses fatores você confrontar e mais longo for o relacionamento, mais desafiador será abordar essas questões práticas. No entanto, não há prêmio para a resistência, e suportar esse tipo de relacionamento não é saudável.

Compromisso *versus* investimento

Alguns psicólogos têm aplicado ferramentas lógicas quantitativas para entender o compromisso em relacionamentos a partir de um modelo de investimento direto. Entender esse modelo pode ajudá-lo a compreender por que permaneceu e por que é tão difícil ir embora. Caryl Rusbult, professora de psicologia social e organizacional da Universidade Livre de Amsterdã, apresentou um modelo de investimento com foco no conceito de compromisso e analisou os elementos que fazem uma pessoa se comprometer (ou não) em um relacionamento. A teoria postula que há três fatores a serem considerados para entender o compromisso e a possibilidade de fazer uma mudança: satisfação (o que você consegue do relacionamento), qualidade alternativa (os resultados que você espera da próxima opção ou alternativa melhor) e investimentos (o que você perderia se saísse, e aqui podem ser coisas práticas como bens e filhos, e mais intangíveis, como histórias e experiências compartilhadas). Essas três coisas funcionam juntas e nos permitem olhar para os "cálculos" mentais que fazemos em nossos relacionamentos. Em outras palavras, consideramos questões, incluindo o que obtemos de nosso relacionamento, se existe alguém lá fora que poderia ser melhor para nós, que está disponível e é uma boa opção, assim como o que podemos perder se formos embora. Fazemos esse cálculo e, se os números favorecem ficar, nós ficamos. Se favorecem sair, saímos.

Essa teoria realmente funciona muito bem em relacionamentos nos quais ambas as partes estão investidas por razões semelhantes, mas não funciona tão bem quando uma delas é narcisista. Pessoas que estão altamente comprometidas com seus relacionamentos se preocupam com o bem-estar de seus parceiros, subjugam as próprias necessidades e até as transformam para fazer o que é melhor para o relacionamento e para o parceiro. O comprometimento traz muitos dividendos, e a alternativa precisa ser muito boa para tirar a maioria das pessoas de seu investimento e enfrentar a perda de tempo e história. Quando seu parceiro é narcisista, a satisfação tende a ser baixa, mas você continua, esperando o dia em que ele entre no jogo. Embora muitas pessoas torçam o nariz para a ideia de um relacionamento ser visto através das lentes de um modelo de "investimento", é uma forma honesta de abordá-lo.

Narcisistas são mestres em compartimentar. Isso significa, basicamente, colocar tudo de suas vidas em caixas limpas e organizadas, e quase nunca percebem que a vida é uma bagunça e as coisas não são tão limpas e organizadas. Eles podem compartimentar trabalho, relacionamentos e família, sem refletir sobre a interdependência de todos esses fatores. Também é por isso que narcisistas têm mais facilidade de serem infiéis. Eles veem, de uma maneira bastante simplista, o relacionamento extraconjugal ou a traição como uma "caixa" diferente do casamento, e esses relacionamentos atendem a necessidades muito diferentes. A falta de empatia transforma o caso amoroso e o casamento em espaços separados, e não refletem sobre como isso pode devastar o cônjuge ou parceiro. A grandiosidade faz com que achem que têm tudo planejado e que são capazes de conciliar uma esposa e uma namorada (e talvez até outros flertes paralelos). Curiosamente, muitos narcisistas valorizam bastante seu papel como pai/mãe e cônjuge e ficariam devastados em perdê-los.

Uma vez mais, a compartimentalização significa que veem seu casamento de uma forma mais distante e intelectualizada ("Sou um homem de família" ou "Sou uma matriarca") e não querem abrir mão dessa identidade (não percebendo que ser um marido e pai é mais do que apenas um título). O caso aborda uma necessidade específica, e eles não têm a intenção de desistir nem do casamento nem da amante, se puderem evitar (um aviso a amantes ou àqueles que estão em relacionamentos extraconjugais com um narcisista: a menos que ele seja flagrado, não ache que ele fará de você a pessoa principal na vida dele, não importa quanto ele diga isso a você).

Compartimentalização significa que os narcisistas normalmente veem o investimento de um relacionamento de forma diferente do que outras pessoas. Na verdade, um narcisista que tem vários casos amorosos é um marido adorável — suas necessidades são atendidas e ele pode voltar para casa bem alegre e pronto para entrar em seu compartimento de cônjuge e pai com bom humor. Não existe nada mais alegre do que um narcisista satisfeito, e pode ser devastador perceber que os meses e anos agradáveis de seu casamento foram um subproduto da enganação de seu parceiro.

Relacionamentos *são* investimentos, e depositamos neles recursos tangíveis e intangíveis. Estamos mais propensos a prosseguir se tivermos um retorno, porém, curiosamente, pessoas em relacionamentos com narcisistas desafiam esse modelo de investimento e ficam ano após ano, mesmo com pouca satisfação. O modelo de investimento, no entanto, argumenta que não é apenas a satisfação que importa, mas também o investimento que você faz. Se coloca dinheiro em uma conta bancária, e o banco continua pegando o dinheiro e esvaziando a conta, você procura outro banco. Mas o investimento em um relacionamento é bem diferente — tempo, história, esperança, família — e é mais difícil quantificar essas coisas e abandoná-las, mesmo que sejam desperdiçadas por seu parceiro.

Ao longo dos anos, o retorno óbvio de seu investimento não tem sido muito alto, então pode ser que a "percepção" ou a "esperança" seja o que mantenha você nele. Além disso, também é bastante possível que a ativação do velho roteiro familiar (aquela confusa familiaridade que erroneamente chamamos de "química") acrescente uma camada a isso, que o modelo de investimento não pode explicar. O modelo de investimento é intuitivo, simples e atraente, mas não funciona com um relacionamento em que existe mais ilusão do que realidade.

Prepare-se para a fúria narcisista

Você não tem permissão de sair silenciosamente na calada da noite.

Primeiro, vamos revisitar os conceitos da raiva e inconveniência narcisistas. Narcisistas não querem ser incomodados, tendem a ficar paranoicos, *não* gostam de ser manipulados e não toleram muito bem qualquer coisa que pareça abandono. Além disso, um rompimento, em especial quando vai tirar os filhos de casa ou demandar uma divisão de bens que impactaria negativamente seu estilo de vida, deixando uma imagem "ruim" para o mundo, é *altamente* inconveniente.

Se você for quem decreta o fim do relacionamento, as fortes emoções de seu parceiro podem dominá-lo. Espere raiva, tristeza, retração, mais raiva, retaliação, mesquinhez e — no caso de um divórcio — muito litígio (advogados da vara de família provavelmente ganham metade de seus honorários nas costas de divórcios de narcisistas, porque são muito confusos). As emoções fortes também podem desencorajar ou amedrontar você. Mais uma vez, para reiterar uma questão anterior, se essa for uma situação que leve a violência e perigo, você precisará mobilizar entidades de segurança legais e públicas para lidar com a situação.

Normalmente, as emoções dos narcisistas são mais sobre ameaças vazias, raiva fria, manobras cruéis, ligações de advogados, raiva e mais raiva, um mau comportamento que se torna exaustivo. Assisti, da primeira fila, a alguns divórcios desafiadores, que foram alvo de toda a raiva narcisista em uma jornada radical. Mais de uma vez, testemunhei o esvaziamento, exaustão, desmoralização e, às vezes, pensamentos suicidas em pessoas que enfrentavam essa confusão. O narcisista é mestre em lançar infindáveis injúrias raivosas, mesmo depois de todos os outros estarem completamente destroçados.

Ego e injúria narcisista

Por que narcisistas simplesmente não *saem na calada da noite*? Muito disso é ego. Nenhum de nós gosta de ser deixado, rejeição nunca é boa, e até os mais transcendentes terão um momento de luto e desconforto quando alguém decide fazer as malas e se despedir. Mas, no caso de uma pessoa que é narcisista patológico, isso vai mais fundo. Ser deixado desperta suas vulnerabilidades, e sua incapacidade de regular emoção se torna sua ruína. Enquanto muitos de nós podem lamber suas feridas silenciosamente, tomar um sorvete, beber vodca ou chorar, o narcisista se sente inconsolável. No entanto, esse desconsolo se manifesta de uma forma muito antipática. A propensão narcisista para a raiva e seu vazio faz com que seja quase impossível regular as fortes emoções que acompanham um abandono percebido e, como resultado, fazem uma birra terrível.

Chegamos ao conceito de ferimento narcisista. Um ferimento narcisista é uma ameaça ao grandioso (e frágil) senso de identidade do narcisista. Sua saída, ou sua ameaça de sair, é um lembrete de que ele é frágil. Lembre-se, o dilema do narcisista é que, sob a arrogância poderosa e carismática que ele mostra para o mundo, ele é extremamente vulnerável e dependente. Sua decisão de ir embora reforça essa vulnerabilidade, e o ferimento narcisista é sentido profundamente. A reação é, no geral, raiva narcisista. Como sua reação parece tão desproporcional, pode ser assustadora, mas, como a lesão que experimentaram é muito profunda e uma ameaça à sua identidade grandiosa e legitimada, é uma dor forte e primitiva.

O temor dessa reação raivosa é o que mantém muitas pessoas no relacionamento. Por muito tempo. Pessoas tentando sair de relacionamentos com narcisistas me disseram repetidamente: "Se eu soubesse que seria tão ruim assim, nunca teria começado esse processo", mas quando tudo está acabado, se sentem extremamente gratas por terem feito. É bom ter algum nível de preparação para os rigores e tormentos do que está prestes a se desenrolar (no mínimo para organizar as coisas no trabalho, com as crianças e para sua própria saúde mental). No entanto, isso também pode ser assustador e você talvez se sinta tentado a evitar esse período difícil. Muitas pessoas pensam: "Aguentei isso por dez anos, talvez possa aguentar mais tempo".

Infelizmente, esse também pode ser um momento aterrorizante. Não apenas em situações violentas e que demandam ordens restritivas e a ação do sistema judiciário. Os e-mails, mensagens de texto e ligações intimidadoras, as ameaças de ações legais, a sensação de estar sendo seguido e de ter seu nome manchado entre familiares, amigos e qualquer pessoa que queira ouvir, tudo isso é extremamente perturbador. Muitas pessoas que enfrentaram um rompimento com um narcisista dirão que tiveram que recomeçar do zero — e descobrir quem eram os verdadeiros amigos. Depois da campanha de difamação, apenas aqueles que as conheciam bem se mantiveram próximos e, após tudo se acalmar, muitos também disseram que foi bom recomeçar do zero e eliminar todos os babacas de sua vida anterior.

Algumas pessoas que estão lendo isso podem pensar: *minha situação não é tão grave, não vivíamos juntos, não éramos casados, ou não tivemos filhos*. Um rompimento narcisista é difícil, aconteça ele após meses ou anos. É óbvio, quanto mais entranhado e "investido" você está, mais desafiador em termos práticos e psicológicos isso pode ser. No entanto, é provável que a reação seja avassaladora, não importa qual seja a situação de vocês, simplesmente porque você está lidando com um narcisista.

Como se preparar para ir embora

Se você está lendo este livro ou está envolvido com um narcisista, então as chances são de que esteja lutando com esse relacionamento há algum tempo. Você pode já estar insatisfeito, frustrado, deprimido, envergonhado ou ter tido dúvidas de si mesmo. Então, esse não é um momento fácil para fazer uma transição desafiadora, pois suas reservas já estão exauridas. A questão principal é que ir embora não será fácil. Você precisará se preparar tanto de forma prática quanto psicológica.

PREPARAÇÃO PRÁTICA

Fornecer orientação sobre preparação prática para o fim de um relacionamento com um narcisista pode variar muito, dependendo de suas circunstâncias e de quanto tempo estão juntos. É óbvio, essas preparações deverão ser mais elaboradas se você está terminando um longo casamento ou se há envolvimento de filhos, em comparação com o término de uma relação de namoro mais curta. No entanto, em ambos os casos, prepare-se para algo desafiador.

Eis alguns passos práticos a serem considerados. Talvez nem todos sejam relevantes para sua situação, mas alguns podem ser úteis:

- ▶ Documente tudo.
- ▶ Mantenha amigos e familiares informados.
- ▶ Busque terapia ou aconselhamento.
- ▶ Busque assistência legal.
- ▶ Faça mudanças estruturais (troque fechaduras, garanta que as contas — em especial de telefone celular — estejam em seu nome e que os cartões de crédito sejam bloqueados, resguardando suas finanças).
- ▶ Atente-se à sua exposição nas redes sociais.
- ▶ Prepare-se para se mudar rapidamente.

Documente tudo

Essas etapas são desagradáveis. No caso de um divórcio, você precisará da assistência legal de um advogado especializado, que deve ser alertado sobre a questão psicológica de seu parceiro. No entanto, a documentação é importante. Como narcisistas patológicos são mentirosos e defletores habilidosos, você será questionado sobre tudo. Se você estiver começando a se desligar, comece a colocar tudo por escrito. Mantenha um registro diário dos fatos relevantes que pode precisar para o litígio, ou apenas por sanidade. Guarde e-mails e mensagens de texto. Você pode precisar dessa documentação, mesmo que não seja para questões legais. Por exemplo, se o seu parceiro começar a usar outra vez o charme e você começar a sentir que está sendo sugado de volta para o turbilhão, essa documentação também pode ser um sinal de alerta, um tipo de tapa na cara psicológico para evitar que você volte.

Mantenha amigos e familiares informados

Até o momento, você pode também ter evitado compartilhar com outras pessoas os detalhes mais sórdidos de seu relacionamento. Como observado anteriormente, isso pode ter sido por vergonha, para proteger seu parceiro ou porque você é uma pessoa reservada. É hora de começar a compartilhar. Não precisa ser lúgubre ou difamatório, mas compartilhe com outros o que você vivenciou. Existem razões processuais e pessoais para isso. Em termos processuais, se as pessoas estão cientes do cenário de seu relacionamento, podem também fornecer o tipo de apoio que você precisa nesse momento (por exemplo, um lugar seguro para ficar sem questionamentos). Também pode ser bom falar sobre sua experiência (e é bem provável que as pessoas venham notando isso há anos, mesmo que você não tenha dito nada). Elas também podem ser um recurso essencial para você seguir em frente. Se tornam aquele coro que lembra o que você era (e ainda é).

No entanto, seus amigos e familiares também podem estar na linha de fogo do narcisista. Quando o narcisista começa a disparar sua raiva, todos os que estão próximos serão atingidos. Seu parceiro narcisista culpará seus amigos e familiares por encorajarem você, por encherem sua cabeça com "ideias", por falarem mal dele, e ele também pode destilar veneno sobre eles. Pode ser uma experiência difícil, pois você talvez se sinta responsável pelo estresse que seus amigos e familiares estão vivenciando. Lembre--se: não é você que está vomitando esse ódio, seu parceiro (em breve ex) é quem está. E seus amigos e familiares reconhecerão isso. Estar diretamente na linha de fogo de seu parceiro também pode resultar em mais apoio para você, pois eles estão vivenciando o que você vem suportando há um tempo. Seu parceiro narcisista foi e provavelmente ainda é bem charmoso, então pode levar um tempo para que as pessoas próximas a você desapeguem da concepção de que ele é um cara legal. Ele demonstrará suas verdadeiras cores à medida que ficar frustrado. No entanto, se as pessoas a seu redor foram encantadas por ele em algum momento, pode ser que elas questionem você e até mesmo o defendam por um tempo. Mantenha-se firme; você conhece a história. Não precisa defender sua decisão — você não chegou aqui maneira leviana.

Se vocês têm filhos, ou se é a dissolução de um casamento longo, certamente precisará do apoio de seus amigos e familiares — tanto para assuntos práticos (cuidar das crianças, um lugar para ficar) e, com certeza, psicológicos. Mas seja criterioso. Nem todo mundo será um torcedor. Algumas vezes, rompimentos de relacionamentos podem expor o pior das pessoas, e seus familiares talvez estejam lutando com as próprias narrativas sobre vergonha, divórcio ou apenas o fato de essa situação "não pegar bem" para o mundo. Definitivamente, esse não é o momento para apaziguar outras pessoas, então escolha seus apoiadores com sabedoria.

Busque terapia

Psicoterapia é *essencial* para crescer e curar. Certifique-se de trabalhar com um terapeuta que conheça o cenário do narcisismo. Fuja de qualquer um que possa tentar levar você de volta para o caminho da "comunicação" (provavelmente você já esteve nesse caminho) ou que se apegue à encantadora crença de que seu narcisista irá mudar. Existem muitos companheiros bem-intencionados no campo da saúde mental, que levantam a bandeira de que "todo mundo pode mudar" — uma suposição positiva e bem doce, mas inverídica nesse caso. Lembre-se, você está pagando o terapeuta, se não se sente bem, pode encontrar outro. Porém, nas mãos de um terapeuta qualificado, você terá a oportunidade de compartilhar seus medos e suas experiências, e poderá contar com uma caixa de ressonância objetiva.

Terapia também pode ser um suporte importante para seus filhos. Divórcio é desafiador para as crianças, independentemente das circunstâncias, e fornecer a elas um espaço objetivo no qual compartilhar seus sentimentos e medos pode ser essencial. No caso da dissolução de um relacionamento com um parceiro narcisista, a terapia se torna necessária. Pais narcisistas não estão isentos de usar seus filhos como peões, manipulando-os com dinheiro ou informação, ou compartilhando detalhes altamente impróprios com eles. Seu papel é proteger seus filhos, e trabalhar com um terapeuta capacitado para as crianças lidarem com as transições do divórcio (de preferência com um que seja especializado em personalidade narcisista) pode ajudá-las no processo. Não caia na lama com seu parceiro, tente superá-lo. Mantenha limites e condutas apropriadas no que diz respeito a seus filhos, e trabalhe junto com profissionais de saúde mental para protegê--los durante a transição.

Busque assistência legal

Embora muitos divórcios possam ser resolvidos via mediação, aqueles que envolvem narcisistas costumam demandar advogados. A tendência narcisista de extravasar a raiva e traduzi-la em litígios caros e injustos pode exigir assistência legal. As leis relativas ao divórcio, à responsabilidade financeira pela custódia dos filhos e divisão de bens variam de acordo com o país e é aconselhável que você procure orientação jurídica. Certifique-se de ter seu próprio advogado e facilite esse processo reunindo o máximo de documentos possível.

Faça mudanças estruturais

É difícil pensar nisso, mas muitas vezes é essencial e pode incluir a troca de fechaduras, separação de finanças, encerrar contas e informar empregadores, caso necessário. Converse com seu advogado para garantir que pode realizar essas mudanças e faça isso em tempo hábil, de modo que suas finanças não corram risco. Aloque seus recursos em uma conta bancária que só você possa acessar. Você quer ter certeza de não estar no lado errado do esquema de vingança financeira de seu parceiro — e isso pode significar remover seu nome de todas as contas conjuntas o mais rápido possível. Porém, de novo, consulte seu advogado para que não seja acusado de agir de uma forma que possa ser considerada como improbidade financeira.

Além disso, se vocês tinham uma conta telefônica compartilhada, certifique-se de desvincular sua conta de celular da dele imediatamente. Por fim, determinados serviços de telefonia compartilhada podem permitir que seu parceiro acesse aplicativos que fornecem sua localização. Certifique-se de remover quaisquer recursos de rastreamento geográfico de redes sociais e aplicativos de redes móveis, caso tenha alguma preocupação sobre seu parceiro usar sua localização como meio de assédio contínuo.

Infelizmente, você talvez precise tomar medidas mais extremas, como obter um novo número de telefone. Quando um término acontece, a raiva com frequência faz com que seu parceiro tenha mais energia destrutiva do que você, então, quaisquer ferramentas, artifícios e técnicas que você possa usar para minimizar o contato ajudarão no processo de ir embora.

Atente-se à sua exposição nas redes sociais

Acredite ou não, a essa altura, as redes sociais podem começar a se tornar um ambiente tóxico para você. Mais uma vez, se você tem filhos menores, e essa é uma situação de divórcio, qualquer foto sua em redes sociais, mesmo que seja apenas segurando um copo de vinho em um evento elegante, pode ser cooptada e transformada em munição contra você. Tenha muito cuidado em não usar redes sociais como plataformas para criticar ou detonar seu cônjuge, pois tais insultos talvez se voltem contra você juridicamente. Por mais tentador que seja contar ao mundo que você está preso em seu próprio inferno pessoal (ou que está sobrevivendo muito bem), evite isso a todo custo. Suas redes sociais podem ser investigadas minuciosamente, assim, todas e quaisquer postagens podem se tornar armas. Sua melhor atitude pode ser se desconectar por um tempo.

Do outro lado está a conduta de seu parceiro nas redes sociais. Já estabelecemos que narcisistas não se aprofundam em nenhum relacionamento. Também sabemos que redes sociais são a nave mãe do narcisista — um parque de diversão de busca por admiração e validação. Por fim, sabemos que o mundo pós-término, para eles, é, no geral, sobre raiva e vingança. A raiva com frequência se transforma em vingança. Mesmo se você estiver resolvido e desligado mentalmente do relacionamento, fotos da nova namorada de seu parceiro, compras ou viagens, postagens raivosas sobre você ou o relacionamento podem ser desagradáveis e estressantes. Sair do espaço das redes sociais enquanto transita em sua saída do relacionamento pode ser uma forma fácil de proteger você e deixar sua vida mais fácil. Pesquisas sugerem que o tempo gasto em redes sociais na fase pós-término pode prejudicar significativamente o processo de luto e de superação. No entanto, pode ser útil documentar as más decisões de seu parceiro. Mesmo que você não se sinta capaz de fazer isso, peça a um amigo de confiança para documentar essas postagens, porque elas podem se tornar uma parte importante de seus registros ao tentar resolver os aspectos legais dessa situação.

Prepare-se para se mudar rapidamente

Você precisa estar preparado para sair de casa o mais rápido possível, se necessário. Enquanto você talvez seja capaz de lidar com emoções fortes, seu parceiro não consegue. Quando a raiva dele explodir, não fique surpreso se chegar em casa e encontrar as fechaduras trocadas ou seus pertences espalhados pelo jardim ou pela casa. Se houver dano a seus pertences, como observado acima, documente ou fotografe tudo, seja para usar em procedimentos formais ou apenas como um lembrete. Mas esteja preparado para que a raiva de seu parceiro narcisista leve à necessidade de uma saída rápida. Mantenha alguns itens essenciais em seu carro, no escritório ou na casa de um familiar ou amigo. Tenha cartões de crédito ou dinheiro. Embora possa ser perturbador e angustiante ter que lidar com isso, se você estiver preparado, não precisará correr em meio ao caos.

PREPARAÇÃO PSICOLÓGICA

Eis os passos mais difíceis — a preparação "psicológica" que você precisa fazer para começar essa transição, bem como as atitudes e comportamentos que o ajudarão a sair dela. Assim como na parte "devo ficar", tudo é sobre administrar expectativas.

Esteja preparado para o seguinte:

- ▶ Ignorar a culpa e as acusações.
- ▶ Lembrar-se de que seu parceiro nunca mudará.
- ▶ Não cair na fase lua de mel.
- ▶ Aceitar suas emoções — e cuidar de si mesmo.

Ignorar a culpa e as acusações

Narcisistas não apenas mentem, mas também projetam. Como se engajam em projeção (pegando o que estão sentindo e projetando em outra pessoa) e não assumem responsabilidade por nada nem ninguém, eles culpam os outros. Conforme passa pelo processo de desfazer seu relacionamento, esteja preparado para culpabilizações e acusações infinitas. Pode até parecer absurdo às vezes — uma preocupação bem fundamentada sobre problemas de comunicação em seu relacionamento ao longo dos anos será deteriorada com seu parceiro acusando você de uma falha aleatória que ocorreu cinco anos atrás. Narcisistas tendem a acumular agravos e sacá-los à vontade sempre que tentam "se defender". Esse processo é exaustivo, e resistir a tais acusações pode desafiar sua paciência. Responder da mesma forma e lançar acusações semelhantes não é uma boa ideia, porque você não pode vencer esse jogo. A essa altura você já estabeleceu que seu parceiro narcisista é um lutador melhor e mais sujo que você, e sabe que as acusações dele são irrelevantes. Enfrente o comportamento dele com silêncio nobre, porque você aprendeu há muito tempo que, de qualquer forma, seu parceiro nunca ouve.

Lembrar-se de que seu parceiro nunca mudará

O mantra "ele nunca vai mudar" tem uma importância especial agora. Quando você iniciar o processo de término, embora a raiva seja garantida, também é bem possível que ele tente atrai-lo de volta. Em muitos casos, se você lembrar dos primeiros dias de seu namoro, recordará o charme, a confiança e o flerte de seu parceiro. Narcisistas não gostam de perder e podem não querer terminar a relação — ou, pelo menos, não deixar que você a termine. Não seja romântico e ache que ele não quer perder *você* por causa dessa grande história de amor. Depois de suportar insultos e raiva na sequência do término, não se surpreenda se ele partir para uma tentativa de reconquista. Após meses ou anos de um relacionamento desconfortável e até infeliz, pode parecer bom voltar ao início e ser cortejado novamente. É até provável que você acredite nele (já acreditou uma vez!) e que dessa vez sua história será diferente e ele mudará. Se ele reconquistar você com bom comportamento, será apenas uma questão de tempo até que suas características narcisistas voltem à tona. Depois de anos desejando por essa mudança de atitude dele, será bom por um tempo, mas será devastador quando, inevitavelmente, os maus hábitos retornarem.

Não cair na fase lua de mel

Nas entrevistas para este livro e entre pessoas com quem me consultei, a maioria lembrava, repetidamente, dos primeiros dias arrebatadores e sedutores de seus relacionamentos. Retornar a essa "nova e melhorada" versão de seu parceiro, em especial após anos de desolação, pode ser tentador. Isso pode ser ainda mais atraente se vocês tiverem filhos e uma vida juntos — a crença de que a paixão que atraiu você "está de volta" e que as coisas se resolverão.

Você já passou por isso antes, talvez não tão perto da porta de saída como está dessa vez, mas, sem dúvida, houve momentos catastróficos em seu relacionamento, e então seu parceiro se comportou bem por algumas semanas ou meses. A esperança pode ser perigosa em um relacionamento narcisista.

Este livro não tem a finalidade de julgá-lo por sua decisão nem tentar convencê-lo a ir embora se não estiver pronto. Se a reviravolta de seu parceiro for convincente e você decidir ficar (primeiro, por favor, releia o capítulo "Devo ficar?"), então permaneça, mas com o conhecimento de que ele não mudará. Assim, pelo menos, você estará preparado para o cenário. Comportamentos podem mudar temporariamente, mas as questões principais permanecerão. O desafio de ser sugado de volta é que, a cada vez que você tentar sair, será muito mais difícil.

Aceitar suas emoções — e cuidar de si mesmo

Você tem "apaziguado a fera" por tanto tempo que talvez não tenha ciência dos recursos mentais e práticos que tem despendido consistentemente para manter o relacionamento vivo. Reflita sobre o que os últimos anos podem ter sido para você: pisando em ovos, vivendo em decepção, não sendo ouvido, tendo sua confiança traída e tentando novas estratégias todos os dias para fazer com que seu parceiro ouça, note ou se importe com você. À medida que seu parceiro sai da sua vida, preste atenção a como se sente. Quase todos com quem falei relataram alívio.

O sentimento foi de que, pela primeira vez em anos, eles conseguiram respirar. Não estavam mais esperando por algo que nunca aconteceria. Não estavam mais sendo cuidadosos com cada palavra, cada ação. Inicialmente, quando perceberam quão tensos estavam por tanto tempo, muitos também expressaram tristeza. Tristeza pelo tempo perdido, pela energia desperdiçada e por uma vida passada em desespero silencioso. Semelhante aos estágios do luto, outra reação comum foi raiva. Raiva pelo que eles suportaram. Raiva pelos maus-tratos. Raiva de que o parceiro possa ter ido para o próximo relacionamento e uma nova vida sem consequências. Raiva por ter tentado ao máximo e isso nunca ter sido percebido. Raiva de que, de alguma forma, o parceiro possa acertar na próxima relação e a dúvida sobre o que havia de errado com eles.

Os sentimentos também mudarão e se transformarão a cada dia. O alívio inicial foi maravilhoso para muitas pessoas, mas outras foram surpreendidas por tristeza e ansiedade. Essas emoções negativas deixaram muitas pessoas se questionando se tinham cometido um erro. Mudança e transição são difíceis, em especial em relacionamentos. Pense no relacionamento em si; você teve dias bons e dias ruins, e sair de um término não é diferente. Mas, como acontece com todos os problemas assim, não há motivo para enfrentar isso sozinho, e conversar com um terapeuta pode ser útil. Cuidar de si mesmo nesse momento também é essencial, embora possa parecer um clichê. Ferramentas simples, como sono, exercício, alimentação e pessoas saudáveis são nada menos do que uma prescrição para lidar com emoções e transições difíceis.

Esses sentimentos de alívio, raiva, tristeza e medo são normais. São uma parte natural de se desligar. A tristeza e o luto são processos ainda mais complexos quando o luto é sobre o sentimento conflituoso em fazer algo. É mais provável que haja arrependimento, frustração, raiva e até desesperança. Um dos meus escritores e poetas prediletos, Rilke, diz o seguinte sobre sentimentos: "Deixe tudo acontecer a você. Beleza e terror. Apenas continue. Nenhum sentimento é final". Esse processo de desapego não será fácil, e muitas vezes será desconfortável. Mas permita que os sentimentos venham à tona, e, antes que perceba, eles terão passado e você estará mais forte.

A busca por justiça

*O cisne, que tinha sido capturado por engano no lugar do ganso,
começou a cantar como um prelúdio de sua própria morte.
Sua voz foi reconhecida e a música salvou sua vida.*

ESOPO

O canto do cisne é lendário por ser uma bela canção que a ave canta enquanto morre, um lindo adeus. Se tivesse letra, poderia ser o cisne se desculpando com todos que ele magoou ou desvalorizou.

Não espere por isso.

Essa é a parte que desmonta a maior parte das pessoas. Em algum lugar ao longo do caminho, nos disseram que a vida é boa e justa.

Não é.

Muito menos nas questões do coração.

Uma mensagem que as pessoas desejam ouvir após suportar o depressivo território de um relacionamento narcisista é um pedido de desculpas, um ato de contrição, um reconhecimento de tudo o que fez por ele, e de tudo o que suportou. Uma tentativa de consertar as coisas. Esperar por esse pedido de desculpas, por "justiça", normalmente é o que evita que você se desligue. Como se ouvir esse canto do cisne fosse o que você precisasse para seguir em frente. Você precisará aprender a continuar sem o canto, sem a grande confissão, sem a empatia. Isso nunca existiu, por que apareceria agora como um passe de mágica?

Uma reclamação que sempre ouço é: "Não é certo que tenham escapado ilesos disso". De acordo com quem? E do que exatamente eles "escaparam ilesos"? Muitas pessoas incorporam o conceito de carma e acreditam que, algum dia, o vilão receberá o que merece. Que tudo precisa se equilibrar ao final. Não é assim que funciona a vida ou o carma. Se desapegar dessa crença é tão importante como parte do luto quanto honrar seus sentimentos. Seu parceiro narcisista não *deve* nada a você.

Uma lição dolorosa foi aprendida e sair dela não será fácil. Seu cenário mudou, para sempre. Quando isso acabar, é bem provável que você confie menos, tenha mais suspeitas, mas também mais sabedoria. A sobrevivência sempre nos muda. Talvez a justiça principal seja a retomada de sua vida.

Talvez seja eu?

Muitas vezes, pessoas em relacionamentos com narcisistas se culpam — e continuam se esforçando, mas nada funciona, o que parece ser ainda pior. Na verdade, é mais fácil culpar a si mesmo por uma situação do que culpar a outra pessoa. Assumir responsabilidade, às vezes, pode permitir que você mantenha uma sensação de controle sobre a situação e tente se "consertar" em vez de ter que responsabilizar outra coisa ou pessoa. Obviamente, todo relacionamento é uma via de mão dupla e ambas as partes assumem alguma responsabilidade. Mas, se tivesse uma oportunidade, não seria interessante saber como seria sua vida se o seu narcisista desaparecesse por um tempo (ou para sempre)?

Uma história sobre alguns macacos pode dar a você algumas informações sobre isso...

Robert Sapolsky, professor de biologia e neurologia da Universidade Stanford, é um dos mais prestigiados pesquisadores de estresse do mundo. Uma reviravolta do destino em sua pesquisa rendeu, na minha opinião, uma das descobertas mais importantes que ele já registrou até hoje. Ele vinha conduzindo pesquisas longitudinais havia mais de vinte anos com babuínos no Quênia. Um ano, machos "alfa" dominantes de um determinado grupo comeram carne contaminada com tuberculose bovina, que estava no lixo de um parque próximo e, consequentemente, morreram. Esses alfa dominantes eram os "caras maus" do grupo. Organizavam sua vida aterrorizando as fêmeas e os machos de baixo escalão, e como os machos dominantes eram maiores e queriam brigar o tempo todo, venceram. Esses machos dominantes traziam conflito e violência a todas as suas interações.

As fêmeas e os machos de baixo escalão tiveram que se ajustar à presença desses machos dominantes desagradáveis. Isso era estressante para as fêmeas, que com frequência eram feridas por eles, e para os machos de baixo escalão, que eram cronicamente intimidados. Parece alguém que você conhece? Não acho que babuínos possam ser diagnosticados com narcisismo, mas o modelo alfa parece ser o mais próximo disso que podemos chegar.

Após a morte dos alfa dominantes, o primeiro palpite seria que os machos remanescentes e sobreviventes assumiriam o lugar dos dominantes na hierarquia e se tornariam os novos alfa, mantendo a ordem social de intimidação, violência e hierarquia (até então, os machos não alfa do grupo apenas trabalhavam em cooperação com as fêmeas e tinham que suportar os abusos e as maldades dos alfa).

Não foi assim. Os machos remanescentes continuaram a ser cooperativos com as fêmeas. Houve mais afeição e aumento no cuidado mútuo.

Depois que os alfa se foram, os membros remanescentes do novo grupo babuíno se comportaram de forma mais cooperativa, menos violenta e se tornaram, realmente, mais saudáveis. Seus níveis hormonais eram consistentes com os baixos níveis de estresse. E agora estavam vivendo felizes para sempre. Pesquisadores de campo interpretaram as descobertas desse estudo através das lentes da diplomacia, da ética social e comportamento cultural. A psicóloga clínica em mim vê isso de uma forma um pouco diferente.

O estudo de Sapolsky sobre babuínos do Quênia tem muito a ver com nossas reflexões sobre narcisismo. Na vida selvagem, quando você remove babuínos maldosos, violentos e abusivos, todos ficam em melhor situação. A maioria dos grupos de babuínos não tem tanta sorte e, de fato, quando Sapolsky comparou esse grupo "livre de alfa" com outros que ainda tinham machos dominantes, o grupo "livre de alfa" evidenciou alguns resultados melhores. Curiosamente, o pesquisador opina que bastaria entrarem de novo alguns machos adolescentes "irritantes" nesse grupo, em particular, para desestabilizar o equilíbrio amigável. Isso é compatível com pessoas; às vezes, basta uma personalidade narcisista radical para desestabilizar todo um sistema, seja ele uma família, um local de trabalho ou qualquer outro grupo.

Imagine se você pudesse remover de seu grupo cada pessoa narcisista, egoísta, abusiva, autoritária (alfa-dominante)… cada uma delas. Como seria sua vida? Segundo essa pesquisa, parece que poderia ser mais livre de estresse. É quase certo que você desfrutaria mais sua vida diária, trabalharia de maneira mais colaborativa com os outros e lidaria com menos abuso. De forma mais significativa, é provável que sua saúde também melhorasse.

Talvez a resposta seja nos distanciarmos do humano equivalente ao "babuíno dominante" e, quem sabe, nem o trazer para o grupo. O ponto principal é que o tempo gasto com narcisistas, em especial com parceiros narcisistas, nos deixam menos saudáveis. Nossos níveis de cortisol e outros neuro-hormônios ficam mais altos, e isso contribui para toda uma cascata de problemas físicos e de saúde mental. O trabalho de pesquisadores como Janice Kiecolt-Glaser e seus colegas, ilustra claramente que conflitos no relacionamento não são bons para nós, e relacionamentos com narcisistas tendem a ser coloridos por mais conflitos.

As probabilidades são que, uma vez que o narcisista tenha sido removido de sua vida, ela será mais saudável, com menos conflitos e estresse, e mais colaborativa. Às vezes, não é você.

E se *ele* deixar você?

A princípio, pode parecer um alívio eles baixarem a guarda e saírem. Se livrar deles em seus termos e evitar um pouco do veneno e da raiva. Ironicamente, pode não ser tão fácil quanto você imagina. Depois de cumprir sua pena e de anos tentando fazer isso funcionar, pode ser bem exasperante ver seu parceiro juntando as coisas e indo embora. Muitas vezes o narcisista decide ir em busca de pastos mais verdes — normalmente um novo parceiro —, e mesmo que se livrar dele seja, em última análise, mais saudável e melhor para você, isso ainda machuca. A dor de ser rejeitado. A dor de não se sentir bom o suficiente. A dor de que, não importa quanto tentasse, nunca seria o suficiente. Mesmo não tendo nada a ver com você, quando eles decidem juntar as coisas e partir, é um comprimido difícil de engolir.

Lembre-se de que o narcisista é incapaz de se envolver em relacionamentos profundos, íntimos e empáticos. Para eles, muitas vezes é fácil ir embora porque não investiram a mesma quantidade e qualidade de recursos no relacionamento. Para você, mesmo que tenha sido um mundo de decepções por anos, a vida que construíram juntos parece real. Ter alguém indo embora vai *magoar* e você vai *lamentar*. Por mais desafiadora que seja a relação, se você está apaixonado por alguém, e ele termina, dói.

Você pode ter uma torcida dizendo que isso foi um livramento, e pode até ser capaz de aceitar isso intelectualmente. Mas, quando alguém vai embora, é uma adaptação e, de muitas maneiras, pode ser ainda mais difícil por causa de quão confuso era o relacionamento. Como está acostumado a fazer tudo certo, pode até ficar tentado a lutar pela relação sem pensar (pois está fazendo isso há anos). Acalme-se e reflita sobre como tem sido o terreno com essa pessoa. Tenha consciência da motivação da luta: é por causa de medo, nostalgia, despeito, orgulho ou um velho padrão conhecido? Essa é uma oportunidade de criar um novo caminho, novos relacionamentos, e parar de viver um relacionamento vazio. Antes de lutar por isso, saiba pelo que está lutando. Tenha em mente também que você pode não ser um narcisista, mas ainda tem um ego. É tentador contra-atacar no fim do relacionamento por orgulho, em especial se foi seu parceiro quem terminou. Orgulho e amor não são bons companheiros. A essa altura, deixe seu ego ser um lugar de força, não de orgulho.

Evitando outro narcisista no futuro

Por mais difícil que seja acreditar, é provável que você fará isso outra vez. Você está em desvantagem, e a probabilidade de que escolha alguém assim de novo é bem alta. Lembre-se da ideia de familiaridade e química, e de ativar os velhos roteiros de decepção. Nestas páginas você encontra as ferramentas para prestar atenção aos sinais, um mapa e listas de verificação do narcisismo, a certeza de que os padrões nunca mudam, e sua vulnerabilidade ao narcisista. É atrativo pensar que o raio não pode cair duas vezes no mesmo lugar. É fundamental que você se mantenha atento aos sinais e indícios — e tenha a consciência de que, com frequência, o narcisista é a pessoa mais sedutora no ambiente, aquela com mais recursos, o mais charmoso. Antes de agarrar essa fruta mais fácil e tentadora, preste atenção. Depois dessa experiência, você pode aprender a olhar para as pessoas menos carismáticas, porém muito mais gentis, que podem parecer menos "óbvias". Se, em nossa sociedade, valorizássemos tanto a gentileza quanto valorizamos a arrogância, evitaríamos dor de cabeça para muita gente. Esteja ciente de suas vulnerabilidades e comece a buscar por qualidades que tornam um parceiro melhor no longo prazo — compaixão, gentileza, respeito e empatia — em vez de qualidades passageiras, como carisma e ego. Essa "magia" tão conhecida tem um sabor melhor quando cresce com o tempo.

Cura

Vai melhorar. Por nenhuma outra razão que não seja o tempo. Terminar um relacionamento com um parceiro narcisista pode deixar ecos persistentes de frustração, raiva e arrependimento. Porém, ao contrário da sabedoria popular, da poesia e das canções de amor, todos os corações partidos se curam. Podem sair um pouco doloridos, mas a mágoa não apenas se vai dissipar, como também você se tornará mais sábio.

Eleanor Payson, uma terapeuta de casais e família que tem experiência em trabalhar com pessoas se recuperando de relacionamentos narcisistas, argumenta que há três fases de cura quando você está saindo de um relacionamento com uma pessoa narcisista: conscientização, cura emocional e empoderamento. A conscientização pode muito bem abarcar o fato de que a situação atual nunca mudará, e à luz dessa conscientização, você está tomando algumas decisões — difíceis, mas, no mínimo, decisões que modificarão o *status quo*. O terapeuta de uma mulher que entrevistei para o livro lhe disse: "Você permanecerá até que ficar se torne doloroso demais". A consciência leva consigo a possibilidade de que as coisas em sua vida possam melhorar. Isso é consistente com a pesquisa qualitativa da professora de enfermagem Kathryn Laughon, conduzida com mulheres que foram vítimas de violência do parceiro íntimo. Quando chegou ao ponto de fazerem grandes mudanças em sua vida e seu relacionamento, elas basicamente disseram: "Você não está pronta, até estar". Precisamente, a mesma instância se aplica a relacionamentos com narcisistas. Ninguém pode dizer isso a você. Só você sabe.

A cura emocional demanda uma combinação de ingredientes: tempo, autocuidado, apoio e terapia. Este é um caminho que será diferente para cada um, e pode levar mais tempo para alguns do que para outros. Não há um número fixo aqui; você pode se ver lutando depois de um ano, e tudo bem. Não estabeleça um cronograma para si. Existem outras coisas que você pode fazer para acelerar e facilitar esse processo. Como observado antes, terapia com um profissional qualificado pode dar a você uma caixa de ressonância consistente. Contato com amigos pode dar a você apoio, risos e um ouvido solidário.

O autocuidado deve sempre ser desenvolvido em um estilo de vida saudável, mas, muitas vezes, é algo que se desgasta quando você está em um relacionamento com um narcisista. John Helliwell, professor de economia da Universidade da Colúmbia Britânica, e Robert Putnam, professor na Harvard Kennedy School of Government, examinaram grandes amostras nos Estados Unidos e Canadá, e descobriram que nossos relacionamentos — não apenas casamento, mas também familiares, com vizinhos, religiosos e laços comunitários — estão associados à saúde física e uma sensação de bem-estar. Seu relacionamento tem sido um pouco ilusório e provavelmente não está contribuindo para esse capital social essencial, e você pode não ter esses outros laços fortes (que muitas vezes se deterioram enquanto você está em um relacionamento com um narcisista). Manter seus laços sociais e relacionamentos é fundamental para sua saúde.

O vácuo do relacionamento fornece pouco incentivo para a autovalorização, e a falta de reciprocidade significa que seu parceiro está fazendo muito pouco para cuidar de você. Essa é uma habilidade que pode ser aprendida. Alguns dos elementos incluem a manutenção de rotinas saudáveis como dormir o suficiente, comer bem, fazer exercícios e se envolver em atividades que lhe trazem significado e propósito. Por anos, as tentativas de cuidar de si ou se envolver em atividades significativas foram frustradas, minadas ou criticadas por seu parceiro, ou você estava tão ocupado tentando agradá-lo que negligenciou o autocuidado. Anos de entrega de suprimento narcisista no porto provavelmente deixaram você esgotado. Correndo o risco de soar clichê, a cura só vai acontecer se você amar a si mesmo, e o primeiro passo consiste em se cuidar.

O empoderamento é uma montanha difícil de escalar após anos abrindo mão de seu poder. O vazio do relacionamento com o narcisista e a consequente dúvida e erosão da autoestima podem arrancar a palavra empoderamento de seu vocabulário. Consciência pode ser o primeiro passo no estabelecimento do empoderamento: aprender a linguagem da autodefesa, dar a si mesmo permissão para ser respeitado, nunca permitir que alguém insira dúvidas em você. Curiosamente, um bom número de pessoas que vieram do outro lado desses relacionamentos narcisistas tem sido atraídas a se tornarem terapeutas, conselheiros ou fizeram muitas leituras e cursos sobre o processo ao qual sobreviver. Empoderamento também é sobre atender suas próprias necessidades — e essa pode ser a lição mais difícil de todas. É provável que foi sua incapacidade de fazer isso que permitiu que esse relacionamento se desenvolvesse, mas uma grande parte da cura é ser capaz de oferecer a si mesmo a empatia que seu parceiro nunca forneceu ou fornecerá. Nunca.

Alguns mantras finais

Agora que acabou, lembre-se...

- ► Ele/ela nunca mudará.
- ► Não preciso mais viver em decepção.
- ► Posso me expressar e ser ouvido.
- ► Não preciso mais questionar a mim mesmo.
- ► Não preciso mais duvidar de mim mesmo.
- ► Agora estou livre para viver autenticamente e não continuar me podando para fazer isso funcionar.
- ► Retomei minha vida.

CAPÍTULO 9

O PRÓXIMO CAPÍTULO

*Sempre acreditei, e ainda acredito, que qualquer que seja
a sorte que surja em nosso caminho, boa ou má, sempre
podemos dar-lhe significado e transformá-la em algo de valor.*

HERMANN HESSE

Você pode ainda estar nele, pode estar fora dele, mas provavelmente se sente transformado. Todos os relacionamentos humanos nos transformam, alguns mais do que outros. O risco do relacionamento narcisista é que a transformação é tão profunda e dolorosa que você sente que não é mais a pessoa que costumava ser. Lentamente, ao longo do tempo, você cortou pedaços de si mesmo, então sente como se tivesse perdido sua verdadeira identidade. Uma parte fundamental de seguir em frente é não permitir que esse relacionamento o defina ou o destroce. Não acredito que você perderá seu verdadeiro eu para sempre, mas concordo que levará um tempo para recuperá-lo. Você não é uma vítima, mesmo que possa parecer. Não permita que viver em um mundo de legitimação, indiferença, desconfiança, desencorajamento e controle roube de você seus próprios dons e sua própria humanidade e empatia.

A ironia de que escrever um livro sobre narcisismo me exauriu e me deixou esgotada não me passou despercebida. Escrevo para viver, é o que eu faço, e, ainda assim, este livro foi diferente. De certa forma, estar tão imersa nesse assunto por tanto tempo foi como estar com um narcisista, e talvez ofereça alguma percepção de como isso começa a parecer como uma gripe psicológica. Os sintomas dessa gripe incluem um mal-estar contínuo devido ao vazio, à superficialidade e à inautenticidade desse transtorno. Conversando com pessoas sobre o assunto em voos, cafeterias, em meu consultório e em festas, fiquei impressionada com a ressonância do assunto, mas também pelos mal-entendidos sobre o narcisismo. Minha esperança é que este livro tenha expandido sua compreensão dos traços gerais e das sutilezas do que é claramente uma epidemia moderna. Um transtorno que está sendo mantido e multiplicado sob condições culturais perfeitas. Nossa cultura é atualmente uma placa de Petri para o narcisismo. Relacionamentos serão as maiores vítimas dessa proliferação.

Escrevi este livro porque observei de maneira direta o dano que esses relacionamentos podem criar. Eles ferem a alma. Muito parecido com uma ferida física ou uma antiga lesão esportiva, anos após a lesão, na maioria dos dias, você pode não sentir nada, mas então pisa de forma errada, e a dor percorre seu corpo. É o que acontece depois desses relacionamentos. Sua alma pode permanecer levemente machucada por um longo tempo. Use o hematoma como um distintivo de honra, uma vida vivida de maneira plena e lições aprendidas. Deixe que o pouco da dor o lembre de estar consciente e prestar atenção aos sinais de alerta.

A maioria das pessoas com quem conversei disse que sua vida nunca mais foi a mesma depois de um relacionamento com um narcisista. Que demorou anos até a dúvida começar a desaparecer e se sentir inteira outra vez. Tinham passado anos pisando em ovos e não se sentindo ouvidas. A dúvida continuou a caracterizar a vida delas, seja em um novo relacionamento, no trabalho, nas amizades e até nas tomadas de decisão cotidianas. Foram hábitos difíceis de romper, e, embora cada pessoa, sem exceção, tenha indicado que se sentiu aliviada quando acabou, esse alívio foi acompanhado por uma cascata de outras emoções, incluindo arrependimento, raiva, tristeza e medo de que jamais voltaria a ser a mesma pessoa.

Lições de vida de outros que sobreviveram

Fiz a mesma pergunta a pessoas que entrevistei e aos meus próprios pacientes: que conselho você daria a alguém nessa situação? Suas respostas são uma cartilha de sobrevivência, bem como lições de vida sobre como evitar essas situações e administrá-las melhor, se voltarem a acontecer. Tenha em mente que nem todas essas pessoas saíram desses relacionamentos.

- ▶ Faça o que for melhor para você; se não está feliz em um relacionamento, termine.
- ▶ Não faça contorcionismos para agradar alguém.
- ▶ Você tem que se defender e entender o que quer.
- ▶ Se coloque na situação.
- ▶ Você pode se preocupar com os outros enquanto cuida de si mesmo.
- ▶ A única forma de ter perspectiva é indo embora.

- ▶ Você vive na esperança, e é isso que o faz superar, e isso também é perigoso.

- ▶ Não aceite a primeira pessoa que aparecer, às vezes fazemos isso porque temos medo de que ninguém mais apareça.

- ▶ Não se subestime.

- ▶ Vá embora.

- ▶ Nunca acredite que você não é bom o suficiente.

- ▶ Converse com outras pessoas sobre sua situação, e elas o ajudarão.

- ▶ Pergunte a opinião de pessoas a seu redor sobre seu parceiro, e ouça as respostas.

- ▶ Preste atenção aos alertas.

- ▶ Nunca será o suficiente.

- ▶ Não importa quão "perfeito" você seja, na primeira vez que cometer um erro, é nisso que eles irão focar, como se todas as coisas boas nunca tivessem acontecido.

- ▶ Não deixe que alguém controle sua vida.

- ▶ Pessoas assim não mudam.

Juntas, essas respostas, muitas das quais vindas de pessoas que estavam nesses relacionamentos há vinte anos ou mais, focam em se distanciar, reconhecer a inutilidade da situação e da necessidade de se autovalorizar. Esses insights levam mais de uma década para serem absorvidos. Em muitos aspectos, são lições que deveriam ser aprendidas desde o início — como evitar confundir compromisso com negar a si mesmo. A "linguagem do relacionamento", em nossa cultura, é tão cheia de discussões sobre compromisso (o que, na verdade, é uma parte muito importante de relacionamentos normais) que, ao rotular a rendição que muitas vezes precisa ocorrer em um relacionamento com um narcisista como "compromisso", pode manter vivos suas expectativas e seus comportamentos submissos e infrutíferos. As lições deles e deste livro se destinam a esclarecer quando abrir mão e se afastar, ou quando ficar com um novo conjunto de expectativas e regras.

Preste atenção aos alertas

Os sinais de alerta permearam todas as entrevistas que conduzi, e quando foram reunidos e questionados especificamente, o tema mais consistente foi que, sem exceção, os sinais de alerta se tornam aparentes nos primeiros três meses do relacionamento. Nenhum dos entrevistados disse que, no dia do casamento, estava totalmente confortável com sua escolha. Quase todos os meus clientes e participantes das entrevistas indicaram que esses sinais de alerta eram indícios de que se tornariam temas consistentes no relacionamento. Eis alguns exemplos:

- ▶ Ele ficava irado com pequenas coisas. Também era cruel com meus pets, amigos e familiares.
- ▶ Todos me disseram para não me casar ou, pelo menos, para esperar um pouco mais.
- ▶ Percebi que estava dizendo "Me desculpe" demais. Estava racionalizando a raiva dele constantemente e me culpando.
- ▶ Ele mentia muito o tempo todo sobre tudo, a ponto de eu começar a acreditar nele.

- Ele não era muito comunicativo e também não ouvia.
- Ele nunca me ajudava com as pequenas coisas e presumia que eu estaria lá.
- Ele desconsiderava meus sentimentos desde o início.
- Ele precisava de atenção e adoração total de outras mulheres.
- Muitas vezes, ele me acusava de mentir, trair e me comportar mal — sem qualquer fundamento. Mais tarde descobri que ele estava fazendo tudo de que me acusava.
- Sempre que não gostava de como as coisas estavam indo, terminava comigo, e então me aceitava de volta rapidamente.
- Ele estava sempre postando sobre sua vida nas redes sociais, mas era como se fosse um espaço separado de mim, e queria que o mundo ainda o reconhecesse como solteiro, de modo que pudesse "brincar" com outro tipo de vida.
- Ele era muito inconsistente. Ficava zangado e depois amoroso.
- Ele era muito misterioso com seu e-mail, telefone, mensagens de texto e suas redes sociais. Com o tempo, e eu, que não sou uma pessoa desconfiada, descobri que ele mantinha toda uma vida de mensagens inadequadas com outras mulheres desde nosso primeiro encontro até o dia em que nosso casamento acabou. Deixei passar no início; quem dera soubesse que seria um padrão.
- Ele era egoísta com seu tempo e dinheiro.
- Ele era muito vaidoso e muito focado em sua aparência.

Os temas, e esses são os que normalmente podem se revelar no início, são raiva, culpa, falta de empatia, busca por admiração e mentira. Curiosamente, muitos desses relacionamentos começaram há muito tempo, bem antes do advento das redes sociais. Nos relacionamentos mais novos, redes sociais e celulares estão moldando o cenário dos relacionamentos modernos. Essas duas coisas são granadas nas mãos de narcisistas, que o tempo todo permitem a manutenção da busca por admiração, violações de limites, suspeita e segredos.

É bem simples olhar para as histórias de outras pessoas e acreditar que não cairíamos nas mesmas armadilhas. É provável que, se você olhar para sua própria história, muitos dos seus sinais de alerta sejam semelhantes aos listados acima. Esses sinais não ocorrem isoladamente, mas em um contexto, como de conhecer uma nova pessoa, novas experiências, diversão, alegria e, talvez, alívio de estar em um relacionamento. Em uma nova relação, existirão momentos de ternura, atenção, sensualidade e simplesmente se sentir apaixonado. Isso se torna um problema de ilusão de ótica. Quando estamos focados no novo relacionamento brilhante e agradável, podemos ignorar o cenário (contexto ou antecedente) de descuido no qual esse novo relacionamento está se desenrolando. Com o tempo, os sinais de alerta podem se proliferar mais do que o comportamento positivo, e então é fácil olhar para trás e ver.

O poder da narrativa

Igualmente reveladoras são as respostas aos sinais de alerta. As respostas são humanas. Não somos robôs, projetados para identificar os chamados "sinais de alerta" e reagir a eles de maneira mecânica. Trazemos nossas próprias histórias, narrativas, expectativas e esperanças a cada uma das ações que vivenciamos em nosso ambiente. Eis alguns exemplos:

- ▶ Estava na hora de me casar e minha família estava me pressionando para sossegar.
- ▶ O ciúme e controle dele me fizeram pensar que ele realmente se importava comigo, e acho que me senti especial porque, embora todas aquelas mulheres lhe enviassem mensagens, ele me escolheu.
- ▶ Quando ele ficava zangado e compartilhava seus medos, eu achava que estava demonstrando sua vulnerabilidade.
- ▶ Romantizei os sinais de alerta.
- ▶ Estava apaixonado e não queria ver coisas que arruinariam isso.
- ▶ Sentia como se tivesse que protegê-lo.
- ▶ Eu gostava de ser o "salvador".
- ▶ Eu queria me casar. Queria uma família.
- ▶ Acreditava que ele mudaria.

Mais do que qualquer coisa, essas respostas sugerem o poder da narrativa. Quando eles apareceram no início, a narrativa foi "moldada" de uma forma que, às vezes, era romântica, apaixonada e até prática. Aqui se aplica o velho ditado "o amor é cego" e, antes que esses padrões se estabeleçam, a esperança é o que permite às pessoas desviarem o olhar quando surgem os sinais de alerta. Com o tempo, as narrativas se tornam um pouco mais realistas, a esperança começa a esmaecer e se torna brutalmente claro que esses padrões de desconfiança, raiva e falsidade chegaram para ficar.

Não existe mais nenhum conto de fadas que possa ser escrito ao redor desses sinais.

Tentando apaziguar a fera

Embora os sinais de alerta fossem ignorados por muitos anos, as pessoas com quem conversei compartilharam as diversas maneiras por meio das quais tentaram fazer "funcionar". Fazer um relacionamento com um narcisista dar certo é um trabalho exaustivo e doloroso. Até que as pessoas chegassem à conclusão de que seu parceiro nunca mudaria, e que nada que fizessem levaria a uma conduta diferente dele, elas se exauriam, se esgotariam e se destruiriam no intuito de fazer funcionar, para provarem a si mesmas, ou conquistar seus parceiros. De modo geral, as respostas aqui mostram que as pessoas acreditavam que, se facilitassem a vida de seu parceiro ou melhorassem a si mesmas, o relacionamento funcionaria. Durante alguns períodos, estavam corretos, mas é realmente um relacionamento se sua única função é agradar e facilitar a vida do outro? Infelizmente, outrora, em especial para mulheres, essa era a essência prevalescente do casamento. Em algumas culturas, permanece assim. Na verdade, se você ler artigos de revistas, ou mesmo livros atuais sobre "como fisgar um marido", existe ainda o conselho predominante de vestir o avental dos anos 1950 e recebê-lo com um sorriso. Eis alguns exemplos:

▶ Eu pintava o cabelo de louro e me mantinha magra.
▶ Eu ganhava todo o dinheiro e mantinha as crianças fora do caminho.

- ► Fazia toda a limpeza e quase toda a comida.

- ► Eu comprava tudo o que ela queria e nunca pedi que trabalhasse. Pedi dinheiro emprestado para manter o estilo de vida que ela queria.

- ► Eu cuidava da casa, das crianças, tentava dar a ele a situação perfeita, porque achava que tudo ficaria bem. E quando ele me traía, eu me esforçava ainda mais para deixar tudo perfeito.

- ► Eu tentava ser a "garota legal" e nunca fazia perguntas, mesmo quando sabia que ele estava mentindo e traindo, nunca estivesse presente para mim e nunca me ouvisse.

- ► Eu pisava em ovos e fazia o que podia para controlar tudo, para que ele nunca tivesse qualquer desconforto.

- ► Eu sabia que ele tinha tido uma juventude atormentada, então meu trabalho era tirar essa dor.

- ► Por um tempo, tentei conversar, então tentei gritar; depois fiquei em silêncio.

- ► Eu o levava para férias caras e não poupava despesas, mesmo sabendo que teria que fazer horas extras para que isso acontecesse.

- ► Eu ganhava dinheiro suficiente para que ele só precisasse trabalhar dois ou três dias por mês.

- ► Eu ligava a cada hora para que ele soubesse o que eu estava fazendo.

A frustração e o fim do relacionamento viriam na esteira da exaustão da tentativa de "apaziguar a fera". A maioria das pessoas que entrevistei reconheceu que, se suas estratégias de apaziguamento tivessem dado certo, teria sido um pouco mais satisfatório.

Mas que, mesmo depois de garantir que a vida fosse uma máquina bem lubrificada, protegendo o narcisista de qualquer desconforto ou tristeza, nunca era *o suficiente*. Essa percepção é o que muitas vezes quebra o espírito das pessoas no relacionamento. E isso pode ter sido uma coisa boa. Em última análise, os relacionamentos humanos não deveriam ser construídos com base no que pode ser *feito* para alguém, mas simplesmente em uma parceria recíproca. Um relacionamento narcisista pode se transformar em atributos superficiais como empregos, escolas, títulos, recursos, endereços, imagens alteradas no Photoshop, postagens de status, crianças quietas, casas bem equipadas e bens. Isso é apenas uma pequena parte do que são a vida e os relacionamentos humanos.

Por que você ficou?

As razões para ficar são tão interessantes e importantes quanto as para ir embora. Ambos os caminhos possuem suas próprias narrativas. Os motivos para ficar representam narrativas sobre lidar com os sinais de alerta e o mau comportamento. Eles são bastante complexos e, embora muitas vezes, as pessoas foquem nas reações "externas" para tomar essa decisão, com frequência também existem motivos pessoais mais profundos. Então, faço a simples pergunta para muitas pessoas: "Por que você ficou?". Abaixo, estão algumas das respostas mais comuns:

▶ Religião, filhos, dinheiro.
▶ Medo.
▶ Culpa.

- ▶ Acreditava que ele era um artista sensível.
- ▶ Eu o amava.
- ▶ Construí uma história no entorno da ideia de que ele precisava do meu amor para criar.
- ▶ Eu acreditava nas desculpas, esquecia os momentos ruins e me lembrava dos bons.
- ▶ Era mais fácil financeiramente e por causa dos filhos.
- ▶ Eu acreditava que ele mudaria.

Os motivos para ficar costumam ser universais — e mesmo pessoas que não estão em relacionamentos com narcisistas ficam por tais razões. Estas podem ter uma pungência particular em um relacionamento narcisista, no qual as pessoas são maltratadas, mas acabam ficando, e os motivos clássicos são culpa, filhos, dinheiro, medo, amor e cultura. Esses motivos são igualmente convincentes aqui, e mesmo quando ocorria o mau comportamento, as pessoas eram e são capazes de voltar e focar nos momentos bons. Isso também seria apoiado por uma emoção como o medo. Medo de ficar sozinho, medo de decepcionar os outros, medo do fracasso, medo do desconhecido. O medo muitas vezes resulta em pessoas se tornando cada vez mais habilidosas em treinar seu olhar para os bons momentos, ou na narrativa, ou na nostalgia, ou nas fotos emolduradas que as ajudaram a suportar o vazio e seguir lutando mais um dia. Todos esses são motivos válidos e poderosos para ficar, e a maioria ficará, até não conseguir mais suportar.

Curiosamente, muitas vezes é nesse ponto que os clientes podem largar a terapia. Na terapia, onde estão compartilhando os detalhes dolorosos de seus relacionamentos, eles até reconhecem que os pontos estão sendo ligados de uma forma que sugere que "só um tolo ficaria". O desconforto sobre esse reconhecimento, combinado com o medo, torna mais fácil abandonar a terapia, que funciona como um lembrete de suas circunstâncias atuais. Nesse ponto, os clientes também começarão lentamente a se afastar do restante dos amigos e, algumas vezes, até de familiares, porque não querem refletir sobre o relacionamento. É mais fácil permanecer cego e em negação.

Por que você foi embora?

Então, quando as coisas terminaram, perguntei aos meus pacientes e aos que entrevistei: "Por que terminaram e foram embora do relacionamento?". Nem sempre foi a arrebatadora fantasia heroica de alguém saindo pela porta da frente e dizendo: "Estou furioso e não vou mais aceitar isso!". Entre aqueles que vivenciaram o término de relacionamentos narcisistas, isso assumiu muitas formas:

- ▶ Fui embora para proteger as crianças da raiva e da influência dele.
- ▶ Enfim conversei abertamente com minha família, que me deu assistência financeira para contratar advogados e os recursos para sair.
- ▶ Ele chegou em casa e me disse que tinha conhecido alguém, me deixou e se casou com ela.
- ▶ Ele manteve o relacionamento com outra mulher com quem estava saindo ao mesmo tempo que namorava comigo. E escolheu ela.

► Meu filho me entregou um bilhete dizendo que o pai estava tendo um caso havia anos. As outras coisas que ele fez comigo foram muito piores, mas, de alguma forma, foi isso que me fez arrumar as malas e ir embora.

► Fiz psicoterapia intensiva, e o terapeuta me ajudou a articular e fazer a ligação na qual pedi o divórcio. Fiz isso por telefone; sabia que não conseguiria pessoalmente.

► Ele voltou para a esposa.

Essas, raramente, são saídas elegantes. Às vezes o parceiro narcisista vai embora (quase sempre atrás de gramas mais verdes) e, em outras, uma quebra de confiança levou alguém a deixar o narcisista. Em alguns casos, foi o apoio ou preocupação com outras pessoas, como filhos, que, por fim, mexeu o suficiente com alguém a ponto de ir embora. Ainda que toda a rede de pessoas a seu redor possa, secretamente, estar alegre por você, por fim, estar fora da situação, isso ainda dói. Como muitas dessas situações não ocorreram de maneira elegante (ser deixado por outra pessoa), a dor, muitas vezes, aumenta. Deixar um narcisista desagradável pode ser, em última instância, a melhor coisa que aconteceu a você, mas existe uma razão para as pessoas permanecerem nesses relacionamentos, e, mesmo que esses motivos nem sempre sejam saudáveis psicologicamente, são os que você conhece. Deixar o conhecido sempre é desafiador.

Escreva seu próprio final feliz

O capítulo final mostra onde muitas dessas pessoas acabam, e as palavras que surgem mais comumente são *redenção, alegria, liberdade* e *euforia*. Porém, ao mesmo tempo, houve o reconhecimento de que esses ecos não se dissipam rapidamente: *leva muito tempo até você tirar a voz dele de sua cabeça; uma vez passada a euforia, fiquei deprimido; fico me perguntando "Por que isso aconteceu comigo?"; magoado e devastado, continuo cometendo os mesmos erros.*

Toda essa jornada do narcisismo é um lembrete de que finais felizes não acontecem de forma simples; precisam ser escritos. Orson Wells coloca isso de forma ainda mais brilhante quando diz: "Toda história tem um final feliz, só depende de onde você a termina". A próxima história capta tudo isso elegantemente com uma nota principal de triunfo. O narcisista patológico nunca mudará e, embora doa, você irá se recuperar. Às vezes, apesar de não poder esperar pelo carma e pela justiça, o universo dá a você um presentinho para acreditar que a balança se equilibra.

Aguentei o egoísmo, as traições e o mau comportamento dele durante dezessete anos. Cuidei da casa, das crianças, tudo para dar a ele o lugar e a vida perfeitos. Acreditava que, se fizesse isso, tudo ficaria bem. Me sentia decepcionada quando ele se comportava mal; isso baixava minha autoestima. Me perguntava: "O que estava errado comigo para ele me tratar daquela forma? O que eu estava fazendo de errado?". Ele chegou em casa e disse que estava se mudando, que tinha conhecido alguém e, então, se casou. Foi um período muito doloroso para mim e me levou ao fundo do poço. Nessa época, comecei a trabalhar muito mais, tentar estar presente para as crianças. Sentia como se fosse morrer e entrei em depressão profunda. Levei anos para cair em mim. Conhecíamos as mesmas pessoas e vivíamos na mesma comunidade, então eu ainda tinha que vê-lo por aí, agora, com sua nova esposa. Foi muito difícil suportar isso. Sinceramente, eu o odiava. Acho que o que me incomodava era que, depois de dezessete anos, eu me perguntava se ele mudaria e seria uma pessoa diferente. Fiquei aliviada ao ver que ele não mudou para ela; continuou exatamente o mesmo, mas agora era problema dela. Não preciso dizer que também não funcionou para eles.

Narcisismo contagioso

Narcisismo é uma patologia estranha, porque também pode ser um tanto contagiosa. Isso não quer dizer que conviver com um narcisista fará de você um narcisista, mas conviver com um narcisista pode resultar em um determinado nível de abstinência social e uma perda de vocabulário emocional. Se você fala um idioma, mas não o usa durante anos porque não tem oportunidade de falar, sua habilidade linguística fica enferrujada. Com a linguagem emocional, a experiência é a mesma. Em um relacionamento com um parceiro narcisista, com o tempo, esse vocabulário emocional pode não ser usado, e você pode se ver menos capaz de expressar e articular seus sentimentos. Além disso, depois de anos sem ter suas experiências espelhadas e tendo que pular para o modo sobrevivência (o que pode ser bem egoísta, pois é o que a sobrevivência demanda), você pode ver esse "estilo" permeando seus outros relacionamentos também. Anos vivendo com um parceiro narcisista, sem vivenciar empatia, pode significar ter desligado sua própria empatia e estar vulnerável a tratar outras pessoas da forma como seu parceiro o trata. É seu novo normal.

Uma observação interessante é que pessoas que tiveram parceiros narcisistas por anos podem começar a ser bem limitadas em seus outros relacionamentos, em essência, espelhando suas vidas com seus parceiros. Tenha consciência disso, porque esse estilo pode facilmente alienar o apoio que você necessita e limitar toda a gama de experiências emocionais que compartilha com outras pessoas. O processo de recuperação de um relacionamento narcisista, independentemente de ficar ou ir embora, inclui refletir sobre as pequenas mudanças que precisou fazer para sobreviver nesse relacionamento e como retornar a um mundo emocional pleno, rico e envolvente.

Sou eu ou são eles?

Se isso aconteceu com você mais de uma vez, ou se está acontecendo há muito tempo, você pode ter gastado um bom tempo se perguntando "O problema sou eu?". Relacionamentos narcisistas funcionam porque seu parceiro narcisista não assume nenhuma culpa e você assume tudo — tudo vem à tona. Obviamente, quando está passando por um relacionamento assim, é importante ser autorreflexivo e pensar sobre os padrões nos quais se envolveu. No entanto, no final das contas, se você está sendo maltratado, ou o relacionamento não parece saudável, e você se comunicou e tentou abordar isso de uma forma significativa, isso tudo não importa. Parceiros narcisistas são mestres em deixar alguém sentindo que está fazendo algo errado. Relacionamentos são complicados e, sim, embora fosse legal colocar 100% da culpa em seu parceiro narcisista, é uma via de mão dupla, então reserve um tempo para pensar como você se comporta nesse relacionamento. Se isso é um padrão, essa autorreflexão se torna ainda mais importante. O que atrai você a um parceiro? De quem é a narrativa que você está vivendo? Como você reage ao conflito e à crítica? Como se comunica? Ao analisar parte disso, você pode aprender com essa experiência e desenvolver um espaço relacional saudável para si mesmo.

Como eu evito novamente esse beco escuro?

Agora você sabe tudo o que precisa saber para identificar um narcisista patológico. Mas esse conhecimento não é suficiente para deter você (apesar de saber tudo isso, eu também escolhi parceiros narcisistas). Conhecimento *não* é suficiente. Quando você está em um relacionamento com um narcisista, gradualmente aprende a ignorar e negar seus sentimentos. Simplesmente porque seu relacionamento narcisista termina, não significa que esse padrão termina. Quando embota suas emoções, você corre o risco de repetir esse padrão. Deixe os sentimentos fluírem para não se esquecer deles. Muitas pessoas simplesmente pulam de uma pedra para outra de tipos diferentes de parceiros narcisistas. Poucas coisas são tão boas quanto se apaixonar, e narcisistas se apresentam melhor do que ninguém. Permaneça atento, pois é fácil voltar e adotar esses padrões com um novo parceiro.

Além disso, faça o duro trabalho psicológico de refletir sobre seu autoconceito. Muitos de nós nos desvalorizamos, e esses são roteiros antigos. Nada como um parceiro narcisista para validá-los. Mas seu parceiro não os escreveu; eles existiam muito antes dele e permanecerão muito depois que ele for embora, a menos que você os encare de frente.

Quer evitar fazer isso de novo?

Certifique-se de valorizar a si mesmo.

Medo de ficar sozinha leva uma pessoa de volta a um relacionamento. Nessa pressa, ou mesmo deleitando-se do brilho de um novo parceiro que presta atenção em você de verdade, é fácil ignorar os sinais de alerta. Você fez isso uma vez, o que aumenta as chances de que o fará novamente. Quando conhecer novos pretendentes, preste atenção a como eles ouvem, como compartilham, e reveja a lista no início deste livro. Caso se veja dando extensas desculpas por eles, permaneça ciente desse padrão. Lembre-se de que falamos sobre o brilho mágico da "familiaridade"; esteja atento e alerta para não escolher o parceiro que rejeita ou que é indisponível, com quem terá que começar a pular obstáculos novamente. O cenário do familiar é sedutor. A única forma de garantir que não seja atraído novamente para aquele campo de papoulas é prestar atenção, estar ciente e se comunicar de forma clara e antecipada.

A essa altura você deveria ser um parceiro mais criterioso. Agora, quando reflete sobre as consequências de seu relacionamento passado, pode reconhecer as características que realmente importam para você em um parceiro. Sua versão mais nova pode ter escolhido com base em status, riqueza, beleza e sociabilidade, considerando também uma pessoa de quem você achava que sua mãe iria gostar. Você pode ter escolhido a partir de um lugar de autodesvalorização, acreditando que ninguém mais iria aparecer. Depois de suportar essa experiência, agora você pode identificar outras qualidades — gentileza, consciência, comprometimento, confiança, respeito — que constituem a matéria-prima para um bom relacionamento. Você também pode ter mudado como pessoa, e características mais específicas, como espiritualidade, senso de propósito ou interesses compartilhados, podem importar mais.

Você pode estar mais do que disposto a olhar além das características superficiais, como aparência, carreira ou idade, em favor das de nível mais profundo, sobre as quais um relacionamento compromissado e saudável pode ser construído. Dessa forma, o relacionamento narcisista pode ter levado você a uma parceria mais madura e permitirá que você e seu novo parceiro cresçam de forma mais profunda. Se você puder contextualizar esse árduo relacionamento narcisista e encontrar algum significado nele, estará mais capacitado a suportar, lidar e crescer com ele.

O outro risco é deixar o pêndulo balançar demais para a outra direção. Essa experiência pode deixar você despedaçado. Você pode vacilar, hesitar ou se afastar cedo demais quando conhecer alguém novo. Como com qualquer lesão, incluindo um coração ou espírito partido, vá devagar e se mantenha aberto. Viva no presente e evite forçar uma narrativa. Após meses ou anos de autonegação em seu relacionamento narcisista, aproveite a vida. Desenvolva a si mesmo, seus interesses, suas paixões, suas esperanças. Cultive você mesmo. O amor seria um bom complemento e, quanto mais forte você se torna, melhores são seus instintos. Você estará mais bem preparado para escolher um parceiro que seja alguém que colabore, apoie você e seja um igual. Tire os sapatos, você não está mais pisando em ovos.

E as outras pessoas em minha vida?

As chances são de que, se você tem um narcisista em sua vida, você tenha outros. Podem ser familiares, amigos, colegas de trabalho ou vizinhos, e você pode estar lendo este livro e percebendo que esses padrões também estão manifestados em outras pessoas da sua vida, além de seu parceiro. Quando deixa a porta aberta para um narcisista entrar, outros tendem a seguir. Como você se acostumou a esses padrões e ritmos, também está propenso a tolerá-los.

Embora este livro seja focado no espaço particular de seu parceiro, os padrões, sugestões, características e recomendações emitidos aqui podem e devem ser considerados para uso com outros narcisistas patológicos em sua vida. Existem elementos peculiares a relacionamentos românticos que podem nos levar a fazer escolhas "insalubres" com base em nossas histórias, mas também podemos ter a mesma propensão a nos apegarmos a amigos narcisistas, sermos desafiados por colegas de trabalho narcisistas, e nos encolhermos frente a familiares narcisistas. As mesmas regras se aplicam: administrar expectativas, se preparar para a raiva, entender como fazem você se sentir e as consequências que podem surgir se deixar essas pessoas irem embora ou se apegar a elas. E, por fim, saber que elas nunca irão mudar.

Uma questão final sobre narcisismo relacionado a crianças. Demandaria outro livro para abordar de forma definitiva questões do narcisismo em crianças. Por definição, crianças são narcisistas e focadas em si mesmas, seu cérebro e psique estão se desenvolvendo e nós, como pais, cuidadores e professores, devemos ensiná-las e demonstrar empatia, reciprocidade, respeito e regulação emocional. Fazemos isso estando presentes, ouvindo-as, monitorando nosso comportamento e regulando nossas emoções. Tecnologia, multitarefa, consumismo e o espírito de que o vencedor leva tudo estão dificultando nosso trabalho. Mas precisamos persistir. Agora que você está totalmente ciente da devastação causada pelo narcisismo e do vazio de vida que o acompanha, mantenha-se atento para afastar desse caminho qualquer criança sob sua supervisão.

Ao fazer isso, podemos desenvolver crianças que, de preferência, não se tornarão narcisistas, assim como terão um forte sentido de identidade desenvolvido e não serão vítimas de narcisistas que farão parte do cenário.

Então, o que acontece aos narcisistas?

É curioso e morbidamente fascinante observar um narcisista envelhecer. Narcisistas apostam na juventude, no status e acesso a oportunidades, na riqueza e na vida — coisas que desaparecem com o tempo. Os mais sortudos permanecem bem-sucedidos financeiramente e mantêm seu alto status até o fim da vida. Geralmente isso os mantém armados com um fluxo constante de admiradores, bajuladores e jovens parceiros. O suprimento narcisista pode ser entregue no porto até encerrar a vida. Para um observador externo, essa vida permanece vazia, mas eles estão satisfeitos, e isso, se você não for sugado para dentro dela, não é problema seu.

No entanto, para aqueles que não experimentam esse tipo de sucesso, não é bonito de ver. Narcisistas se tornam gananciosos, são enganados, sua raiva os domina, ou sua grandiosidade e legitimação os derrotam, e podem se ver, mais tarde na vida, com muito pouco e resmungando sobre o que poderiam ter sido. Tenho observado muitos narcisistas mais velhos que são jogados para escanteio, dependendo em grande parte de amigos mais bem-sucedidos, ou se acomodando em situações de vida abaixo do ideal, partilhando casa ou sozinhos (na maioria dos casos, as famílias lhes viraram as costas há muito tempo). A moeda de troca do narcisista sempre foram os atributos externos — aparência, sucesso, possibilidades, bens —, e, quando tudo isso vai embora, uma vida inteira *não* vivida cultivando mundos internos pode deixá-los incapazes de regular as crises existenciais da velhice, com poucas amizades ou relacionamentos desenvolvidos ao longo dos anos. Amigos superficiais não levam você ao médico.

Eles tendem a se tornar homens (e mulheres) vazios, e manterão a corte e contarão as mesmas histórias sobre seus dias de glória, os lugares onde viveram, coisas que possuíam, pessoas que conheceram, a vida que tiveram. Narcisistas frequentemente terminam suas histórias solitários e quebrados. Vivemos numa sociedade etarista, e a aposentadoria pode ser bem agradável para aqueles que cultivaram uma vida e relacionamentos plenos — um tempo de colher os frutos de uma vida bem vivida. Sem o status, os flertes e os assobios, o desfecho do narcisista tende a ser a parte mais triste da história. A família pode reaparecer perto do fim para reivindicar heranças e outras coisinhas superficiais, ou somente por culpa, já que essa era, com frequência, a única moeda de troca nesses relacionamentos.

Nem todas as histórias têm finais felizes — elas têm apenas finais. E tudo bem.

Mantendo sua humanidade

É desafiador. Se você teve contato prolongado com um narcisista em sua vida pessoal, familiar ou profissional, você pode não ter noção de como é isso, e pode ainda acreditar em segundas chances e redenção (e é provável que não esteja lendo este livro). Se quiser dar cem chances a alguém, então apenas dê. Com um narcisista, você já sabe como isso vai acabar. Se vai dar essas segundas chances ao seu parceiro, apenas certifique-se de que suas expectativas estejam alinhadas com a realidade. Por exemplo, se aceitar de volta um narcisista que foi infiel, marque na agenda quando isso acontecerá novamente. Ajuste suas expectativas à infidelidade que, inevitavelmente, voltar a acontecer. Talvez você goste o suficiente de sua vida familiar e de outras qualidades de seu relacionamento para tolerar esse comportamento. Estar com um narcisista significa ter conversas difíceis consigo mesmo.

Se, de fato, você está lidando com um narcisista "puro", e menos com um mais maligno da Tríade Obscura, então é provável que já observou que narcisistas podem, mesmo, parecer vulneráveis às vezes, e até tristes (os psicopatas não tendem a ir por esse caminho). Definitivamente, isso pode atrair simpatia, conexão e bondade, o que são reações totalmente adequadas à dor do outro. Narcisismo, como todas as psicologias humanas, não é preto e branco; ele se baseia em um continuum, e experiências humanas como vulnerabilidade, tristeza e dor podem desenvolver uma trama de conexão entre vocês dois, e deixar você se sentindo confuso quando ele volta a ser frio, negligente ou controlador.

Narcisistas são seres humanos. Na verdade, eles têm sentimentos e se machucam — apenas não têm vocabulário emocional adequado para compartilhar qualquer coisa assim. Como tal, seus períodos de angústia e mágoa podem parecer desconectados, ou podem canalizar emoções inadequadas, tais como raiva ou crítica nesses momentos. Sua personalidade não está programada para intimidade e proximidade. Mas eles *são* seres humanos. Entendê-los pode realmente fazer de você um amigo melhor para eles ou, se ficar, um parceiro melhor. Ser compassivo não significa se jogar na frente do ônibus. A falta de empatia deles não quer dizer que você deve ser frio com eles. Todos os seres humanos são merecedores de amor, calor humano e compaixão — não se destrua no processo de fornecer isso. Dê, e no caso do narcisista, não espere muito em troca. É improvável que seja um relacionamento profundo e de proximidade, mas pode ser moldado em algo civilizado e, talvez, até uma amizade colaborativa. No caso do amor, é o processo de dar que nos restaura. O mundo o devolve de diversas formas; não conte apenas com seu parceiro. Essa miopia de buscar amor apenas em seu parceiro pode levar você a perder a abundância de amor, conexão e beleza ao seu redor. Entender não significa "dar desculpas". Significa antecipar, com precisão, comportamentos e desfechos.

Em última análise, é importante que você faça uma autoverificação para certificar-se de que está sendo realista e não esperando pelo "final de conto de fadas". Seu cenário foi alterado, mas não necessariamente para pior. É das cinzas que reinos podem ressurgir. Na verdade, tudo pode se resumir à sua disposição de tirar o foco do passado e mudá-lo para o presente e futuro. Geralmente há uma fase pós-traumática depois de sair de um relacionamento assim, gerando um loop interminável em sua cabeça: "Como isso aconteceu?", "O que eu faço agora?", "Não é justo" e "Nunca mais vou ser feliz". Você pode continuar a se questionar, pisar em ovos, pensar sobre toda a energia que gastou sendo perfeito, nas discussões intermináveis e vivendo em negação. É possível que você ainda tenha que fazer um pouco disso se estão criando filhos juntos, mas não precisa mais fazer isso regularmente. Toda aquela energia desperdiçada agora pode ser canalizada em seu próprio crescimento, saúde e em viver uma vida de verdade.

Sobre compaixão, Dalai Lama diz: "Somente o desenvolvimento de compaixão e compreensão pelos outros pode nos trazer a tranquilidade e felicidade que todos procuramos". Depois de uma experiência com um parceiro narcisista, é fácil demais perder essa compaixão. Você é empático e compassivo, e essas são dádivas, esse relacionamento não tem o poder de roubar isso de você e, por sua vez, roubar sua felicidade interior. Esse é apenas um episódio na complexa trama que é a sua vida. Fique de olho para que você não abandone sua humanidade, bondade e gratidão diante disso. Olhe atentamente para as pessoas boas ao seu redor e sinta-se grato por elas. Olhe atentamente para as pessoas que desafiaram ou mesmo magoaram você, vá fundo, e encontre aquela compaixão. Esse relacionamento infligiu danos demais em sua vida; não permita que continue roubando seu senso de bem-estar ao roubar sua compaixão. Se outras pessoas lhe derem motivos para confiar nelas, confie. E, por mais difícil que possa ser, compaixão pelo seu parceiro narcisista talvez seja a parte mais curativa dessa jornada. Compaixão normalmente está embutida no perdão, mas não no perdão cego, e preste atenção às sábias palavras de Desmond Tutu, que disse: "Perdoar não é esquecer. Na verdade, é lembrar — lembrar e não usar o direito de revidar. É uma segunda chance para um novo começo. E a parte de se lembrar é particularmente importante. Especialmente se você não quer que se repita o que aconteceu".

Perto do fim da trilogia Senhor dos Anéis, há uma fala particularmente bonita. Tolkien escreve: "Sua vez poderá chegar. Não fique triste demais […]. Não pode ficar sempre dividido. Vai ter de ser um e inteiro, por muitos anos. Você tem tanta coisa para apreciar, para ser e para fazer".

Lembre-se, lembre-se sempre. Mantenha o coração aberto, sua mente sábia e sua alma atenta. Aprenda com suas experiências, mas não deixe que elas definam você. Seu relacionamento narcisista provavelmente teve tanto beleza quanto desafio, e é uma parte da gloriosa história que é sua vida. Quer você permaneça ou vá embora... deseje o bem a ele e a si mesmo. E, à sua maneira, você o ama e ele ama você.

BIBLIOGRAFIA

EPÍGRAFE

FREUD, Sigmund. *Civilization and Its Discontents*. Nova York: W. W. Norton & Company, 2010.

PROUST, Marcel. *Em busca do tempo perdido*. Rio de Janeiro: Nova Fronteira, 2016.

CAPÍTULO I

FITZGERALD, F. Scott. *O grande Gatsby*. São Paulo: Penguin Classics Companhia das Letras, 2011.

JAMES, William. *William James: The Essential Writings*. Nova York: State University of New York Press, 1984.

NIN, Anaïs. *The Four Chambered Heart*. Chicago: The Swallow Press, 1959.

O'NEIL, Eugene. *More Stately Mansions*. Nova York: Oxford University Press, 1988.*

CAPÍTULO 2

AMERICAN PSYCHIATRIC ASSOCIATION. *Diagnostic and Statistical Manual of Medical Disorders-5 (DSM-5)*. Washington, DC: American Psychiatric Association Press, 2013.

---

* Rascunho encontrado após a morte do autor e encenado em 1967. [N. T.]

AMERICAN SOCIETY OF PLASTIC SURGEONS. *2013 Plastic Surgery Statistics Report*, 2014.

BAGLEY, Christopher. "Kanye West: The Transformer, on his New Album *Yeezus* and Kim Kardashian". *W Magazine*, Nova York, 19 jun. 2013. Disponível em: https://www.wmagazine. com/story/kanye-west-on-kim-kardashian-and-his-new--album-yeezus. Acesso em: 7 set. 2024.

COLMAN, Andrew M. *A Dictionary of Psychology*. Nova York: Oxford University Press, 2015.

KERNBERG, Otto. *Borderline Conditions and Pathological Narcissism*. Nova York: Aronson Press, 1975.

KOHUT, Heinz. *The Analysis of the Self: A Systematic Approach to the Psychoanalytic Treatment of Narcissistic Personality Disorders*. Chicago: University of Chicago Press, 1971.

LOWEN, Alexander. *Narcisismo: A negação do verdadeiro self.* São Paulo: Summus, 2017.

MACHADO, Antonio. *Times Alone: Selected Poems of Antonio Machado*. Connecticut: Wesleyan University Press, 1983.

MAD Men: Inventando Verdades. Criação de Matthew Weiner. Estados Unidos: AMC, 2007-2015.

PAULHUS, Delroy L.; WILLIAMS, Kevin M. The Dark Triad of personality: Narcissism, Machiavellianism, and psychopathy. *Journal of Research in Personality*, v. 36, n. 6, p. 556-563, 2002. Disponível em: https://doi.org/10.1016/S0092-6566(02)00505-6. Acesso em: 7 set. 2024.

RAPPOPORT, Alan. *Co-Narcissism: How we accommodate to narcissistic parents*. San Francisco Psychotherapy Research Group, California. 2005. Disponível em: https://alanrappoport.com/wp-content/uploads/2021/09/Co-Narcissism-Article.pdf. Acesso em: 7 set. 2024.

SEAL, Mark. "Madoff's World". *Vanity Fair*, Nova York, abr. 2009. Disponível em: https://archive.vanityfair.com/article/2009/4/madoffs-world. Acesso em: 7 set. 2024.

STINSON, Frederick S. et al. Prevalence, Correlates, Disability, and Comorbidity of DSM-IV Narcissistic Personality Disorder: Results from the Wave 2 National Epidemiologic Survey on Alcohol and Related Conditions. *The Journal of Clinical Psychiatry*, v. 69, n. 7, p. 1033-1045, 2008.

TWENGE, Jean M.; CAMPBELL, W. Keith. *The Narcissism Epidemic: Living in the Age of Entitlement*. Nova York: Free Press/Simon & Schuster, 2009.

CAPÍTULO 3

DOSTOIÉVSKI, Fiódor. *Os irmãos Karamazov*. São Paulo: Editora 34, 2019.

MILLON, Theodore. *Disorders of Personality: DSM-IV-TR and Beyond*. Nova York: John Wiley and Sons, 1996.

RONNINGSTAM, Elsa. *Identifying and Understanding the Narcissistic Personality*. Nova York: Oxford University Press, 2005.

CAPÍTULO 4

AUSTEN, Jane. *Razão e sensibilidade*. São Paulo: Penguin Classics Companhia das Letras, 2012.

FISHER, Helen; ARON, Arthur; BROWN, Lucy. Romantic Love: An fMRI Study of a Neural Mechanism for Mate Choice. *The Journal of Comparative Neurology*, v. 493, n. 1, p. 58-62, 2005. Disponível em: https://doi.org/10.1002/cne.20772. Acesso em: 7 set. 2024.

HASLAM, Carrie; MONTROSE, Tamara. Should have known better: The impact of mating experience and the desire for marriage upon attraction to the narcissistic personality. *Personality and Individual Differences*, v. 82, p. 188-192, 2015. Disponível em: https://doi.org/10.1016/j.paid.2015.03.032. Acesso em: 7 set. 2024.

HESSE, Herman. *Gertrude*. California: Coyote Canyon Press, 2013.

NAVARRO, Joe; POYNTER, Toni Scyarra. *Personalidades perigosas*. Rio de Janeiro: Darkside, 2023.

PIFF, Paul K. et al. Higher social class predicts increased unethical behavior. *Proceedings of the National Academy of Sciences*, v. 109, n. 11, p. 4086-4091, 2012. Disponível em: https://doi.org/10.1073/pnas.1118373109. Acesso em: 7 set. 2024.

REGAN, Pamela. *The Mating Game: A Primer on Love, Sex, and Marriage*. California: Sage Publications, 2008.

CAPÍTULO 5

FLAUBERT, Gustave. "Louise Colet II: *Madame* Bovary". In: _____. *The Letters of Gustave Flaubert*. Nova York: NYRB Classics, 2023.

JAMES, William. *Talks to Teachers on Psychology and to Students on Some of Life's Ideals*. Rockville: ARC Manor, 2008.

SELIGMAN, Martin. Learned Helplessness. *Annual Review of Medicine*, v. 23, p. 407-412, fev. 1972. Disponível em: https://doi.org/10.1146/annurev.me.23.020172.002203. Acesso em: 7 set. 2024.

CAPÍTULO 6

COELHO, Paulo. *Na margem do rio Piedra eu sentei e chorei*. Rio de Janeiro: Editora Rocco, 2018.

CAPÍTULO 7

FRANKL, Viktor. *Em busca de sentido: Um psicólogo no campo de concentração.* Rio de Janeiro: Editora Vozes, 1991.

MARKER, Lise-Lone; MARKER, Frederick. *Ingmar Bergman: Four Decades in the Theater.* Cambridge: Cambridge University Press, 1982.

PARIS, Joel. *Psychotherapy in an Age of Narcissism: Modernity, Science, and Society.* Londres: Palgrave MacMillan, 2013.

RONNINGSTAM, Elsa. Pathological Narcissism and Narcissistic Personality Disorder in Axis I Disorders. *Harvard Review of Psychiatry,* v. 3, n. 6, p. 326–340, mar. 1996.

CAPÍTULO 8

HELLIWELL, John; PUTNAM, Robert. The social context of wellbeing, *Philosophical Transactions of the Royal Society B: Biological Sciences,* v. 359, n. 1449, p. 1435-1446, 29 set. 2004. Disponível em: https://doi.org/10.1098/rstb.2004.1522. Acesso em: 7 set. 2024.

KIECOLT-GLASER, Janice K.; NEWTON, Tamara L. Marriage and Health: His and Hers. *Psychological Bulletin,* v. 127, n. 4, p. 472-503, jul. 2001. Disponível em: https://doi.org/10.1037/0033-2909.127.4.472. Acesso em: 7 set. 2024.

_____ et al. Marital stress: Immunologic, neuroendocrine, and autonomic correlates. *Annals of the New York Academy of Sciences,* v. 840, n. 1, p. 656-663, maio 1998. Disponível em: https://doi.org/10.1111/j.1749-6632.1998.tb09604.x. Acesso em: 7 set. 2024.

LAUGHON, Kathryn. Abused African American Women's Processes of Staying Healthy. *Western Journal of Nursing Research,*

v. 29, n. 3, p. 365-384, abr. 2007. Disponível em: https://doi. org/10.1177/0193945906296558. Acesso em: 7 set. 2024.

PAYSON, Eleanor. *The Wizard of Oz and Other Narcissists: Coping with the One-Way Relationship in Work, Love, and Family.* [S. l.]: Julian Day Publications, 2003.

RILKE, Rainer Maria. *Cartas a um jovem poeta.* Rio de Janeiro: Biblioteca Azul, 2013.

RUSBULT, Caryl E. Commitment and satisfaction in romantic associations: A test of the investment model. *Journal of Experimental Social Psychology,* v. 16, n. 2, p. 172-186, mar. 1980. Disponível em: https://doi.org/10.1016/0022-1031(80)90007-4. Acesso em: 7 set. 2024.

SAPOLSKY, Robert; SHARE, Lisa. A Pacific Culture among Wild Baboons: Its Emergence and Transmission. *PLoS Biology,* v. 2, n. 4, abr. 2004. Disponível em: https://doi.org/10.1371/ journal.pbio.0020106. Acesso em: 7 set. 2024.

VOLTAIRE. *Poema sobre o desastre de Lisboa em 1755 seguido de Poema sobre a Lei Natural.* Coimbra: Edições 70, 2023.

CAPÍTULO 9

HESSE, Herman. *Sidarta.* Rio de Janeiro: Record, 2019.

TOLKIEN, J.R.R. *O retorno do rei.* Rio de Janeiro: HarperCollins, 2019.

AGRADECIMENTOS

Este não foi um livro fácil para eu escrever. Levou três anos para ser feito, e o ápice de anos de trabalho clínico, entrevistas, estudo e pesquisa. O assunto era desafiador e, embora o transtorno de personalidade narcisista seja um exercício intelectual intrigante, deixa de ser um mero exercício quando se trata de histórias, pessoas e mágoas reais. Foi necessário um alegre grupo de apoiadores reunidos ao meu redor, me encorajando a manter o curso, para tornar isso possível.

Para Anthony Ziccardi, Katie Dornan e todos da Post Hill Press, obrigada por escolher uma lutadora briguenta na multidão e dar a ela uma voz. Stephanie Krikorian, fosse na praia em Easthampton, na minha mesa de jantar em Benedict Canyon, ou na enorme quantidade de e-mails e telefonemas, você nunca me deixou desistir e me motivou. Por acreditar em mim, você me ajudou a mudar minha identidade como escritora. Lara Asher, sua defesa de mim como escritora foi redentora e seu brilhantismo editorial foi um divisor de águas. Obrigada por ser uma amiga querida e uma senhora das letras que não me deixou parar de escrever. Jill Davenport, obrigada pela minha foto na capa e pelos 37 anos de amizade gloriosa. Você tem a capacidade incisiva de me fotografar de dentro para fora e me manter honesta.

Para Robert Mack, por resolutamente me lembrar de contar a história do ego sem qualquer ego. Para Margaret Spencer, por me lembrar que Tom e Daisy foram descuidados. Dr. Pamela Harmell, em nosso trabalho conjunto, articulei metade deste livro. Você tem sido uma linha mestra para mim há mais de vinte anos e me lembra que terapia é, em partes iguais, ciência e mágica.

Para meus amigos fiéis Kara Sullivan, Christine Anderson, Lisa Readman, Mona Baird, Debbie Thompson, Emily Shagley, Tonia Mendinghall, Shery Zarnegin, Vanessa Williams, Kathiann Mead, Toni Lewis, Tasnim Shamji, Beth Corets, Cheryl Johnson, Jenifer Maze, Kieran Sullivan, Bryan Donovan-Rossy, Miguel Rossy-Donovan, Perry Halkitis, Jennifer Wisdom, Shari Miles- -Cohen, Keyona King-Tsikata, Scyatta Wallace, J. Travis Walters, Hector Myers, Steve Brady, Eric Borsum, Eric Miller, Hitomi Uchishiba, Elizabeth Linn, Fary Cachelin, Shellye Jones, e em memória de minha amada Monique Sherman. Para Ellen Rakieten, consegui a frase sobre Chicago e o inverno lá! Obrigada a todos vocês por serem meus torcedores e caixas de ressonância.

Aos homens e mulheres que me concederam horas de entrevistas e compartilharam comigo suas histórias de sobrevivência resiliente aos seus relacionamentos narcisistas. Continuo profundamente grata por estarem dispostos a compartilhar suas histórias em detalhes tão precisos e, às vezes, dolorosos. Espero que essas palavras teçam suas narrativas em algo que possa ajudar a orientar outros. Aurelio Burgos, Nya Lowden, Ana Morales, Miranda Hernandez, obrigada por sua assistência administrativa neste livro. Para todos os meus alunos da Universidade Estadual da Califórnia, Los Angeles, vocês suportam minhas palestras sobre narcisismo a cada trimestre, e eu aprendo mais com suas perguntas do vocês imaginam.

Morgan Wilson, este é nosso segundo livro juntos! Sua paciência e oferta de amor, segurança, centenas de quilômetros percorridos e conexão com meus filhos me permitiram manter o foco em meio ao caos.

Bill Pruitt, obrigada por me lembrar de não perder de vista as estrelas, a lua, os eclipses e os eucaliptos; isso seria fácil. A vida é, em última instância, um labirinto.

Pamela Regan, seu conhecimento enciclopédico sobre procriação e relacionamentos humanos, sua amizade, seu intelecto e sua generosidade de espírito em compartilhar seu enorme cérebro deram uma voz mais forte a este livro. Para Kaveri Subrahmanyam, Gloria Romero e Diane Lewis, apesar de nossas tribulações ocupacionais, a amizade e brilhantismo de vocês durante um período muito desafiador de minha carreira me mantiveram rindo e forte. Inúmeros colegas, mentores e outros acadêmicos e clínicos na área têm sido incríveis caixas de ressonância. Também tive a oportunidade de participar de inúmeros seminários e treinamentos sobre transtornos de personalidade e narcisismo, e continuo grata pela excelência do trabalho que clínicos e acadêmicos estão fazendo nessa área e pelo apoio da Universidade Estadual da Califórnia, Los Angeles, e National Institutes of Health pelo meu ensino, pesquisa e bolsa de estudos.

Charlie Hinkin, você continua sendo um pai e ex-marido extraordinário, e seu apoio foi decisivo quando entrei na reta final. Padma, Joe e, em especial, meu belo Tanner Salisbury, vocês continuam sendo meu lembrete de força, amor e clareza. Sai e Rao Durvāsulā, sei que vocês não achavam que essa coisa de psicologia funcionaria para mim, mas acho que está indo bem. No final, todos nós aprendemos a lição mais importante sobre amor incondicional. Que venham muitos mais anos para desfrutarmos isso juntos.

Maya e Shanti, vocês continuam sendo musas magníficas. Uma mãe não poderia estar mais orgulhosa, e amo vocês. Obrigada por me deixarem ser "mãe por inteiro". Vocês enchem meu coração e minha vida com música e alegria. Obrigada por me tirarem da minha cabeça e me trazerem de volta à vida. (E, por favor, não namorem nem se casem com um narcisista.)

Este livro foi impresso pela Vozes, em 2024, para a HarperCollins Brasil.
O papel do miolo é avena 70g/m², e o da capa é cartão 250g/m².